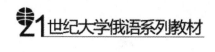

21世纪大学俄语系列教材

ИСТОРИЯ
РУССКОЙ КУЛЬТУРЫ

俄罗斯文化史

李明滨 著

图书在版编目(CIP)数据

俄罗斯文化史/李明滨著. —北京:北京大学出版社,2013.3
(21世纪大学俄语系列教材)
ISBN 978-7-301-22610-0

I. ①俄… II. ①李… III. ①文化史—俄罗斯—高等学校—教材 IV. ①K512.03

中国版本图书馆CIP数据核字(2013)第120283号

书　　　名	:俄罗斯文化史
著作责任者	:李明滨　著
责 任 编 辑	:李　哲
标 准 书 号	:ISBN 978-7-301-22610-0/G·3634
出 版 发 行	:北京大学出版社
地　　　址	:北京市海淀区成府路205号　100871
网　　　址	:http://www.pup.cn　　　新浪官方微博:@北京大学出版社
电　　　话	:邮购部 62752015　发行部 62750672　编辑部 62759634　出版部 62754962
电 子 信 箱	:pup_russian@163.com
印 刷 者	:三河市博文印刷有限公司
经 销 者	:新华书店
	720毫米×1092毫米　16开本　18.5印张　310千字
	2013年3月第1版　2017年8月第2次印刷
定　　　价	:39.00元

未经许可,不得以任何方式复制或抄袭本书之部分或全部内容。
版权所有,侵权必究
举报电话:010-62752024　电子信箱:fd@pup.pku.edu.cn

目 录

引言 ··· 1

第一章 古代文化(九至十七世纪) ··· 11
    第一节 古代文化的缘起
        1. 历史概貌 ··· 11
        2. 文字的创造 ··· 13
        3. 壮士歌 ··· 14
        4. 东正教文化的传入 ··· 15
        5. 编年史《往年纪事》 ··· 16
        6. 英雄史诗《伊戈尔远征记》 ··· 17
        7. 教堂建筑和绘画艺术 ··· 19
    第二节 挫折与衰落
        1. 金帐汗国统治 ··· 20
        2. 经济衰败、文化式微 ··· 22
        3.《三海游记》 ·· 22
    第三节 俄罗斯文化复苏
        1. 中央集权国家的形成 ··· 23
        2. 文化恢复生机 ··· 25
        3. 文化教育 ··· 25
        4. 莫斯科和克里姆林宫典型建筑 ······································· 27
        5. 宗教文学和世俗文学 ··· 31

第二章 向近代过渡时期的文化(十八世纪) ································· 34
    第一节 改革与接受外来的文化
        1. 全面学习西欧 ··· 35

  2. 从政治到文化的改革 ………………………………… 35
  3. 启蒙主义思想与"开明专制" ………………………… 38
 第二节 教育和科学技术
  1. 创办莫斯科大学 ……………………………………… 42
  2. 罗蒙诺索夫 …………………………………………… 43
  3. 地理考察 ……………………………………………… 44
 第三节 文学和艺术
  1. 古典主义文学 ………………………………………… 45
  2. 感伤主义和现实主义文学 …………………………… 46
  3. 戏剧 …………………………………………………… 47
  4.《纨绔少年》 …………………………………………… 49
  5. 古典歌剧和民间歌曲 ………………………………… 49
  6. 版画和肖像画 ………………………………………… 51

第三章 近代文化(十九世纪,上) ………………………… 53
 第一节 改革与争论
  1. 社会危机和制度改革 ………………………………… 53
  2. 斯拉夫派与西欧派等各派论争 ……………………… 59
  3. 民粹派运动 …………………………………………… 63
 第二节 教育
  1. 学校教育 ……………………………………………… 66
  2. 学制的形成 …………………………………………… 68
  3. 教育家乌申斯基 ……………………………………… 70
 第三节 科学技术
  1. 非欧几何学的产生 …………………………………… 71
  2. 门捷列夫 ……………………………………………… 72
  3. 谢切诺夫 ……………………………………………… 73
  4. 巴甫洛夫 ……………………………………………… 74
  5. 季米里亚捷夫 ………………………………………… 74

第四章　近代文化(十九世纪,下) ······················ 75
　　第一节　艺术
　　　　1. 绘画与雕塑 ··································· 75
　　　　2. 巡回展览画派 ································· 81
　　　　3. 列宾 ··· 83
　　　　4. 苏里科夫 ······································ 84
　　　　5. 音乐 ··· 85
　　　　6. 格林卡 ··· 86
　　　　7. 达尔戈梅斯基 ·································· 88
　　　　8. "强力集团"乐派 ································ 91
　　　　9. 柴可夫斯基 ···································· 93
　　　　10. 戏剧家奥斯特洛夫斯基 ······················· 94

　　第二节　文学
　　　　1. 民族文学形成 ·································· 96
　　　　2. 普希金 ··· 97
　　　　3. 莱蒙托夫 ······································ 101
　　　　4. 果戈理 ··· 104
　　　　5. 俄国批判现实主义文学概述 ····················· 105
　　　　6. 陀思妥耶夫斯基 ································ 115
　　　　7. 托尔斯泰 ······································ 125

第五章　走进现代的文化(十九、二十世纪之交) ······ 136
　　第一节　社会大转折
　　　　1. 革命运动的兴起 ································ 136
　　　　2. 劳动解放社 ···································· 137
　　　　3. 俄国社会民主工党 ······························ 137
　　　　4. 1905年革命 ···································· 138
　　　　5. 二月革命 ······································ 138
　　　　6. 十月革命 ······································ 139
　　　　7. 社会革命思想与宗教哲学观的对立 ············· 140

第二节　艺术
　　1. 音乐 ………………………………………………… 142
　　2. 美术 ………………………………………………… 144
　　3. 风景画 ……………………………………………… 145
　　4. 戏剧 ………………………………………………… 148
　　5. 契诃夫 ……………………………………………… 149
　　6. 贵族庄园 …………………………………………… 152

第三节　文学
　　1. 现代主义文学 ……………………………………… 157
　　2. 现代主义与现实主义结合 ………………………… 164
　　3. 现实主义文学 ……………………………………… 167
　　4. 批判现实主义文学 ………………………………… 168
　　5. 无产阶级文学 ……………………………………… 172
　　6. 高尔基 ……………………………………………… 173

第六章　现代文化（二十世纪，上） ……………………… 178

第一节　社会主义的历史进程
　　1. 列宁和苏联的形成 ………………………………… 178
　　2. 革命与建设 ………………………………………… 182
　　3. 卫国战争的胜利 …………………………………… 186
　　4. 从解冻到解体 ……………………………………… 189

第二节　教育和科学技术
　　1. 教育事业的规模与发展速度 ……………………… 191
　　2. 完善教育体系 ……………………………………… 192
　　3. 乡村女教师与"教育诗" …………………………… 195
　　4. 基础科学与应用科学并举 ………………………… 197
　　5. 成批科学家获诺贝尔奖 …………………………… 198
　　6. 加加林开辟航天时代 ……………………………… 200

第三节　文学
　　1. 苏联文学历程三阶段 …………………………………… 201
　　2. 肖洛霍夫 ………………………………………………… 212
　　3. 非主潮文学 ……………………………………………… 217
　　4. 帕斯捷尔纳克 …………………………………………… 221
　　5. 两股文学潮流汇合 ……………………………………… 224
　　6. 艾特马托夫 ……………………………………………… 225

第七章　现代文化（二十世纪，下）………………………………… 230
　第一节　音乐
　　1. 形成群众歌曲运动 ……………………………………… 230
　　2. 爱国歌曲和战斗歌曲 …………………………………… 231
　　3. 抒情歌曲 ………………………………………………… 235
　　4. 推广古典音乐艺术 ……………………………………… 237
　　5. 肖斯塔科维奇、普罗科菲耶夫、斯特拉文斯基 ……… 238
　　6. 歌剧与芭蕾舞剧 ………………………………………… 241
　第二节　美术
　　1. 宣传画与"罗斯塔之窗" ………………………………… 243
　　2. 漫画、政治讽刺画与库克雷尼克塞 …………………… 244
　　3. 风俗画、风景画和革命战争油画 ……………………… 246
　　4. 当代绘画和雕塑艺术 …………………………………… 248
　　5. 大型艺术 ………………………………………………… 251
　第三节　戏剧和电影
　　1. "体验派"和"表现派"表演体系 ………………………… 253
　　2. 战时与和平时期的戏剧 ………………………………… 255
　　3. 现代戏剧与万比洛夫 …………………………………… 257
　　4. 电影为人民大众服务 …………………………………… 259
　　5. 电影反映多彩的俄苏社会 ……………………………… 262

第八章 俄罗斯引进中国文化 ·················· 265
- 第一节 引进的历程 ·················· 265
- 第二节 仿建中国景致 ·················· 271
- 第三节 搜藏研究文物 ·················· 275
- 第四节 译介文学作品 ·················· 279

结束语 ·················· 281
附 录： ·················· 282
- 大事记 ·················· 282
- 参考书目 ·················· 286

后 记 ·················· 287

引 言

在接触一个国家的文化史之前,最好先了解一点它的基本国情。俄罗斯联邦(简称俄罗斯)位于欧亚大陆的北部,领土包括欧洲的东部和亚洲的北部,大体呈长方形,东西最长9000公里,南北最宽4000公里。东西跨经度172度,即地跨11个时区。陆地最东端为楚科奇半岛的迭日涅夫角,西端为加里宁格勒州的维斯拉湾海岸。当迭日涅夫角清晨5时,在贝加尔湖还是半夜,而在莫斯科则是前一天傍晚7时。俄罗斯北临北冰洋,东西两端分别濒临太平洋和波罗的海。邻国西北面有挪威、芬兰,西面有爱沙尼亚、拉脱维亚、立陶宛、白俄罗斯,西南面是乌克兰,南面有格鲁吉亚、阿塞拜疆、哈萨克斯坦、东南面有中国、蒙古和朝鲜。东面与日本和美国隔海相望。海岸线长33809公里。其领土面积为1707.54万平方公里,居世界第一位。占原苏联面积(2240.22万平方公里)的76%。

俄罗斯现有人口14303万人(2012年1月1日),占原苏联人口(26880万人,据1881年)的55%。其人口总数在世界上居于第四位,仅次于中国、印度和美国。而人口密度低,平均每平方公里12人。在欧洲部分密度较高,莫斯科州每平方公里为300多人,而亚洲部分则人口稀少,在西伯利亚密度只有0.1—0.2人(均据1979—1981年统计)。人口年均增长率在苏联时期较高,五十年代为17‰左右,六十至八十年代初,曾由17.8‰,降为15.9‰和9.1‰。在1979—1989年十年中,年均增长率7‰,仍属于发达国家中之高出生国,但从1990年之后三年中已降为3‰。至1992年全国总人口为14880万人,1994年降为14840万人,1996年再降为14814万人。这也反映了社会情况的变化。

俄国境内有130多个民族,俄罗斯族为多数,占全国总人口的82.95%,鞑靼人占4%,乌克兰人占3%,楚瓦什人占1%。足见其民族虽然多,但人口相差悬殊。万人以上的民族有五十多个,其余则在万人以下,最少的甚至不足千人,如阿留申人、涅吉达尔人等。

全国通用的语言和文字为俄语和俄文。此外,非俄罗斯族的各民族有自己的本族语言,有的还有本族的文字。

据2001年的抽样调查,俄国居民有55%信奉宗教,主要的是东正教,占其中的91%,伊斯兰教占5%、萨满教占5%,还有些民族信奉天主教,占1%,新教、神人合一教、佛教各占0.8%,犹太教占1%。

东正教系由拜占庭引进基督教的一个教派。基督教在四世纪成了罗马帝国的国教,后来罗马帝国分裂成东西两部分,基督教也随之分成以君士坦丁堡和罗马为东西两个中心的两派,西部为天主教(亦称罗马公教)。以君士坦丁堡(拜占庭——希腊的帝都)为中心的东派,称东正教(亦称希腊正教)。俄国在公元988年把东正教定为国教,使之广为传播。信奉东正教的民族主要有俄罗斯人、卡累利阿人、萨阿姆人、科米人以及伏尔加河中下游的摩尔多瓦人、马里人、乌德穆尔特人、楚瓦什人等。

伊斯兰教主要在中亚和高加索地区的一些民族中传播。但俄国中部某些地区也逐渐有人信仰,在其境内信奉伊斯兰教的民族主要有伏尔加河中下游的鞑靼人和巴什基尔人等。

萨满教是一种原始宗教,多神崇拜是它的一个特征。"萨满"一词出自通古斯语,意为"巫"。"萨满"跳神时有缀节,口念咒语,手舞足蹈,似有神鬼附体的样子;用此仪式祭祀神灵,或替人"驱邪治病"。信奉该教的民族有西伯利亚和北部的涅涅茨人、曼西人、汉特人、埃温克人、埃文人、雅库特人、楚科奇人、科里亚克人、尤卡吉尔人、北阿尔泰人和西布里亚特人。

传入俄国的佛教系藏传佛教,即喇嘛教。信奉该教的民族有卡尔梅克人、东布里亚特人和图瓦人。

犹太教主要为散居在俄国境内的犹太人所信奉。

行政区划,俄罗斯联邦现由89个联邦主体组成,包括21个共和国,6个边疆区,49个州,2个联邦直辖市,1个自治州,10个民族自治区。

共和国和州(以及边疆区)相比,前者有较大的自主权,即有自己的宪法和立法机构;而后者则没有。

俄罗斯的地形以平原类地形为主,平原、低地和丘陵约占国土面积的四分之三,高原与山地约占四分之一。其地形走向大致是西低东高,西部属平原与低地,自西向东依次主要有东欧平原(又称俄罗斯平原)、西西伯利亚平原、中西伯利亚高原、东西伯利亚及远东山地。沿着整个西伯利亚南部几乎都是高山。

它的领土有50.7%为森林所覆盖,森林约为8.6亿公顷,居世界第一位。国土有40%为可耕地。据1993年资料,全俄种植面积为11459万公顷,其中54%种植粮食作物,5%种经济作物,17%种饲料作物,而3%种蔬菜与马铃薯。自然资源十分丰富:天然气蕴藏量为48万立方米,占世界探明储量的1/3强,居世界第一位;石油储量65亿吨,占世界的12—13%;煤蕴藏量2000亿吨,居世界第二位。

从人口的地区分布来看,在1994年的一亿四千八百多万人口中,有74%住在城市,26%住在乡村。从事农业的人口占14%。

不过,农业受气候的限制,产量不高。全俄领土有22%在北极圈内。绝大部分地区冬季漫长,严寒干燥。有80%的地区无霜期不到140天,全年降雨量自西向东数量递减,西部600毫米,乌拉尔地区500毫米,鄂木斯克减为320毫米。不过在远东太平洋沿岸则上升为750毫米。而在伏尔加河下游一带为沙漠地区,雨量不足,仅100毫米。

俄罗斯联邦在1991年苏联解体以前属于苏联的15个加盟共和国之一。1917年10月以后,俄国曾经历了一个短暂的苏维埃时期(简称苏俄),后来并入1922年成立的苏联。除俄罗斯外,苏联吸收的加盟共和国还有:乌克兰、白俄罗斯、摩尔达维亚(现名摩尔多瓦)、立陶宛、拉脱维亚、爱沙尼亚、格鲁吉亚、阿塞拜疆、亚美尼亚、哈萨克斯坦、乌兹别克斯坦、吉尔吉斯斯坦、塔吉克斯坦、土库曼斯坦。

至于俄罗斯本身的历史发展,则经历了一个漫长的过程,迄今已有一千多年。

俄罗斯立国比较晚,九世纪才建立其早期的国家——基辅罗斯,后来又发生了蒙古人入侵和统治,蒙古人撤走之后,才可能建立起中央集权的国家——俄罗斯。它的历史时期可划分为四段:①古代延续得比较长,从九世纪一直到十七世纪;②十八世纪开始向近代过渡;③十九世纪便是近代;④二十世纪初进入现代。

在俄罗斯的历史上,曾经有过三次引进外来文化的热潮。

第一次在十世纪的基辅罗斯时期,弗拉基米尔大公于公元988年决定接受基督教为国教,这对于古罗斯的统一起了促进的作用,因为在此以前,罗斯是个多神教的国家。

最初,基督教(东正教)是从拜占庭,即东罗马帝国经保加利亚传入罗斯的。随着它在罗斯的迅速传播,大批拜占庭神甫也带来了拜占庭的教堂建筑和圣像艺术、宗教文学、史地学,以及神学观念和思想。这也促进了罗斯同西欧的文化交流,并使它自己带有深刻的基督教文化传统。

蒙古人的统治(1240—1480)虽然给罗斯的经济和文化造成严重的破坏,却也在军事、政治制度,甚至土地和税收制度上给它以深刻的影响,尤其在其后建立的俄罗斯专制农奴制度打上了蒙古方式的烙印。而从整个国情上看这是俄罗斯具有欧亚双重国情的开端。

沙皇专制制度的加强导致了国家封闭性的加剧,但由于俄国四处征战,在十六世纪中叶征服了中亚喀山汗国和阿斯特拉罕汗国,十七世纪几乎征服了整个西伯利亚,十七世纪下半叶又吞并了乌克兰,这使俄国成为幅员辽阔的多民族国家。而在它和利沃尼亚的征战中,俄国又认识到自己在经济、军事方面比西方落后,从而产生向西方学习的思想。

因而可以说,俄罗斯在其古代的晚期,已经处于封闭和向外这两种倾向的矛盾之中。但趋向外部世界的思想终究占了上风。这就酝酿了十七世纪末开始的第二次对外来文化,主要是西方文化的引进。而且这一次的引进影响巨大,导致了俄罗斯迅速迈向近代化的国家。

第二次引进外来文化的热潮,大体从彼得大帝当政开始,以后在位的沙皇继续推行此项政策,一直延续到整个十八世纪。

十八世纪是俄罗斯文化向近代文化过渡的准备阶段。其标志是彼得大帝的改革,使国家迅速地巩固和富强起来,走向近代俄罗斯民族国家,开始了新的历史阶段:俄罗斯帝国的建立和鼎盛时期。

彼得大帝(Пётр I)在位期间(1682—1725)对外扩张疆土,打开了俄国通向欧洲的门户,对内则改革政府机构,加强中央集权,发展工商业,为大力提高俄国文化而实行一系列措施,使俄国迅速摆脱中世纪的愚昧落后状态。这为俄罗斯近代民族文化的诞生奠定了基础。

彼得大帝的改革以"全盘西化"为方针,这有其消极面,即在贵族和上层人士中养成盲目崇拜西欧文明,轻视本民族文化的风气。而这一点恰恰遭到下层人民的抵制。同时,彼得大帝改革的目的是巩固沙皇俄国的专制制度,而这种制度又是以农奴制为基础的。这同所引进的西欧启蒙思想(实际是资本主义文明)也是相矛盾的。因而整个十八世纪俄国是在这种种矛盾中为探索民族发展的新路而努力。这使其文化也具有过渡的性质:

其一,是引进启蒙思想。十八世纪初的向西方开放就已经为启蒙文化的传入创造了条件。到了中叶,俄国更是大批翻译出版西欧启蒙思想家伏尔泰(Франсуа Мари Вольтер)、狄德罗(Дени Дидро)、孟德斯鸠(Шарль Луи Монтескье)、卢梭(Жан Жак Руссо)、马布里(Габриэль Мабли)等人的著作,启蒙思潮有力地启迪着俄国思想界,造就了一代俄国自己的启蒙学者,如冯维辛(И.Фонвизин)、诺维科夫(И.Новиков)、拉吉舍夫(И.Радищев)等。

启蒙思想甚至导致了"开明专制"。十八世纪中叶在位的彼得大帝女儿伊丽莎白(Елизавета Петровна)女皇和以后在位的叶卡捷琳娜二世(Екатерина Ⅱ)女皇,先后宣布实行"开明专制"。她们都在某种程度上接受某些自由主义的原则,却不愿意削弱专制的权力,反而想借助于前者来加强专制,因而被后人斥为"伪善"。但她们的姿态有利于启蒙思想的传播。

其二,是引进了西方的科学技术知识,仿效西欧开展了文化教育,探索本民族的文学艺术发展途径。反映在创办各种类型的学校,加速培养人才,尤其是1755年创立了莫斯科大学,使之成为俄国教育和科学研究的中心,加上此前已于1724年仿西欧模式建立了圣彼得堡科学院,也由此产生了一批受过西欧思想和科学知识滋养的俄国学者,如罗蒙诺索夫(М.Ломоносов,1711—1765)等。

文学艺术的发展主要也是借鉴西欧的经验。俄国几乎是依次借用了西欧的古典主义、启蒙主义、感伤主义、浪漫主义、现实主义等艺术方法,用了十八世纪不到一百年的时间走完西欧十七世纪以来二三百年文艺思潮的历程,直到十九世纪初才找到了发展本民族文学的有效方法——批判现实主义。因而十八世纪的俄国文艺整个是模仿西欧文艺的过程,尚未摆脱西方艺术的痕迹。不过也出现了一批知名的作家,如康捷米尔(Д.Кантемир)、苏马罗科夫(П.Сумароков)、卡拉姆津(М.Карамзин)、杰尔查文(Г.Державин)、拉吉舍夫、克雷洛夫(И.Крылов)等。

如果说十八世纪是俄罗斯帝国的鼎盛时期,那么十九世纪就是俄罗斯文化的空前繁荣时期。

首先,在社会思想上的表现,是新思潮层出不穷,而且迅速更迭,引起俄国思想界空前活跃。这些思潮大多是从西方引进，但其做法与十八世纪不同，不再是照搬或单纯模仿，而是力求使其俄国化。

1825年的十二月党人起义就是西方自由主义思想冲击俄国的结果。但当时的俄国先进贵族把它作为反对封建专制农奴制的武器，开展了十二月党人运动，他们的政纲不尽相同，但无论主张共和，还是君主立宪，都是受到西方资产阶级自由主义的启迪。只不过这个过程已经被俄国化了，变成了贵族自由主义。后来贵族自由主义思潮在思想界有过很大影响。

同样，1861年开始的平民知识分子革命，其思潮也是来源于西欧的哲学思想和社会思想，尤其是空想社会主义。但从俄国解放农奴的实际需要出发，发展到主张暴力革命、用武装推翻沙皇专制制度，于是便演变成五、六十年代革命民主主义这样强有力的革命思潮。

这一派的思想家，无论是赫尔岑、别林斯基，还是车尔尼雪夫斯基等人，都设想过俄国依靠农民的力量，就可以由俄国农村传统的"农民村社"直接过渡到社会主义，不必经过资本主义的发展阶段。因而他们把西欧空想社会主义与俄国村社相结合，变成俄国的农民社会主义。这种思潮对文化界也有重大的影响。

当然，引起思想界剧烈争论和极为活跃的还有不容忽视的两派——斯拉夫派和西方派。这两派从三十年代形成起就长期论争，互相对立，其根源可以追溯到彼得大帝的改革。两派论争的中心是俄罗斯应该走什么道路的问题。前者认为应该凭借俄国固有的社会结构和民族性，把民族精神加以发扬光大；后者主张必须向西欧学习，只有"西方化"才是出路。这两派的争论长久而剧烈，影响也大；每逢俄国到了历史转折时期必然一再出现，甚至延续至今。

在有关俄罗斯国家前途的争论中，还有宗教哲学家一派，如索洛维约夫等。他们主张用基督教的宽恕和仁爱精神来净化人们的灵魂，洗涤人间的罪恶。但到了世纪末，与社会革命论的强劲相比，它已显得苍白无力。

十九世纪的繁荣也反映在教育的发展，自然科学和社会科学的全面进步。国民教育的开展已形成体系，设立了古典中学和实科中学，新创立哈尔科夫大学、喀山大学、彼得堡大学、基辅大学等一系列高等学校。人才培养和科研工作的开展，使得从六十年代起自然科学呈现繁荣局面，数学、物理、化学、生物、地理各部门出现了诸如洛巴切夫斯基（Н.Лобачевский）、波波夫（Ф.Попов）、门捷列夫（Д.

Менделеев)、季米里亚捷夫(К.Тимирязев)、巴甫洛夫(П.Павлов)、米丘林(И.Мичурин)等一批大科学家。社会科学方面,则在历史、哲学、经济和政治学上都有突出的进展,出版了俄国历史上多部有分量的著作。卡拉姆津、赫尔岑(А.Герцен)、别林斯基(В.Белинский)、车尔尼雪夫斯基(Н.Чернышевский)、索洛维约夫(В.Соловьёв)、克柳切夫斯基(В.Ключевский)、普列汉诺夫(Д.Плеханов)等成了社会科学各领域的代表人物。

继而,是文学艺术的各个领域人才辈出,灿若星辰。他们提供了第一流的作品,创造了具有本民族特色的文化。

十九世纪从普希金起的文学以批判现实主义为标志开始了具有民族独特性的俄罗斯文学,出现了一系列驰名世界的作家:普希金(А.Пушкин)、果戈理(Н.Гоголь)、莱蒙托夫(М.Лермонтов)、屠格涅夫(И.С.Тургенев)、冈察洛夫(И.Гончаров)、奥斯特洛夫斯基(Н.Островский)、涅克拉索夫(Н.Некрасов)、谢德林(М.Шедрин)、陀思妥耶夫斯基(Ф.Достоевский)、托尔斯泰(Л.Толстой)、契诃夫(А.Чехов)、高尔基(М.Горький)。他们使俄罗斯一跃而成为世界文学大国。十九世纪的俄罗斯为世界留下了一批光彩夺目的文学名著。

建筑、雕塑艺术和绘画有了全面的进展,产生了列宾(И.Репин)、苏里科夫(В.Суриков)、列维坦(И.Левитан)、谢罗夫(А.Серов)等大画家,对风俗画、肖像画、风景画、历史画和舞台装饰画都作了开拓,表现了现实主义的强有力的风格。

音乐方面,十九世纪初叶,格林卡(М.Глинка)对俄罗斯的音乐艺术作了创新,而六七十年代的"强力集团"更是通过现实主义艺术,对民族音乐作了突出贡献。这个时期也产生了闻名世界的音乐家里姆斯基—柯萨科夫(Н.Римский-Корсаков)、穆索尔斯基(М.Мусоргский)、柴可夫斯基(П.Чайковский)。此外,戏剧和芭蕾舞也有长足的进展。

第三次引进外来文化的热潮在十九世纪后期和二十世纪初,主要内容是马克思主义和现代化思潮,包括它的资本主义论和社会革命论,尤其是无产阶级革命和无产阶级专政的学说。列宁把它和俄国实际相结合,产生了列宁主义学说,包括帝国主义论和社会主义革命论。俄共曾运用马列主义对俄国资本主义作全面的批判,既有政治的,也有经济的和道德的(即精神文化)的批判,涉及文化领域各个层面，既有对旧文化的批判与继承，也有创新社会主义文化的措施，同时提出了共产主义的理想，以鼓舞人们，尤其下层劳动大众对未来的憧憬。列宁把这种理想形象地概括为一个公式：**共产主义就是苏维埃政权加全国电气化**。[1]

在当时活跃于思想界的一批宗教哲学家，他们也在为俄国的前途寻找出路，方法是从东正教教义中去找。先行者有索洛维约夫，后续的有梅列日科夫斯基、罗赞诺夫、舍斯托夫和别尔嘉耶夫等人。他们力图对基督教教义做出新的阐释，欲与世纪之交人们不满于社会不公、企求平等自由的愿望相结合，只是其救世良方未能奏效。用"新宗教意识"以救赎社会的办法只在知识分子阶层广为宣传，但在马克思列宁主义掌握了广大群众形成革命运动的形势下，他们便被边缘化了，因而宗教哲学思想未能引领风骚。

苏联曾经用马列主义的思想原则对社会进行全面的改造，开展广泛的共产主义思想教育，其实践和效果上有正负两个方面。负面的影响虽然导致人们信仰和信心的动摇，甚至日后的"解体"。但是正面的事迹业已垂名青史。

其一，实行社会主义工业化和农业集体化，为国家的现代化打下经济基础，借以赢得卫国战争的胜利，进一步增加了国力，使苏联成为与美国并称的世界上两个超级大国。俄罗斯从相对落后的资本主义（甚至封建主义）国家一跃成为现代化强国。

其二，实现全社会的文化改造，推行现代化。扫除文盲，为无文字的民族创造文字，发展和完善全民的教育体系，大力提高居民的文明程度。社会主义制度保障千百万民众发挥聪明才智，形成人才辈出的局面，尤其是尖端科学技术人才，如：苏联的"原子弹之父"库尔恰托夫，为火箭技术的宇宙航行事业奠定理论基础的齐奥尔科夫斯基，为苏联在原子能科学和宇航技术争得世界领先地位的物理学家切连科夫、埃姆、弗兰克、朗道、普罗霍罗夫、巴索夫、卡皮察，宇宙火箭设计师科罗廖夫，以及数学家维诺格拉多夫，化学家谢苗诺夫、库尔纳科夫。他们的成就均已得到世界的公认。

其三，文学艺术事业有了全面的推进，这也和苏联成为世界一流大国的地位相匹配。在文学领域，继无产阶级文学最大的代表高尔基之后，成长出一批新型的现

---

[1] 列宁：《关于人民委员会工作的报告（1920年12月22日在全俄苏维埃第八次代表大会上）》，《列宁选集》第4卷第399页，中共中央马恩列斯著作编译局编，人民出版社，1960年。

实主义文学大作家如肖洛霍夫、马雅可夫斯基等,这使得苏联文学在二十世纪世界文坛上独树一帜,被称为"社会主义现实主义"文学。它以反映"新的人物、新的世界[1]"为标志而与西方的现代主义文学并驾齐驱,在世界文学史上各领风骚。主要的一点,它更易为普通大众所理解和接受,具有广泛的群众性。而苏联时代非主流文学在高压下仍能成长出帕斯捷尔纳克、索尔仁尼琴等,更为俄苏文学增添了色彩。最显著的一点,这类名作家往往在苏联思潮变换中成为社会风向的预兆,是另一种类型的反映生活、干预生活的文学传统。

在音乐美术领域,文化发挥着向群众普及的功能,像群众歌咏运动、宣传画和大型群雕更为俄国艺术发展史上所仅见。在舞蹈、戏剧和电影方面,艺术更成了公众喜闻乐见的形式。总之,艺术和文学一样发挥了团结、教育群众的功能,从而为苏联进行社会主义改造的方针服务。不过,后世论者对此并不都予以认同,而是有许多非议。尤因当局对持有异见的人士打击,压制,致使不少文化人外逃,引发不止一次的居民侨迁国外的浪潮,如此更为论界所诟病。

在苏联时代,也产生过举世闻名的文化巨匠:音乐家肖斯塔科维奇、普罗科菲耶夫和拉赫马尼诺夫,戏剧家斯坦尼斯拉夫斯基、梅耶霍德、瓦赫坦戈夫,芭蕾舞蹈家乌兰诺娃、巴甫洛娃、普莉谢茨卡娅、谢苗诺娃、马克西莫娃、演员史楚金、施特拉乌赫,电影导演和演员丘赫莱、邦达尔丘克、格拉西莫夫,画家约甘松、马列维奇和沙加尔,歌唱家夏里亚宾,以及教育家凯洛夫、马卡连科等等。

俄罗斯在漫长的历史过程中,曾经创造了丰富的文化遗产。文化的内涵,如作宽泛的理解,系指人类在社会历史发展过程中所创造的物质和精神财富的总和,包括物质文化、制度文化和精神文化这几个方面。限于篇幅,本书拟按狭义的理解,专指精神文化方面。偶尔涉及制度文化,也以能够说清的精神文化方面的有关问题为限。因而书中所写具体内容,侧重在社会历史、教育、文学、艺术、科学技术和某些社会思潮。

这类专题的著作,俄国学者已经写了不少。各种主要版本的俄国通史、苏联通史都有专章涉及。专著则有苏联科学院历史研究所列宁格勒分所编撰的《俄国文化史纲——从远古至1917年》(列宁格勒,1967年),最为详尽。该书叙写的时限比

---

[1] 毛泽东:《在延安文艺座谈会上的讲话》,《毛泽东选集》第3卷,第833页,人民出版社,1969年。

较长,从古罗斯起至1917年为止,大约包括了俄国一千年的文化发展史;内容也比较广,涉及教育、科学、文学、艺术、社会思想、宗教信仰、风俗习惯等等,是一部全面而系统的俄国文化史。

上述著作虽全面,但唯缺苏联时代。我国改革以来出版了许多俄罗斯文化史教材和专著,有不少书已补足了苏联时代部分,以里亚布采夫的《俄罗斯文化史》三卷本较为详尽。第一卷内容为十一至十七世纪,第二卷十八至十九世纪,第三卷为二十世纪。均涉及建筑、绘画、文学、音乐、教育、科学、宗教、习俗等,有时还细及住宅、器具、服饰、伙食、节日习俗。

这两部书写法不同,一为分析历史脉络,一为展示各方面概貌,都值得一读。

我国学者的著作,也有几种从不同侧面涉及俄国文化的。早期较为注意叙写这个方面内容的有:李明滨、郑刚主编《苏联概况》(1986),孙成木、刘祖熙、李健主编《俄国通史简编》(1986),张才兰主编《苏联文化教育》(1987),姚海著《俄罗斯文化之路》(1992),刘祖熙主编《斯拉夫文化》(1993)等。而较为集中和有系统的则是孙成木著《俄罗斯文化1000年》(1995)。

其他著作还有多种,甚至有俄文译成中文的。俄中两种读物将在本书末参考文献里列出。

第一章

古代文化（九至十七世纪）

公元六世纪时，分布在欧洲东部的斯拉夫族，是欧洲最大的部族之一。后来，这个部族逐渐分成东、西、南三支。西边的一支住在中欧一带，称西斯拉夫人（捷克人、斯洛伐克人和波兰人）。在巴尔干半岛的南支称南斯拉夫人（保加利亚人、塞尔维亚人和霍尔瓦提人）。东支居住在西起德涅斯特河和喀尔巴阡山脉、东至伏尔加河流域、南抵黑海北岸、北达拉多加湖的广大地域，即东斯拉夫人，就是俄罗斯人、乌克兰人和白俄罗斯人的祖先。

东斯拉夫人于九世纪（公元882年）在基辅建立了一个统一的、早期的封建国家罗斯。从此开始有了罗斯的古代文化。

第一节 古代文化的缘起

1. 历史概貌

据罗斯编年史《往年纪事》记载，九世纪来自斯堪的那维亚的诺曼人（斯拉夫人称之为瓦良格人）侵入东斯拉夫人居住的地区。其中有一支扈从队由军事首领留里克率领，征服东斯拉夫人，夺取北部的诺夫哥罗德，自封为王公。留里克死后，儿子伊戈尔（Игорь）年幼，由奥列格摄政（880—912）。奥列格（Олег）于882年征服基辅，并将国都由诺夫哥罗德迁至基辅，从此建立了名为罗斯的大公国，而留里克王朝也成了斯拉夫化的王朝，并延续七百多年（882—1598）。奥列格死后，伊戈尔才正式执政。

古罗斯是一个早期的封建国家。每年冬天，大公亲率扈从队到民间作"索贡巡行"，向居民征收毛皮、蜂蜜和粮食等财物，甚至掠夺人口。春天便把这些财物运到拜占庭首都君士坦丁堡去出卖，以换取贵重的纺织品、金银器皿、酒和其他奢侈品。

居民不满于大公的横征暴掠,乃奋起抗拒,于945年杀死了正在"索贡"的伊戈尔及其扈从队。然而伊妻奥尔加(Ольга)替幼子摄政,竟向居民疯狂报复。

伊戈尔之子斯维亚托斯拉夫(Святослав)继任为统治者,时间在962—972年,他继续执行瓦良格人的对外征战政策,把疆土扩大到奥卡河流域、伏尔加河流域的哈扎尔汗国和北高加索的部分地区,企图进一步占领保加利亚,但遇到拜占庭的抵抗,被后者打败。斯维亚托斯拉夫在撤离多瑙河流域时,遭到与拜占庭串通的佩琴涅格人于第聂伯河急流险滩中设下的伏击。他被击毙,其头骨被佩琴涅格人制成一只酒器,用以在欢乐时饮酒庆祝胜利。

在他死后,有三个儿子争夺王位,内讧长达七、八年,后两个儿子战死,留下弗拉基米尔(Владимир)统一这个国家。弗拉基米尔用六年时间平定了斯拉夫部落的叛乱,又吞并加利奇,进攻波兰,攻打立陶宛,强化日趋衰落的罗斯王权。

987年,由于保加利亚人起义和拜占庭国内发生叛乱,弗拉基米尔应约出兵去平息叛乱,帮助拜占庭统治者瓦西里二世稳住了皇位,但其条件是娶皇妹安娜为妻,瓦西里二世承诺了,反过来则要求弗拉基米尔接受基督教。后者遂于988年开始接受基督教即东正教为罗斯的国教。

东正教的传播从思想上巩固了罗斯的统一,加速了封建关系的发展,从政治上巩固了基辅大公的政权,而且加强了基辅罗斯与拜占庭以及西区各国的政治、经济、文化联系。

封建关系的发展,使得王公贵族竞相掠夺破产农民的土地,以建立自己的大庄园。而农民也逐步沦落为"依附农民",有的甚至成为奴隶。不少王公贵族就拥有大量奴隶从事农业生产和繁重的家务劳动。

为维护封建主的利益,从十一世纪开始制订了《雅罗斯拉夫法典》,以后又经雅罗斯拉夫(Ярослав)的儿子、孙子修订成《罗斯法典》,亦称《雅罗斯拉夫三王子法典》。其中有严厉的规定:封建主对其领地上的农民有司法裁判权。

弗拉基米尔死后,儿子雅罗斯拉夫经过多次征战,登上基辅大公的王位。

由于他的主政,基辅罗斯得以再度昌盛。他扩张版图、修建教堂寺院、编行法典、翻译出版外文书籍,与欧洲许多国家的王室联姻,并有政经与文化诸多方面的联系。罗斯建起许多商业和手工业中心,约有八十多个城镇,大的如基辅、切尔尼戈夫、波洛茨克、诺夫哥罗德、斯摩棱斯克等。

1054年雅罗斯拉夫死后，王室逐渐衰微，至十二世纪中叶，基辅罗斯已分裂成许多小国。

2. 文字的创造

古罗斯从九世纪起就有了文字，系以希腊斯拉夫人基里尔和梅福吉所创的斯拉夫字母为基础形成的，史上习称"基里尔"字母。公元863年，拜占庭帝国派遣出生于希腊的基督教传教士康斯坦丁·基里尔（Константин Кирилл）和梅福吉（Мефодий）两兄弟去摩拉维亚传教，他们以希腊的"多角字体"为基础，增添斯拉夫语的发音符号，几经修改，逐渐形成了斯拉夫文字。这种文字后来为俄罗斯人、乌克兰人、白俄罗斯人、保加利亚人、塞尔维亚人所用。不过各国在使用过程中又各自几经变动，形成了彼此有差别的各自国家的文字。

十世纪，随着东正教（基督教）传入罗斯并且被广泛接受，罗斯的文字和文化也被促进而有了更快的发展。基辅和其他大城市传入的祈祷书，主要来自保加利亚。保加利亚比罗斯受洗要早120年。至十世纪末，保加利亚的文字已很发达，而保加利亚文字同罗斯的文字又如此接近，罗斯的居民完全可以听懂保加利亚语诵读经文，直接利用保加利亚教会现成的书籍。因此，传教和读经对罗斯的文字和书

古俄文文字　《雅罗斯拉夫·弗拉基米洛维奇真理·1282年诺夫哥罗德法典汇编》

面文学的发展客观上起了积极的作用。而古罗斯的文字也就带有了(保加利亚)教会斯拉夫文的特点。

3. 壮士歌

在九世纪创造斯拉夫文字之前,东斯拉夫人已经流传有口头文学,在民间传唱。如有俗语、谜语、诗歌、劳动歌曲和故事传说等。由于无文字记载,大部分已失传。少量的后来被记入古代罗斯文献,有一部分得以长期在民间流传,至十八世纪引起学者注意而加以搜录和整理出来。

民间口头创作中最为流行的形式是壮士歌,系以歌颂大公、王公和戍边的战士为主要的内容。例如壮士歌《伊里亚·穆罗梅茨》就是歌唱一位名为伊里亚·穆罗梅茨的壮士,他英勇善战,力大无比,具有神奇威力,是个戍边的好战士,歌中这样突出那位英雄的形象:

《三勇士》 瓦斯涅佐夫

那里站着五个战士：

第一个就是伊里亚·穆罗梅茨……

壮士歌亦称"英雄歌谣"，在九至十五世纪产生的壮士歌，流传下来的共约100余首。它是一种短小的叙事诗。有关伊里亚·穆罗梅茨（Илья Муромец）的壮士歌还有很多。传说中他本是个瘫痪的农民，喝了游方僧的蜜酒后，具有惊人的体力，便离家去过戎马生活，他唯一的目的是为民除害和为民谋福利，曾多次冒犯王公贵族而被监禁于地牢；但敌人来犯时，国王请他出来迎敌，他慨然答应，并不计较个人恩怨，说：

我去作战是为了正教的信仰，

为了罗斯的国王，

为了光荣的京城基辅，

为了寡妇、孤儿、家人；

若是为了狗王弗拉基米尔，

我决不迈出这地牢一步！

还有些壮士歌是歌唱和平生活的，如《萨特阔》、《伏里加和米库拉》等。

4. 东正教文化的传入

对基辅罗斯文化影响最大的，是公元988年由基辅大公弗拉基米尔决定接受基督教为国教。在此之前，罗斯是个多神教的国家。

基督教包括天主教、东正教和新教三大教派。新教通称耶稣教。罗斯所接受的基督教属于东正教，系君士坦丁堡教会所管辖的。它规定做礼拜时不必用古罗马语（拉丁语），而允许用民族语言。这样它就更易于传播。

其实，早在九世纪的六十至八十年代，基督教已开始在罗斯流传，但基辅大公担心臣民信教后会受拜占庭支配，故不表态支持。后来，弗拉基米尔大公为了巩固政权，决定加以利用。他便侵入拜占庭属地克里米亚，占领赫尔松，迫使拜占庭皇帝答应和罗斯皇室通婚，以此作为后者接受基督教的条件。是故，988年，弗拉基米尔大公娶拜占庭的皇妹安娜公主为妻，同时加入希腊正教派基督教，即东正教，并将其定为罗斯的国教。

弗拉基米尔大公自己受洗,要求大贵族都受洗,并把基辅市民赶入第聂伯河里,由希腊牧师为他们行洗礼。随后东正教在全国推行。弗拉基米尔大公此举意义重大。它不但对罗斯的统一起了促进的作用,而且使罗斯的文化走进了欧洲文化圈,尤其是深深地打上了拜占庭文化,亦即基督教文化的烙印。

罗斯从此宗教文化盛行。它与拜占庭以及前此已接受基督教的保加利亚之间文化交流更加频繁,开始有专人从事宗教书籍的翻译。十一世纪三十年代,大公还亲自主持翻译拜占庭的宗教书。先后被翻译过去的有福音书、赞美诗集等"圣书",也有教堂逐日祈祷经文汇录、三重颂歌、日课经等做礼拜用的书,还有教会歌曲、布道演说、箴言以及宗教规诫文集等。

这样一来,罗斯在翻译宣传基督教义的同时,也把希腊悠久而发达的古老文化一并介绍进来,从拜占庭和保加利亚引进了大批宗教书籍,也包括一些世俗性著作,如历史故事、自然科学书籍等。这一切均大大开阔了人们的眼界,提供了丰富的艺术手法,也促进了本国文学的发展。当时教会的修道院还起着普及文化的作用。它为了翻译书籍而为国家开办书院,进行教育活动,进而成为文化传播中心。

除了大量翻译的拜占庭宗教书籍如圣经、使徒传、布道讲话之外,罗斯的僧侣们还进行仿造,写出本国的宗教文学,如《基辅山洞修道院圣徒传》、大主教伊拉利昂的《法律与神恩讲话》、《修道长丹尼伊尔巡礼记》以及《鲍里斯和格列勃传》等。

5. 编年史《往年纪事》

在罗斯时期宗教文化盛行的同时,也产生了一些世俗性的著作。其中最有代表性的是"编年史"这种形式。它是僧侣们在修道院中按年代顺序编写国家历史大事的史书。力图记录民族本身发展的历史以传诸后世,这是一个民族意识自觉的标志。流传下来最古老的一部编年史是十二世纪初由基辅山洞修道院的修道士涅斯托尔写的《往年纪事》。

编年史《往年纪事》——涅斯托尔(Нестор)所汇总的这部编年史有一个很长的书名:《这就

编年史家涅斯托尔

是往年的故事,俄罗斯国家是怎么来的,首先在基辅为王的是谁,俄罗斯国家是怎样起源的》,为了方便,通常只简称《往年纪事》,也由于它常被用作其他后起的编年史之开篇,故也称《俄罗斯编年序史》。

《往年纪事》开头部分依据的是传说,虚构的成分较多,系用以说明基辅罗斯的来源。但从公元852年之后所记就靠近史实了,主要记载基辅罗斯初起时的几位君主。如记述公元907年基辅首任大公奥列格率武士一队、战船二千顺第聂伯河而下,直抵拜占庭帝国(指东罗马帝国首都君士坦丁堡,书中称"沙皇格勒"),获得大量财物,得胜回国。这与911年罗斯出征拜占庭的事实基本相符,但故事发生的年代有误。《纪事》最后叙写诸侯内讧,为争夺基辅大公的宝座而互相残杀,这也反映了真实。书中显示了反对分裂,呼唤统一的看法,代表了罗斯人的愿望。

6. 英雄史诗《伊戈尔远征记》

长诗《伊戈尔远征记》叙写1185年北诺夫哥罗德王公伊戈尔·斯维雅托斯拉维奇(Игорь Святославич)率军征讨屡屡来犯的草原游牧民族波洛夫茨人,结果惨遭失败的故事。系以史实为根据,经过文学手段的加工,遂成英雄史诗的。

长诗分引子、叙事、尾声三部分。"引子"点明作者要咏唱的是伊戈尔远征的"悲惨的故事"。伊戈尔出征前已经有日蚀为凶兆,但他因功名心切,仍旧挥师出发,虽然初战告捷,但再战就兵败被俘。叙事部分作了如此交代后,便突出两个重要人物对待此次事件的态度。

其一是罗斯之君主——基辅大公斯维雅托斯拉夫为此发出的《金言》。他既责备伊戈尔"为自己找寻荣誉"竟然不顾一切而贸然出征,酿成了恶果;也谴责各路诸侯见死不救、坐观伊戈尔失败的行为。他指出各路王公本应团结一致,共同对敌。

史诗作者指出,酿成民族危机的根本原因,既不是敌人强大,也不是神的意旨,而是王

《伊戈尔远征记》中译本
魏荒弩译 2000年

公们的争权专利：

> 王公们抗击邪恶人的斗争停止了
> 兄弟只顾争吵：
> "这是我的，那也是我的！"
> 对于一些细小的事情，
> 王公们却说："这是大事。"
> 于是他们给自己制造了内讧，
> 而那邪恶人便从四面八方
> 侵犯罗斯国土，势如破竹。[1]

基辅大公斯维雅托斯拉夫的《金言》就此点明了长诗的主题，那便是：

> 王爷们，请踏上你们的金镫吧，
> 为了今天的耻辱，
> 为了罗斯的国土，
> 为了伊戈尔的，
> 那勇猛的斯维雅托斯拉维奇的创伤！[2]

其二是伊戈尔之妻《雅罗斯拉夫娜(Ярославна)的哭诉》。她得知丈夫惨败被俘后，悲痛万分，清晨站在普季夫尔城墙上对大自然哭诉，祈求大风、大海、太阳庇佑她的丈夫王公及亲兵们平安归来。她的悲诉情真意切，惊天地，泣鬼神，引得风雨大作，日月无光。伊戈尔得以乘乱逃出，回到祖国。

值得注意的是，史诗虽然批评伊戈尔贪图个人荣誉而轻率出征，却热烈歌颂他敢于抗敌的英雄气概。说伊戈尔是"钢铁铸成的"，而战士们"个个都是在号角声中诞生，在头盔下长大，用长矛利刃进餐"的健儿。作者把远征看作是全民的事业，所以伊戈尔的惨败才如此震动了全罗斯。妻子雅罗斯拉夫娜的哭泣恰好反映了人民的悲痛和希望：

> 光明的、三倍光明的太阳啊！
> 你对任何人都是温暖和美丽的；
> 神啊，你为什么要把你那炎热的光芒

1、2、3《伊戈尔远征记》，魏荒弩译，人民文学出版社，1957年。

照射到我丈夫的战士们身上?
为什么在那干旱的草原上
你用干枯扭弯他们的弓,
用忧愁塞住他们的箭囊?³

(魏荒弩译)

如此写来,伊戈尔的远征不仅和人民有血肉联系,而且与罗斯土地也是息息相关的。他的出征、战败、逃回,大地上的飞禽走兽、树木花草、山川日月,都积极分担他的命运,这就更强烈地表达了史诗的爱国主义思想和英雄们勇往直前的英雄气概。

因此,史诗才得以用歌颂的声调作为全诗的尾声归结。

《伊戈尔远征记》是后代发现的,作者已不可考,但它的内容和原作的手抄本是真实的。它具有很高的艺术成就,刻画人物栩栩如生,叙事十分逼真,还善于利用景物以衬托人物内心的忧伤和苦楚,如形容罗斯军队失利,连"青草也同情地低下头来,而树木悲凄地垂向地面"。《远征记》正是以它高度的艺术成就和深刻的思想内容而被视为俄罗斯古代文学的一颗明珠。马克思曾高度评价它,指出"这部史诗的要点是号召俄罗斯王公们在一大帮真正的蒙古军的进犯面前团结起来。"[1]

7. 教堂建筑和绘画艺术

东正教的广泛传播,带动了教堂建筑和绘画艺术的发展。在十一至十三世纪,基辅、诺夫哥罗德、弗拉基米尔、苏兹达里、契尔尼科夫、斯摩棱斯克、波洛茨克等城镇,都有了代表古罗斯艺术风格的教堂。据记载,十一世纪初,在基辅建立的教堂,大小共有四百余座。

其中最著名的为建于十一世纪的基辅索菲亚教堂。它规模宏大,气势雄伟,装饰美丽,是古罗斯艺术的体现。教堂用平整的石块和砖砌成,设五间堂,外有两

弗拉基米尔 金门

---

[1]《马克思恩格斯全集》第29卷,第23页,人民出版社。

基辅 索菲亚教堂

圣像画 圣者尼古拉 十三世纪

莫斯科救世主大教堂 二十世纪九十年代复建

条露天走廊环抱,内部宽敞明亮,内墙从地板到圆顶均由马赛克或壁画贴就,雕饰美观,地板也用彩色石块。教堂内设大唱诗班席,有专设塔梯往上登席,唱诗班席胸墙也为美丽的浮雕。教堂内的摆设多为金银器皿、华丽饰物,以及枝形大吊灯。教堂有13个圆顶,外观益显壮丽。

在诺夫哥罗德和波洛茨克两地也建有索菲亚教堂,其风格与式样均与基辅的索菲亚教堂近似。

绘画方面则有壁画、圣像画、马赛克画与各种彩色画。以弗拉基米尔、苏兹达里的教堂壁画最为有名。

第二节 挫折与衰落

1. 金帐汗国统治

至十三世纪初,古罗斯已分裂为若干小公国,统一的罗斯不复存在。罗斯的政治及文化中心从基辅移向东北的苏兹达里、罗斯托夫、莫斯科、特维尔等城市,形成东北罗斯(日后成为俄罗斯)。

此时的东北罗斯不久便遭到蒙古人的入侵。十三世纪初,成吉思汗统一蒙古后,开始大举西征。1219年他率二十万大军入中亚、越高加索,抵顿河流域。1223年,蒙古人和罗斯人在卡尔卡河发生大战,罗斯惨败,蒙古军进占伏尔加河东岸。

1236年,成吉思汗之孙拔都率军远征欧洲,先进攻东北罗斯,而分裂之后的罗斯已无力一致抵御外侮。蒙古军迅速占领梁赞、科罗姆纳、莫斯科、弗拉基米尔等城市。1240年,拔都率军进攻罗斯南部,很快攻陷基辅,转而兵分两路,远征匈牙利和波兰,但在进攻捷克时受挫。

俄罗斯士兵 十六世纪

1242年,拔都由中欧折返伏尔加河下游,建立了金帐汗国(1240—1480),史称"钦察汗国"。它以萨莱为都城(今伏尔加格勒附近),统治着罗斯及西伯利亚西部的广大地区。因其帐殿为金黄色,故罗斯人称其为金帐汗国。

十四世纪,立陶宛大公国逐步侵占曾被金帐汗国管辖的第聂伯河流域(包括基辅),即西南罗斯,它日后成为乌克兰;而被波兰占领的加里奇公国,即西部罗斯,日后则成为白俄罗斯。这就使统一的罗斯分裂为三:东北罗斯、西南罗斯和西部罗斯。

十四世纪初,东北罗斯内的莫斯科公国地位日益突出,逐渐成为东北罗斯的政治、宗教、文化中心。1380年,马麦汗(Мамай)进军顿河库里科

俄罗斯骑兵

沃平原，莫斯科王公德米特里（Дмитрий）率东北罗斯联军出击。库里科沃一战，马麦军大败。德米特里得胜，获"顿河王"称号。1480年，蒙古汗再次出兵乌格拉河，与罗斯军隔岸对峙。寒冬开始后，蒙古军不战而退，罗斯获得意外的胜利，从此结束了蒙古在罗斯长达240年的统治。

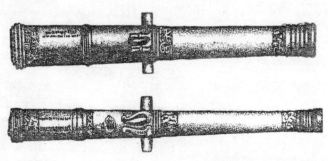

俄罗斯十六至十七世纪的火器
上图　52俄斤的火绳炮"特罗依尔"
下图　38俄斤的火绳炮"熊"

2. 经济衰败、文化式微

蒙古人240年的占领使罗斯遭到严重破坏，田园荒芜，经济低落，社会的发展受阻，文化产品更是谈不上。此时期新的文化成就寥寥，仅存一些记录当时著名战役的文学作品，主要的如《拔都攻占梁赞的故事》、《亚历山大·涅夫斯基行传》、《顿河彼岸之战》等，以及一座建于克里姆林宫内的"福音教堂"，系为庆祝罗斯从蒙古统治下获得解放而于十五世纪末建造。

反映当时文学水平的《拔都攻占梁赞的故事》，约成书于十四世纪上半叶。它记叙1237年拔都大举进攻梁赞。梁赞王公献礼求和，拔都佯言应允，但要以霸占梁赞王公们的姊妹和女儿，尤其是大公的美妻为条件，大公不从被杀。结果经历一场恶战，拔都破城而入，又血洗全城五天，梁赞人全部战死，无一投降。书中尤其突出一位率七百武士死战的梁赞将领柯洛夫拉特，表现了他高昂的爱国主义精神。《故事》被认为是古代俄罗斯文学的一部杰作。

3.《三海游记》

该时期，还有一部著名的《三海游记》（1472），作者阿法纳西·尼基京（Афанасий Никитин）。这位商人于1466—1472年到印度、土耳其、波斯等地旅行六年。"三海"即指他路过的里海、印度洋和黑海,沿途都作了详细笔记。尼基京是最早到达印度的欧洲人之一,对印度的风土人情有详细记载,是第一本撰写印度游记的欧洲人。其文字通俗生动。

第三节　俄罗斯文化复苏

1. 中央集权国家的形成

莫斯科原是一个偏僻的村落,属弗拉米尔王公的领地。1147年建为城镇,1263年成为拥有封地的独立公国。王公为亚历山大·涅夫斯基(А.Невский)的幼子丹尼尔(Данилл)。最初的莫斯科公国只管辖三个小城。它同东北罗斯的其他公国一样均臣属于金帐汗国。

然而莫斯科公国的地理位置优越,既处于东北罗斯的中心,四周又有诺夫哥罗德、普斯科夫、斯摩棱斯克等公国为屏障,不易受外敌直接威胁,成为罗斯人的避难所,人口急剧增加,迅速发展为重要城市。同时,它扼奥卡河、伏尔加河的商业要冲,为水陆交通枢纽,把西南罗斯和东北罗斯、诺夫哥罗德,以及奥卡—伏尔加河地区联结起来。

莫斯科公国于1485年伊凡三世再度占领特维尔时,就是其统一俄罗斯的国土了,从此全国的行政、司法和军事大权均操于伊凡三世(Иван Ⅲ)一人之手。他自称为"全罗斯君主",有时自称"沙皇",并仿照拜占庭国徽的样子设计了俄罗斯帝国的双头鹰国徽,表明他自视为罗马帝国的当然继承人。他还仿照拜占庭式样,改建了大公宫殿的外形。

但是,双头鹰国徽的象征意义还不仅在于此。应该说,这是俄国几百年来先后西方化和东方化的集中象征。罗斯引进基督教无疑是跨大步走上西方化,使得它的社会从经济和意识形态都打上基督教文化圈的烙印。然而蒙古人的入侵和长期统治,又为它的东方化开拓了契机,君主专制和农奴制度无疑是深刻的印记,何况由蒙古人开创了的户口登记和连环保制度、征收人头税、驿运制、统一军队、统一铸造钱币以及诸种严厉的统治方式和方法,即如列宁所咒骂的"野蛮的亚细亚制度",也都是源自其东方化。后来,彼得大帝即位虽然再度极力推行西方化,但俄国从历史上逐渐具备欧亚双重国情究竟已是抹不掉的事实。

难怪有人考察,彼得堡郊外现存的彼得宫屋顶上的国徽正面朝南,背面朝北,双头鹰的一个头向东,另一个头朝西。这个如今仍沿用的国徽不正恰好说明,俄罗斯民族始终一只眼睛注视欧洲,另一只眼睛关注着亚洲,这也正是其兼具东西方双重国情的象征。

伊凡三世同时强化政府内部统治的功能,于1497年颁布新法典,规定对杀死主人、反对封建制度者处以极刑,限制农民迁徙自由,农民只能在每年晚秋,即11月26日前后各一星期内结清账目离开原主,另觅生路。此法典用法律的形式迫使农民逐渐依附于地主,对于中央集权国家的形成和农奴制度的巩固,无疑起了促进的作用。

伊凡三世的继承人——伊凡四世(Иван IV, 1533—1584)在1547年更以拜占庭礼仪举行加冕仪式,登基执政,采用古罗马"凯撒"的称号,宣称为"沙皇",实行军事专制体制的沙皇制度。从此,莫斯科公国成为沙皇俄国。因而可以说沙皇俄国起源于莫斯科公国。

伊凡四世为了加强皇权,削弱大贵族势力,对国内政治、军事实施一系列改革,依靠特辖军残酷镇压大贵族的反叛,甚至血洗整个大贵族村庄,妇女和婴儿也不能幸免。1570年他亲自率军讨伐诺夫哥罗德,在该城实行大屠杀,竟长达六个星期。故伊凡四世在历史上被称为"恐怖的伊凡",或称"伊凡雷帝"。

伊凡雷帝对外兼并领土,扩大版图。1545—1550年间他先后三次出兵喀山,1552年第四次进军终于征服喀山汗国。那是有鞑靼人、乌德摩尔特人、楚瓦什人、马里人、摩尔多瓦人聚居通往西伯利亚的地区。1554年他又出兵攻克伏尔加河下游的阿斯特拉罕汗国。两汗国被征服后,俄国从此成为一个多民族的国家。

《伊凡雷帝和他的儿子》 列宾 1885年

接着伊凡雷帝征讨西伯利亚汗国,至其子继位仍用兵征讨,到1598年才完全征服。西伯利亚面积约1200多万平方千米。西北部有涅涅茨人、汉特人、曼西人,西南部主要有鞑靼人,叶尼塞河以东是埃文人、埃温克人和雅库特人,亚洲东北部是尤卡吉人、楚科奇人、科里亚克人和堪察加人等。

十七世纪下半叶,乌克兰又与沙俄合并。这样,俄国就成了一个幅员广阔、民族众多的中央集权国家。

洗手银水罐　十七世纪末

2. 文化恢复生机

随着莫斯科中央集权国家的建立,文化也恢复了生机。首先是莫斯科作为全国政治、文化的中心,其迅速发展的局面,吸引了各地乃至外国的人才前来参加建设。而中央集权国家的建立虽说是一种历史的进步,但也不可避免地会发生各种内部的对抗和争议,特别是君主与封土诸侯之间争夺权力的斗争。伊凡雷帝的治国方针是扶植中小贵族以与大贵族抗衡,以便取得广大中小贵族的支持,进而实现中央集权。这样,集权与反集权的斗争就反映在十六世纪的俄国社会生活,尤其是社会思潮与文化生活中。

3. 文化教育

伊凡雷帝为了把全国统一在君权与神权思想之下,出版并推行了一批著作以统一宗教思想,目的在于促使社会生活规范化。

俄国的文化教育在十五世纪末至十六世纪初已经在贵族地主阶级中开展,国家明令规定必须由识字的人充任官职。学校进而逐步开办,进行识字教育。这类学校大多设在教堂和修道院,由教士、修道士任教。教科书从祈祷文的拼读开始,实施字母和读音的教学,而后才学日课经和宗教书籍,直至诵读赞美诗。

十六世纪中叶由俄国第一家印刷社出版的第一批书中,就以《三重颂歌》(1553)和《福音书》(1553—1555)为主,后来又由伊凡·费多罗夫和彼得·姆斯季斯拉维茨出版了《圣徒行传》(1564)。伊凡·费多罗夫系俄国印刷术的首倡者,他还出版过多种课本,著名的有《俄语语法》(1574)。

《奥斯特罗米尔福音》 十一世纪的手稿

印刷机 十六世纪

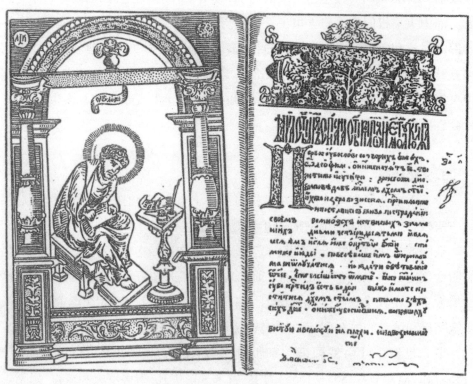
俄罗斯出版的第一本书《圣徒行传》

俄罗斯的初级小学 十七世纪

随之,藏书和建图书馆的事业也有了开展。许多修道院都藏有书籍。约瑟夫—伏洛科拉姆斯基修道院就拥有图书1520册。十六世纪初,莫斯科大公的图书馆甚至藏有古老手稿800部,而伊凡雷帝的大图书馆则藏有希腊文和拉丁文的手稿。

所有这些印书和藏书中,虽然多为宗教、神学书籍,但它们或以印刷数量大而广泛流传,起到推广教育的作用,如《圣徒行传》在1597年一年印数就达1050册;或被指定为教材而起到了识字课本和提高文化素养的作用。伊凡雷帝时期对教育重视,1551年依照他的旨意,由百章会议通过,在莫斯科和全国一切城市开办学校。

总之,推行识字教育,开办学校推广国民教育等措施,均适时地推高了居民的文化素养,为俄国文化的恢复和发展奠定了可靠的基础。

4. 莫斯科和克里姆林宫典型建筑

莫斯科在中央集权国家形成之后,城市建筑有了飞速发展,集中表现在克里姆林宫及其相关的教堂建筑上。

莫斯科系俄国的一座闻名古城,有记载的历史见于1147年,起初建于莫斯科河与涅格林那雅河汇流处的高地上。三面环水,位处水陆交通要冲,地势险要,适于构筑堡垒,自古人烟稠密,有发展为中心城镇的条件。

　　初建时仅为一座木头构筑的小城。其后周边逐渐发展成若干商业、手工业和农业村落,至俄罗斯统一后,始成为首都。其持续的时间为十五世纪末至十八世纪初。1712年彼得大帝迁都至圣彼得堡,莫斯科虽然不是首都了,但仍具有中心城市的意义。故俄国历史上有"两个首都"之称。

　　克里姆林宫是由建城初期的木筑堡垒旧址发展成为一组大建筑城,年代久远,主要建于十四至十七世纪,恰好在莫斯科河畔,是城市中最古老的部分。

　　克里姆林宫由锯齿形的砌墙和二十座钟楼所环绕,其中最著名的是装有自鸣钟的斯巴斯基钟楼。宫内有十五—十六世纪建成的教堂和宫殿、伊凡雷帝钟楼、

莫斯科　克里姆林宫

陈列在钟楼外石坛上的"钟王"(重200吨)和置于高阶上的"炮王"(又称俄罗斯枪,枪筒重400吨)。

克里姆林宫内的福音教堂建于1484—1490年,是为庆祝十五世纪末俄罗斯从蒙古人的占领下获得解放而建的。它属于宫廷教堂,有通道和宫廷连接。初建时较为简朴,十六世纪中叶经过改建,增添了装饰。

前此,克宫内已改建了乌斯宾斯基教堂(1475—1479)。它是由意大利名建筑师亚里士多德·菲奥拉文第负责设计改建的。屋顶用四根大圆柱撑起。圆柱身和圆柱头施以各种文饰。墙壁平整,不设大窗户,壁柱之间有假连拱的橡条。五个圆顶高耸天际,厅堂高大,祭坛半圆室低沉,整座教堂古朴典雅,庄严肃穆。它同时也是宫廷重大庆典的处所,为历代沙皇举行加冕典礼的地方。

克宫内的多棱宫建于1478—1491年,墙壁用多棱粗白石砌城。正面呈长方形,总面积460平方米,中间有柱,把四个十字形拱平稳撑起,气势恢宏。成为沙皇接见外国使节或举行庆典地方。

十五世纪末,克宫又经历了一番改造,面貌焕然一新。1485—1495年修筑的砖墙,使得克宫的占地面积达到26.5公顷。它坐落在莫斯科河陡峭的河岸,宫殿依

莫斯科克里姆林宫　多棱宫

自然地形建设,沿莫斯科河、涅格林那雅河伸展,没有严格的对称,呈三角形,与其所处的地势环境相谐,犹若自然生成。

此外,1505—1509年在克宫内又建立了天使长教堂,它属于灵堂性质。从伊凡·卡里达到彼得大帝等大公和沙皇的灵寝都存放在天使长教堂里。

在1555—1560年,伊凡雷帝为庆祝征服喀山汗国的胜利,在莫斯科的克宫附近又建立一座"瓦西里·勃拉任内教堂",外部装饰富丽堂皇,已成为莫斯科的一景。

莫斯科伯克罗夫圣母教堂(瓦西里·勃拉仁内教堂) 十六世纪

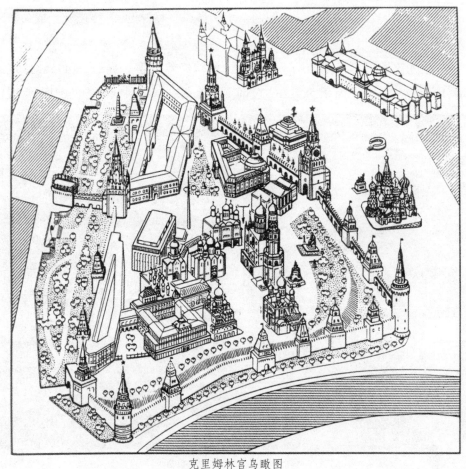

克里姆林宫鸟瞰图

在十六世纪，俄国不少城市都建筑了仿克宫的城墙和墙内宫殿式的房屋，1500—1511年在下诺夫哥罗德，1514—1521年在图拉，十七世纪初在喀山都建成了各自的"克里姆林宫"。

这个时期的绘画多是以圣经为题材的镶嵌画、湿壁画和细密画。人物的形象多半是修长的身体，一双大大的眼睛，表情严峻，通过宗教题材诸如基督、圣母、圣徒、天使等形象隐约表露世俗的人和世俗的感情。

但到十六、十七世纪，某些细密画中已经较多地表现了日常生活的情景，如有烤面包、取水等场面，充满愉快活泼的民间情趣。壁画常以俄罗斯农村为背景，圣经插图中也出现了留着俄罗斯的刘海发式人物了，这些都是俄国世俗画的萌芽。

俄罗斯商人　十六世纪

5. 宗教文学和世俗文学

俄罗斯中央集权国家的形成也促进了文艺的发展。

首先是文学逐步脱离宗教的影响，出现了反映世俗生活的小说。著名的如《戈列·兹洛恰斯基的故事》和《弗罗尔·斯科别耶夫的故事》。前者作于十七世纪中叶，它写一个年轻的主人公厌恶父辈的教育，想随心所欲地生活，因而离家出走，结果被魔鬼引诱，堕落犯罪，弄得衣食无着，求死不得，求生无门，好不容易才走入寺院作僧侣，得以摆脱魔鬼。故事劝诫人们要规矩做人。后者相反，它劝诫人要敢于争取个人的幸福。它写一个贵族子弟弗罗尔·斯科别耶夫耍手段骗娶贵族的女儿，两个青年男女共同设谋迫使贵族家长不得不认可那件婚事，并获得一大笔遗产，终于过起安逸的生活。

同类的世俗故事还有《萨瓦·格鲁德岑的故事》、《谢米亚卡法官判案的故事》。此外，还有从法、德等国翻译过来的小说，如《鲍维王子的故事》、《奥汤皇帝和他的妻子奥龙德公主》、《勇敢骑士彼得·兹拉梯伊·克留奇的故事》等骑士小说。

其二，宗教文学也有了新的特色，作于1672—1674年的阿瓦库姆（Аввакум，1620—1681）的《行传》即为一例。阿瓦库姆是司祭长，为反对大主教尼康

俄罗斯领主 十七世纪

（Никон）的宗教改革而成为反对派的领袖。尽管他所持的反对派立场并不符合历史前进的潮流,但其《行传》却表明文学已使宗教性质的使徒传变成写真人真事、反映社会现实生活的作品,不再是单纯宗教书籍了。

其三,反映重大历史事件、政治斗争的作品日益增多,这表明文学的现实主义倾向已渐趋明显。十六世纪的政论文可为例证。有伊凡·佩列斯韦托夫（И.Пересветов）的《关于康士坦丁大帝的传说》、《关于苏丹默罕默德的传说》等,尤其有伊凡雷帝同大贵族库尔布斯基（А.Курбский）的通信（在1563—1579年间,后者写过三封信,前者复信两封）。前者痛斥后者叛国和反对君主集权的罪行,后者竭力为自己辩护,"通信"反映了社会内部斗争的空前激烈。

与此同时,诗歌也有所发展。此时出现了俄国第一座宫廷剧院,在这里演出了宗教性和世俗性的戏剧,标志着俄国戏剧的重要进展。著名的有西麦昂·波洛茨基的《关于一个浪子的寓言剧》。

其四,世俗文学开始具有反映现实、揭露黑暗的性质。以《谢米亚卡法官判案的故事》为例。故事讲一对农民兄弟,穷弟弟向富哥哥借了马去运柴草,把马尾巴弄掉了。其兄要诉诸法官谢米亚卡。在进城的路上,他们住在神父家里,饿得发慌的弟弟从吊床上滚落下来,压死了主人的婴儿,于是神父也要告他。走投无路的弟弟在路过小桥时跳下自杀,凑巧又压死了桥下的一个老人,于是老人之子也要告他。在法庭上,这位穷人不想申辩,举起用手帕包着的一块石头想砸死法官,而后者误以为是贿赂的钱财,便作出"公平"的判决:马和神父之妻暂归穷人所有,直到马重新长出尾巴,神父的妻子有身孕怀了小孩,又命老人的儿子站在桥上,被告在桥下,按原剧重演一遍。结果三个原告只得作罢,并向穷人赔罪。事后,法官退庭便去向被告索要贿赂,才知道原来被告手里是块石头,吓得没命,连忙感谢上帝。

故事说的法官完全是出于一时糊涂,并不是真正袒护弱者,而是贪图其贿赂,这就揭露了法庭的黑暗,也寄寓了作者对穷人的同情。因而可以说俄国古代的世俗故事中已含有批判的倾向。

至此,俄罗斯古代文化已经有了相当程度的发展,并为十八世纪的文化进一步发展打下了良好的基础。

莫斯科　新处女修道院　1524年奠基

第二章
向近代过渡时期的文化（十八世纪）

十八世纪初，彼得大帝（即彼得一世）的改革促进了社会和国家的快速发展，俄国在"全俄市场"进一步发展的基础上，形成为近代的俄罗斯民族国家，从而开始了一个崭新的历史阶段。十八世纪下半叶，叶卡捷琳娜二世女皇当政，使俄罗斯帝国走向鼎盛。从文化上看，俄国也开始向近代过渡。

彼得堡　彼得保罗要塞和兔子岛全景　1703年建

第一节 改革与接受外来的文化

1. 全面学习西欧

1584年伊凡雷帝死后,其子费多尔继位,政绩平平,无所建树。他于1598年死亡,留里克(Рюрик)王朝绝嗣。大贵族内部长期争夺权力,几经较量,才于1613年由贵族会议推举大贵族米哈伊尔·罗曼诺夫(М.Романов)为沙皇,从此开始了俄国历史上长达三百年的罗曼诺夫(姓氏)王朝的统治,它直至1917年2月革命时才被推翻。

十七世纪后期,封建制在西欧国家已基本瓦解,而沙皇俄国还在极力维护和加强封建农奴制,致使俄国的生产力发展受到严重阻碍。农业落后,工业品靠进口,军力薄弱,政治腐败,宫廷内部为争夺王位而明争暗斗。

1682年彼得(1672—1725)即位时年仅10岁,他的异母姐姐索菲亚利用射击军起事夺得摄政权,企图进一步谋害彼得,以便自己加冕为女皇。故于1698年8月,宠臣戈利津策划,准备让索菲亚用武力夺取王位。但彼得获得消息,先发制人,挫败了这起政变阴谋,自己正式登位,是为彼得大帝。从此开始,俄国便全面学习西欧。

2. 从政治到文化的改革

彼得大帝决心改变俄国落后的面貌。办法是学习西欧,对政治、军事、文化等进行多方面的改革。

首先,改革中央和地方行政管理机构,1711年,他废除了时常干预皇权的大贵族"杜马"("议会"),建立由他亲自指定的非名门出身的九位人士组成的参政院。由参政院负责拟定法令、掌管中央和地方行政机构,整编军队,征收赋税。他还建立监察总署和各级地方监察官,取消50多个腐败的旧政厅,改建为9个院(后增至12院),分掌外交、军事、财政、工商、司法等事务。他将全

彼得大帝

彼得堡 彼得大帝的小屋

国分为八个州,州下设五个省。

同时,彼得改革教会,以反对改革并干预皇权之名,罢黜大教长,将教会置于沙皇权力之下,从此,他集政、教权力于一身,沙皇专制制度大为加强。

进而,彼得改组陆军、建立海军。他效法西欧改组陆军,解散曾蓄谋发动宫廷政变的射击军。实行召募制,征调新兵,组建正规军团,制定一系列军事条令,严格培养军官和训练士兵。至其晚年已建成一支庞大的常备军:步、骑、炮兵兼备,共约13万人。

同时新建海军,办船厂造军舰,1703年第一艘巡洋舰"军旗号"下水,1724年俄国已拥有海军2万8千人,巡洋舰48艘,成为波罗的海上最强的舰队。

十七世纪末以前,俄国基本上还是一个内陆国家。在彼得大帝当政的36年间,曾用了21年时间攻打瑞典,夺得了波罗的海出海口,为此,参政院特于1721年授予他"皇帝"称号。俄罗斯国正式被称为"俄罗斯帝国"。

不久,彼得大帝于1722—1723年发起对波斯战争,一度占领黑海西岸和南岸。同时,向东推进,由西伯利亚,进而占住堪察加半岛(于十八世纪初),1721年将千岛群岛北部和南部划入俄国版图。这一切活动,结果使俄国由内陆国变成濒海国。

为使俄国迅速成为强国,彼得大帝十分重视教育。他认为,国家的兴亡与教育密切相关;而俄国之落后,主要原因在教育不发达,科学、文化落后。改革的办法是兴办学校,培养人才,开展对外文化交流,派出留学生和请进外国教师。

彼得大帝改革俄国弊端的方针是学习欧洲,全

彼得大帝时掷弹兵放射白炮图

盘西化。为了赴西欧考察，他亲自参加，化名米哈伊尔微服秘密出国。

他创办学校首先从莫斯科和圣彼得堡做起，在1701年开办航海学校，学习的课目有算术(含几何、三角)、航海、天文，属于实用技校，"任何人的孩子"均可入学。后来，诺夫哥罗德、纳尔瓦等地相继设立实用技校。此后又办有炮兵学校、工程学校、医科学校、外语学校等，视地点和部门对人材的需要而办，矿区还办有矿业学校等技术学校。

他并于1725年设立帝国科学院，使之兼负科研和教学两项任务。科学院设数学、物理学和社会科学三大部，并附设了中学和大学。

经彼得大帝改革后的俄文字母 1710年

同时，改革文字，促进出版工作。用简易字代替繁复的教会斯拉夫字体，发展图书出版业，出版俄国人编写的书籍，并翻译外文图书，广泛涉及自然科学各门类和社会科学，到1775年，共出版民用书约300种，类别诸如数学、地理、军事、航海，直至历法书，他甚至亲自过问出版书籍事务。此时出版了俄国第一份报纸《新闻报》。

有趣的是，彼得大帝连历法也作了改革，采用"儒略历"代替"创世纪年"，即新年从1月1日算起，不再从9月1日起算。

他还力图改革俄国习俗，即废除陋习(或者说他认为会导致俄国落后的弊端)。如剪掉大胡子，去除俄式长袍(因妨碍活动)，引进西欧新式服装(穿着便于进行工作)，提倡文明交际，引入法国交际舞及其

俄国第一份报纸 圣彼得堡《新闻报》

舞会程式。

不过,文化成果的出现总是比经济生活滞后,因而彼得大帝改革在文化上的积极成果,要到十八世纪中、后期,即在他死后才陆续显示出来。

3. 启蒙主义思想与"开明专制"

从叶卡捷琳娜二世女皇开始,接受外来文化又有进一步的发展,甚至形成潮流,其间曾经历过一个复杂的过程。

1761年12月25日,伊丽莎白女皇病死,由其外甥彼得·费多罗维奇继位,称彼得三世(Пётр Ⅲ)。他曾于1745年娶了一位德国公爵的女儿索菲亚(即后来的叶卡捷琳娜二世)。彼得三世因系德意志血统,很不得俄国贵族的欢心。然而同样是非俄罗斯血统的其妻索菲亚却善于笼络人心,她宣布改信东正教、接受洗礼,并取了俄国的名字"叶卡捷琳娜",表示尊重俄国人和东正教,从而也笼络住近卫军,所以彼得三世即位刚半年,近卫军就发动宫廷政变,废彼得三世,立其妻为女皇,称叶卡捷琳娜二世。逊位的彼得三世则在一次经叶卡捷琳娜二世默许的预谋中,于酗酒格斗之中被杀。

叶卡捷琳娜二世上台后,为换取达官显贵的支持,把大批土地连同农奴封赐给贵族,使他们的领地空前扩大,农奴人数急剧增加,被赏赐给贵族的农奴有80万户之多。

十八世纪末,农奴制在俄国全境普遍建立。因此,在俄国历史上把叶卡捷琳娜二世时期称为"黄金时代",即封建农奴制的全盛时期。

叶卡捷琳娜二世曾研读过法国启蒙哲学家的著作,如孟德斯鸠的《罗马盛衰的原因》《法意》,伏尔泰的《哲学辞典》,狄德罗和达兰贝尔的《百科全书》等,并且与伏尔泰、狄德罗和达兰贝尔等人有通信联系。后来,她甚至邀请

叶卡捷琳娜二世女皇　1783年

狄德罗访问俄国,做出认真听取意见,或者拜他们为师的姿态,借此得到他们的赞扬。

启蒙思想家们的政治主张是"开明专制",或称"开明君主专制"。女皇即位之初恰好启蒙主义思潮席卷西欧之际,这不能不影响到女皇的思想,反过来,她也觉得这是个可以利用的机会,因而她的一番作为果然使自己声望倍增,造成了她是在实行"君主与哲学家结合"的印象,俨然是位"贤明的君主"。她甚至得意忘形地告诉"法国老师"伏尔泰,说在她的治下,"在俄国,没有一个农民想吃鸡而吃不到的"。

在当时的俄国,讲这种话无疑于天方夜谭,自然免不了被人谴责为"天大的谎言"。难怪著名作家拉吉舍夫会对她反唇相讥,这位作家在创作了《从彼得堡到莫斯科旅行记》之后,写下了这样沉重的话语:"我举目四顾,人们的苦难刺痛了我的心。"他指责封建贵族地主道:"贪婪的野兽,永不满足的吸血鬼,我们给农民留下了什么?只有我们无法夺走的空气,是的,只有空气。"

不过,叶卡捷琳娜二世女皇的行动确实也有利于启蒙主义思想在俄国传播。她在1767年发出"指示",要召集新法典编纂委员会制定新法典。虽然她的"指示"内容大部分是抄袭《法意》和《百科全书》的,却依然被译成法文而流传于欧洲,这在欧洲的开明人士中也博得了好感。此外,她又利用委员会大讲"在法律面前人人平等",还有宣扬行政、立法、司法三权要分立的主张,这都符合启蒙思想家们的初衷,故她一时间被传称为"开明君主"。伏尔泰就说过,他看到了"从北方升起的启蒙运动的朝霞"。

女皇为表示开明,还带头(匿名)创办了讽刺杂志《万象》(1769—1770)。宣称杂志的宗旨在于"不针对个人,只针对缺点"。虽然其用意是嘲笑吝啬、妒忌、迷信等一般的人类弱点,并不容许涉及现实中的根本问题,如官僚制度、农奴制度等。但是此举却也推动了社会思想的活跃,带动了一批好的讽刺杂志之出现。

在她的首创下,十八世纪六十年代就出现了一批讽刺杂志。如诺维科夫(Н.И.Новиков,1774—1818)主办的《雄蜂》(1769—1770)、丘尔科夫(М.Д.Чулков,1744—1792)的《杂拌儿》(1769),艾明(Эмин,1735—1770)办的《地狱邮报》(1769),还有佚名编者的《杂荟》(1769)。这类杂志的流行使得十八世纪下半叶的文化界也脱离了四十至五十年代那种一味歌颂的倾向,开始了讽刺和否定的风格。

当然,民间的杂志讽刺的锋芒直指官场贪污受贿,以及愚弄压榨农民等诸多社会弊端,受读者欢迎的程度自是女皇的杂志所不能比拟的。例如诺维科夫办的《雄蜂》在1769年的订户达1440份,而女皇办的《万象》仅有500份。前者猛烈的程度和性质自然为官方所不容,1770年就被迫停刊了。

女皇受启蒙主观思潮的影响,也写出了得到当代文人称许的作品。她曾给孙子写过一篇童话:《关于赫洛尔王子的童话》,讲的是基辅王子赫洛尔被吉尔吉斯汗俘虏。汗派赫洛尔去寻找无刺的玫瑰(意思是"美德"),汗有一位公主名叫弗丽察(意思是"幸福"),她为了帮助王子赫洛尔,便派出自己的儿子拉苏多克(意思是"理性")去为赫洛尔当向导,最后终于找到那种玫瑰,完成了任务。

这篇童话得到诗人杰尔查文的热烈呼应,他以此为题材写成《弗丽察颂》(1782)。诗人在这首颂诗中用费丽察比喻叶卡捷琳娜二世女皇,歌颂她给人们带来幸福与欢乐。诗中的弗丽察成为了理想的化身,她富有事业心和责任感,对臣民赏罚分明,自己生活朴素,作风平易近人。无疑这是反映了女皇的行为给诗人留下的好印象。同时,颂诗中加入了讽刺,批评朝臣们不如女皇那样廉洁和公正。这也表明诗人对女皇的美好期望。由于这首颂诗,诗人极得女皇的欢心,遂得到重用,官至省长和内阁秘书。女皇去世前还让他进了元老院,她去世后,诗人又曾出任司法部长。

彼得堡叶卡捷琳娜宫

第二节 教育和科学技术

彼得大帝病死（1725年1月28日）以后的37年中，俄国政局不稳，宫廷政变先后多达五起。先是重臣缅什科夫率近卫军拥立彼得的第二个妻子叶卡捷琳娜·阿列克塞耶夫娜为皇，称叶卡捷琳娜一世（Екатерина I，1725—1727年在位）。

她不久病死，重臣缅什科夫（А.Меншиков）又立彼得大帝之孙小彼得（十二岁）为沙皇，自己当摄政王，但大臣多尔戈鲁基家族（Долгорукие）弄权，用其中一家的亲女儿与小彼得（即彼得二世）成婚以夺取权位，无奈婚礼正要举行时，小彼得（十五岁）却患天花病猝死。

于是大贵族戈利津（В.Голицын）弄权，1730年迎立彼得大帝之姪女安娜·伊凡诺夫娜（Анна Ивановна）为沙皇。她在位十年，实权尽落比朗（Е.Бирон，1690—1772）为首的一帮德意志贵族之手，出现了"比朗暴政时期"。

安娜病死后，因其无子女，乃确定其侄女的婴孩伊凡为王位继承人，但1740年11月米尼赫（Б.Миних，1863—1767）元帅率近卫军入宫，逮捕比朗，俄国大贵族愿拥立彼得大帝的女儿伊丽莎白为沙皇，她乃于1741年登基，正式成为俄国女皇，在位二十年，声明一切均要遵循先父彼得大帝的改革方式办事，把改革事业继续推行下去。

伊丽莎白的表态颇为得民心。因为在彼得大帝死后，宫廷上下复杂的矛盾和斗争，其实质是改革与反改革两种势力的较量。而有识之士把希望寄托在继续改革上，所以新女皇的态度立即博得文化界的赞颂。一向热爱彼得大帝改革这个主题的诗人和大学者罗蒙诺索夫（1711—1765），过去把彼得大帝作为帝王的楷模来颂扬，今天就把女皇作为彼得事业的继承者来解说，即时写出了《伊丽莎白女皇登基日颂》，把女皇和祖国的未来结合起来，将她看作是国家富强的希望，诗中他对青年们这样宣扬伊丽莎白女皇时代：

伊丽莎白女皇　1758年

啊，祖国在衷心地

期待着你们，……

啊，在你们的时代多么幸福！

如今应该振起精神，用你们的勤奋证明，

俄罗斯的大地能够

诞生自己的柏拉图

和聪慧过人的牛顿……

发展教育和科学事业便成了新皇的重任。彼得大帝死后，教育事业曾一度放松，但十八世纪下半期，在伊丽莎白和叶卡捷琳娜二世女皇当政期间有了改善。教育已经分成普及教育、贵族教育、宗教教育和专业教育四个方面各有所进展。

普及教育系指国民教育，主要是识字写字、基础语法和算术。贵族女子中学共60所，有学生4500人。宗教学校有66所，学生2万多人，主要培养神职人员。

在对于科技发展有重大意义的专业教育方面，已设立一系列专科学校：矿业学校、医科学校、航海学校、商业学校、测地学校等。约有20所1500名学生。

更为突出的是创办大学，如莫斯科大学和美术学院等。

莫斯科大学是在伊丽莎白女皇当政时期的1755年创办的，系全俄第一所综合大学。美术学院于1757年在圣彼得堡开办。不久，在圣彼得堡又开办了斯莫尔尼女学堂以及培养贵族军官的武备学校。

1. 创办莫斯科大学

彼得大帝时期只来得及建立俄国科学院(1725)及其附属中学(1726)。但到了1755年，则由俄国第一位著名的学者罗蒙诺夫倡议，经女皇伊丽莎白批准创办了莫斯科大学。开头只设法律、哲学、医学三系和两所附属中学，一所是贵族学校，一所为自由民学校，但严禁农奴子弟入学。不过，贵族看不起这些职业，因其只培养司法、教学和医疗人才；所以贵族多把子女送入军事、武备学校。是故莫大几十年内大学生中都是平民知识分子占大多数，民主空气浓厚。

莫大学生除所学专业外，还加选拉丁文、外国语、文学等课程。校内办有各种文学和学术团体。同时，所设的贵族和平民两所附属中学也培养有广泛兴趣的人才,以作为大学招生的重要来源。

建校的第二年,莫大就开办了印刷所。俄国的第二家报纸——《莫斯科新闻》就是由该印刷所承印的。

莫大虽然建校早,但其发展步履维艰。沙皇政府直接控制大学,排挤进步教授和校领导人,而教师中占了很大比例的外国教授又反对用俄语授课。1768年,在赫拉斯科夫校长的带动下,全校才开始用俄语讲课,同时,由于经费不足,教学设备都较为简陋,也缺乏应有的场所,教学大楼迟至1786—1793年才在市中心莫霍瓦雅大街建成。

莫斯科大学(老校区)在莫斯科市中心,现为该校亚非学院

2. 罗蒙诺索夫

兴办莫斯科大学的倡议人米哈伊尔·瓦西里耶维奇·罗蒙诺索夫(M.B. Ломоносов,1711—1766)以其眼光和胆识,以其科学成就和才智推动了莫大乃至整个俄国的科学、教育事业。在十八世纪四十年代,俄国出现了首批科学家,他就是其中杰出的代表。

罗蒙诺索夫是俄国第一位科学院院士,俄国自然科学的奠基人,在许多领域都有重要发现。他第一个研究了原子分子结构学说,设立了俄国第一个化学实验室,揭示了化学反应中的物质不灭定律。在研究热现象、太阳和星球、闪电和北极光、地球构造和矿产成因等诸多领域,都有重要成果。这位出生于白海岸边渔民家庭的人,从小好学,并且只身远道来莫斯科求学,后又被彼得大帝派赴西欧留学,可算是博学多才的学者。他是物理学家、化学家、天文学家、地质学家。

不仅如此,他在社会科学方面也广有建树,他同时是历史学家、语言学家和诗人。他撰写了《俄国简

罗蒙诺索夫

明编年史》、《俄国古代史》，在探讨俄罗斯民族起源问题上有独到的见解。

他在革新俄罗斯标准语方面也卓有成就，即把丰富的民间语言与教会斯拉夫语的书面语言结合起来，采取其合理、易于通用的部分，使俄语走向规范化。所著《俄语修辞学》、《俄语语法》便是不朽之作。

罗蒙诺索夫不但写出了《俄文诗律书》，而且擅于作诗，是俄国古典主义诗歌的代表，著名的诗人。难怪俄国民族文学的奠基人普希金曾赞叹道："罗蒙诺索夫是一个伟大的人。他建立了第一所大学，说得更完善一些，他本身就是我们的第一所大学"。

还要说明的是，罗蒙诺索夫不但在科学研究领域有杰出贡献，而且在实践方面，即技术领域也成绩斐然，成就涉及冶金、采矿、玻璃制造、开拓航运等。包括有色玻璃、镶嵌钴蓝、颜料、火药、航海仪器、钟表、车床、锯木、抽水机、气压器、温度表、显微镜、凹凸镜等二十多种技术，均为罗蒙诺索夫所掌握、运用或设计、改进。

十八世纪下半期，随着国内政治、经济的发展，教育也有新进展。在八十年代以前，学校集中在莫斯科和彼得堡两大城市。从八十年代起，学校已向中、小城镇扩展。县城设初级小学，学制4年。省城设中心小学，学制5年。据统计，1786年有小学165所，学生11088人。1880年，小学增至315所，学生35915人。但是与居民人口相比，小学生仅占总人口的2‰，说明国民教育仍很落后。

3. 地理考察

十八世纪中、下叶，继罗蒙诺索夫之后，出现了一批科学家。著名的有科学院院士伊·列皮奥欣（Иван Лепёхин，1740—1802）。他于1763—1772年率队考察了伏尔加河流域至阿斯特拉罕、奥伦堡草原，经乌拉尔山脉，绕道直至沿海、彼得堡，出版了四卷本的俄罗斯国家各省《旅游记》。另一位院士彼得—西蒙·帕拉斯（П. Паллас，1774—1811）也出版三卷本旅游记（1771—1776），系考察伏尔加河中、下游、乌拉尔地区和西伯利亚的成果。此前，有白令

哥萨克 十八世纪

(Беринг)考察队两次探险,先后到过白令海峡、阿留申群岛。白令系丹麦人,当时在俄国海军服务,因探险有功,亚洲与美洲之间的"白令海峡"就是以他的名字命名的。此外,科学院还组织过多次考察,应该说,十八世纪是地理学大有进展的时期。当时已经出版了伊·基里洛夫(И.Кирилов)编的《俄罗斯帝国地图集》,1745年又出版科学院绘的19张图的《俄罗斯地图册》,在1769—1776年制成了新的俄罗斯帝国大地图。

历史学领域由彼得大帝倡议编辑了《马尔(战神)书》和《北方战争史》,后一部于1770年出版。1739年瓦·塔季谢夫(В.Татищев,1686—1750)写成《从远古以来的俄国史》。1770—1790年米·舍尔巴托夫(М.Щербатов,1733—1790)出版了七卷本的《俄国史》。

第三节 文学和艺术

1. 古典主义文学

在法国古典主义文学的影响下,十八世纪中叶,俄国古典主义成为文坛的主流。代表作家有安·康捷米尔(1708—1744),瓦·特列季亚科夫斯基(В.Тредиаковский,1703—1769)、米·罗蒙诺索夫(1711—1766)、亚·苏马罗科夫(А.Сумароков,1718—1777)。

法国的古典主义文学本来盛行于十七世纪,从中叶起,法国已建立中央集权的强大的君主专制国家,要求文学为政权服务。因而在政治上拥护王权是古典主义第一个特征。是故古典主义悲剧作品的中心主题就是个人感情与国家义务之间的冲突,作家主张克制个人感情、服从专制国家的利益。第二个特征是唯理主义,它认为良知先于感性而存在,肯定人的理性,反对宗教的神权和蒙昧主义,因而古典主义是一种崇尚理性的文学,它或写理智对感情的胜利,或写丧失理性、情欲泛滥的人物之可笑可鄙,或写不合理性的封建思想及风俗礼教。古典主义的第三个特征是摹仿古人,重视格律,学习古希腊、罗马文化,采用古代文学的题材和体裁("古典主义"名称即由此而来),包括其创作的原则,例如戏剧创作中遵守"三一律",即一个剧本只能有一个情节,剧情只能发生在同一地点,时间不超过一昼夜。古典主义文学对法国民族文学和民族语言的形成起过重要作用,后来也流行于欧洲各国。

十八世纪的俄国,在彼得大帝改革之后,其历史背景与一个世纪前的法国和西欧有相似之处。它也正处于君主专制时期,正需要运用古典主义文艺思潮来巩固其中央集权制,因而俄国人很快借用来这种文学流派。这是俄国接受古典主义的历史基础。

但在俄国君主专制时期,封建贵族与资产阶级之间并非势均力敌,仍旧由贵族居于统治地位。因此,俄国古典主义反映的是一部分先进贵族的世界观。加之俄国在接受古典主义之时,法国的古典主义已开始被启蒙主义所代替。因而俄国人在学习法国时,不能不注意到这种新的因素。于是俄国的古典主义文学中显然就带有明显的启蒙主义特色。这些都是俄国古典主义有别于西欧古典主义之处。

人们发现俄国古典主义作品具有与法国古典主义的共同特点:歌颂君主和主张为国家而牺牲个人利益,尊崇理性,尊重格律和"三一律";同时又具有自己的特点,即讽刺性特别突出。它极力反对中世纪的愚昧,争取文明与进步,并且宣扬启蒙思想。

这个时期著名作家的创作,如苏马罗科夫的悲剧、喜剧,罗蒙诺夫的颂诗,康捷米尔的讽刺诗都表现出这些特色。

由于有这一批文化人的活动,在俄罗斯开始出现了知名的作家。这也是十八世纪俄国在文学史上的新进展。因而可以说古典主义文学是俄国首次出现的重要文学流派。

2. 感伤主义和现实主义文学

十八世纪七十年代以后,古典主义已让位于从英国引进的文学思潮感伤主义,代表作品有尼·米·卡拉姆津(Н.М.Карамзин, 1766—1826)的小说《苦命的丽莎》(1792)。它描写贵族青年埃拉斯特爱上了美丽温柔的农家女丽莎,她对他也一片痴情。但后来他因赌博输尽家产,遂背弃丽莎,去和一个富婆结婚。丽莎痛不欲生,跳湖自尽。作者一边讲着故事,一边流露出对她无限的同情:"这时我肝肠欲断……泪珠从我的脸上簌簌滚下来。"这样描写普通人内心感受的小说确属新颖,一时间仿作蜂起,类似的书名作品如《可怜的玛丽亚》、《贫穷的纳塔莎》等等,竟使感伤主义文学形成潮流。

但是,这个文学思潮也没流行多久,就被启蒙主义所代替了,作家杰·伊·冯维辛(Д.Н.Фонвизин, 1744—1792)的喜剧剧本《纨绔少年》(1782)讲外省女地主普罗斯塔科娃得知寄养在家里的孤女索菲亚突然获得一大笔遗产,就千方百计要她嫁给自己的儿子米特罗方。作品揭露了女地主的残酷行为,展示了其子米特罗方虽穿戴华丽却头脑空虚,剧中词指出:"有了金钱并不意味着有了道德,腰缠金条的傻瓜,还是一个傻瓜。"这个道理具有明显的启蒙主义性质。

接着在十八世纪末流行的是现实主义文学,其标志为亚·尼·拉吉舍夫(А.Н. Радишев, 1749—1802)写的《从彼得堡到莫斯科旅行记》(1790)。他以现实主义的笔触描写俄国农村一片凄惨的景象:农民的茅舍里家徒四壁,昏暗无光。他们身披粗麻布片,吃糠咽菜。他们什么都被地主夺走了,只留下"无法夺走的空气"。而地主与农民之间,"一方几乎拥有无限的权力,另一方却是毫无保障的弱者,因为地主之于农民既是立法者,又是法官,又是他自己所下判决书的执行者"。面对此种残酷的现实,作者在书末以《自由颂》一诗号召处死暴君。诗中写道:

死亡变成各种各样的形象,

在沙皇高傲的头顶飞翔;

欢呼吧,被束缚的人民,

大自然给予的复仇权利,

已经把沙皇带到死刑台上。

《旅行记》不但开了现实主义的风气,而且被视为俄国文学史上最早表达革命思想的作品。

为了此书,作者立即于1790年被叶卡捷琳娜二世女皇的政府逮捕,并据女皇的暗示判处了死刑。之后改判流放西伯利亚十年。作者历尽磨难,终生奋斗,后来感到争取自由无望,便自杀身亡。

3. 戏剧

俄国戏剧到十八世纪在彼得大帝改革的影响下,由于引进欧洲文化,而有了相应的发展。此时已有多种戏剧形式,如学校戏剧、古典戏剧、感伤主义戏剧和讽刺喜剧等。

十八世纪头25年,在俄罗斯、亚美尼亚、乌克兰、格鲁吉亚等地的神学院里出现了学校剧团。其演出受民间戏的影响很大,有强烈的讽刺倾向,反过来又促进了讽刺文学的发展。学校戏剧的重要作品有普罗科波维奇(Ф.Прокопович, 1681—1736)的悲喜剧《弗拉基米尔》(1705)。

十八世纪中叶兴起职业剧院,传入古典主义戏剧。它有严格的规则,遵守"三一律"(情节、时间、地点的一致),题材多来自古希腊、罗马的神话故事。但俄国的古典主义有它的特色。一是剧作的思想开明、有社会性。二是接近现实主义,立足于当时的现实生活,不去虚拟古希腊、罗马的环境和人物。三是语言采用比较朴实的民间生活用语。代表作家为苏马罗科夫(А.П.Сумароков, 1717—1777),其创作悲剧《霍烈夫》(1747)和喜剧《爱吵架的女人》(1772)均有良好的效果,前者反映理智战胜私情和大公的残暴,后者嘲笑贪官和蠢地主。

六十年代又传入英国的感伤主义戏剧。这类戏剧重在描写普通人的日常生活,刻划人的内心细腻感情。代表作有鲁金(В.Лукин, 1737—1794)的《受爱情感化的浪子》(1765)。

然而七十至九十年代最流行的还是讽刺喜剧。它带有启蒙主义思想,写社会普通阶层的现实生活,也揭示官吏、贵族地主的丑行。最有名的是冯维辛的《纨绔少年》(1782)。

随着戏剧演出的频繁增加,剧院建设和剧团都相应有了发展。彼得大帝在莫斯科红场建起一座公众剧院,从1702年开始演出。他在圣彼得堡建都后,1723年在该市新建一座剧院,请外国剧团,如意大利的假面喜剧团、法国话剧团、德国涅贝尔剧团来演出,这对俄国戏剧也起了促进作用。

俄国的戏剧演出开始了新局面。一些城市平民阶层参加了业余戏剧活动。四十至五十年代有"喜剧爱好者"剧团。后来又有别的业余剧团产生,最有名的是沃尔科夫剧团,演员都是平民知识分子,它从1756年起在首都演出。

1756年伊丽莎白女皇下旨建立一所国立剧院,由苏马罗科夫任院长,沃尔科夫(Ф.Г.Волков, 1729—1763)为助手和首席演员。从此开始有职业剧团。八十年代皇家剧院发展成完整体系,有彼得堡小剧院、彼得堡大剧院、(彼得堡)珍楼剧院和(莫斯科)彼得罗夫剧院。这些剧院专供宫廷少数人娱乐,其外观雄伟,尤以彼得罗夫剧院最为华丽,可容纳1500观众。它是十八世纪后期艺术成就最大的剧院。

4.《纨绔少年》

十八世纪最优秀的剧作家当推杰·伊·冯维辛(Д.И.Фонвизин, 1745—1792)，他出身贵族，曾就读于莫斯科大学，后到外交部任职，写过各种体裁的讽刺作品，以喜剧最成功。如名剧《旅长》(1766)嘲笑了贵族中老一代的愚昧和年轻一代所受外国教育的毒害。

冯维辛最著名的喜剧《纨绔少年》，写女地主普罗斯塔科娃多方虐待寄养于她家的孤女索菲亚。后因索可以继承叔父斯塔罗东的一宗财产。普罗斯塔科娃便强令索做自己的儿媳。但索菲亚在开明贵族普拉夫津和斯塔罗东的保护下，终于与贵族军官米朗结婚，而普罗斯塔科娃则被法办。

剧本真实描写了普罗斯塔科娃这个农奴主的形象：横暴、愚蠢又奸诈。她对农奴出身的保姆极尽虐待之能事：在她家工作四十年，所得报酬竟是"一年五个卢布，外加每天五记耳光"。她虐待周围一切人，却一心溺爱儿子米特罗方，极力让他娶上富女索菲亚。但米特罗方却是个爱吃喝玩乐的纨绔少年，他已16岁，却不会加减乘除，只会捉弄仆人，其每日的口头禅是："我不想学习，只想娶亲"。所以他每天利用母亲的溺爱而逃学。

喜剧结构简洁紧凑，严格遵照古典主义的"三一律"。

5. 古典歌剧和民间歌曲

在这个历史时期，音乐生活的各个领域都出现了新的变化。叶·伊·福明(Е.И.Фомин, 1761—1800)的作品真挚感人并富有民族性格，赢得了广大的听众。他创作的歌曲歌剧，自始至终是歌曲，不同于前人以对白为主的歌剧。这种歌曲歌剧后来成为古典歌剧普遍采用的体裁。著名的作曲家还有鲍尔特尼昂斯基(Д.С.Бортнянский, 1751—1825)和别列佐夫斯基(М.С.Березовский, 1745—1777)。

抒情声乐在生活中占有重要地位，歌曲受到社会各阶层普遍欢迎，故诗人杰尔查文称十八世纪(特别是四十至五十年代)是"歌曲的世纪"。著名的歌曲作者有捷普洛夫(Г.Н.Теплов, 1711—1779)，他的歌曲集《忙里偷闲》恰好是在五十年代末出版的，音乐已挣脱教会的桎梏，获得了广泛的社会意义。

同时，民间歌曲也日益受到重视。当时出版的民间歌曲集就有特鲁托夫斯基(В.Ф.Трутовский, 1740—1810)和普拉契(И.Прач, ？—1818)合编的《民歌集》，普拉契与利沃夫（Н.А.Львов，1751—1803）合编的《俄罗斯民歌集》，以及《吉沙尔·丹尼洛夫歌曲集》。这是俄罗斯最早的三本歌曲集，属于研究民间创作的重要成果。

作曲家多数来自平民，如风俗歌曲作者福明是炮兵的儿子，歌剧作曲家马丁斯基（М.А.Матинский，1750—1820）是个农奴。他们除了在民歌基础上发展抒情声乐，创作俄罗斯自己的歌曲外，还写有交响乐和室内乐器作品，从而形成了俄罗斯作曲学派。

由索科洛夫斯基（М.М.Соколовский，1756—？）作的《磨坊主人、卜算者、骗子和媒人》、马丁斯基作的《圣彼得堡的劝业场》和帕什克维奇（В.А.Пашкевич，约1742—1797)作的《马车之祸》是七十至八十年代俄国最杰出的三部歌剧。

这个时期已经出现了专业乐队。大贵族、大庄园主一般都拥有自己的乐队。而当时最受欢迎的室内器乐，是以俄罗斯民歌为主题的器乐变奏曲。

十八世纪的俄国音乐发展下去，促成了古典歌剧、交响乐和复杂而多样的俄国抒情音乐文化的产生。

十八世纪的艺术在建筑、绘画和雕塑等方面都有较大的进展，其特点是逐步摆脱宗教艺术的程式，向有民族特色的方向前进。

圣彼得堡冬宫建筑　拉斯特列里　1754—1762年建成

非宗教色彩且具有比较明显民族特点的,是莫斯科的缅什科夫钟楼(1701—1707)和圣彼得堡的圣彼得保罗教堂(1712—1733),其具有庆祝战争胜利的意义,均采用多层结构,宏伟而匀称,塔尖高耸云霄,饰有十字架和张翼的天使。还有彼得堡西郊30千米处的彼得戈夫宫(1747—1752)和斯莫尔尼修道院(1748—1754),以及冬宫(1754—1762)也属于此类建筑。当然,整个圣彼得堡的建城不但是重大工程,而且是俄国建筑史上的大事。

6. 版画和肖像画

绘画的成就在于版画和肖像画。著名版画家祖鲍夫(А.Ф.Зубов,1682—1750)作的《彼得堡全景图》(1716)即是实例。图中有大规模的城市建筑、自然风光、宫廷庆宴等情景。它也是研究十八世纪俄国建筑艺术和时代风貌的宝贵资料。

肖像画也开始走出古典主义的框框,逐步增加现实主义的因素,代表画家有费·斯·罗科托夫(Ф.С.Рокотов,1735—1808),他1760年进入圣彼得堡美术学院,三年后成为该院教师,继而成为院士。作过许多同时代人的肖像画。其特点是重视人物的内心世界及其与周围环境的联系,笔法柔和轻快、色彩细腻微妙。代表作有《马伊科夫肖像》(1766)、《苏罗夫采娃肖像》(1780)等。

另一位画家季·格·列维茨基(Д.Г.Левицкий,1735—1822),生于基辅,早年随父学画,后去圣彼得堡。1770年在美术学院展览会上展出肖像画作品而崭露头角,其画的特点是形象生动自然,充满热情,可以让人看出画家对先进人物热情歌颂的态度。例如1773—1774年作的《狄德罗肖像》,就以朴素的手法揭示了哲学家的智慧、豁达的精神面貌。他画的妇女像极其精美,像斯莫尔尼女子学院第一届毕业生图,就表现了勉强装扮成上流社会妇女之少女们的稚气。弗·鲁·鲍罗维科夫斯基(В.Л.Боровиковский,1757—1825)是三位著名肖像画家中最年轻的,曾在列维茨基的手下工作过。他善于表现人的内心感受,描绘人对自然的亲切感情。代表作《洛普希娜肖像》(1797)表现了一种青春美。

其他优秀的肖像画还有尼基京(И.Н.Никитин,1690—1742)的《戈洛夫金肖像》(1720)和马特维耶夫(А.М.Матвеев,1701—1739)的《画家和妻子的肖像》(1729)。

此外,还有风俗画家菲尔索夫(И.Фирсов,1733—1785)作的《少年画家》(1760)是俄国最早的一幅风俗画。人物、房间、画架等中的一切都非常真实,散发

彼得堡叶卡捷琳娜宫

着浓厚的生活气息。农奴出身的希巴诺夫(М.Шибанов,？—1789)所作《农民的午餐》(1774)和《订婚》(1777)生动地描绘了农民生活的真实图景,表现了他们朴实无华的日常生活。这位画家为下一个世纪描绘俄国民众生活的风俗画开阔了新路。

雕刻和雕塑也开始向表现个性和时代精神的方向发展。如费·伊·舒宾(Ф.И.Шубин, 1740—1805)作的《罗蒙诺索夫》半身像(1792),以成熟的技巧把主人公的形象刻画得栩栩如生。舒宾也成为十八世纪俄国屈指可数的名家。而拉斯特列里(В.В.Растрелли, 1675—1774)也因其塑造的彼得大帝半身铜像(1723)同样名垂青史。

总而言之,由于1757年在圣彼得堡建了俄国第一所高等美术学校——美术学院,而以它成为中心形成了俄国古典主义学院派的美术体系。学院培养"理想的人、完美的人",有第一流的教师,又实行严格的技法训练,造就了一批批日后享誉画坛的美术家,为下一个世纪俄国现实主义的民族艺术大发展作了准备。

第三章

近代文化（十九世纪，上）

莫斯科红场　伯克罗夫圣母教堂（瓦西里·勃拉仁内教堂）

十九世纪初的俄国与西欧先进国家相比是十分落后的。它仍是一个农奴制帝国。十九世纪的上半期，封建农奴制已处于严重危机和即将解体的时刻。亚历山大一世（1801—1825在位）时曾试图实行改革，以缓和社会矛盾，但未见成效。随后发生了1825年的十二月党人起义，企图推翻沙皇专制制度。起义失败后，又经过1853—1856年克里木战争，俄国出现了革命形势。沙皇被迫于1861年宣布废除农奴制。俄国开始进入资本主义社会。社会的变动却促进了文化发展，并且逐步走向繁荣。

第一节　改革与争论

1. 社会危机和制度改革

农奴制严重阻碍着国家经济文化的发展。1801年亚历山大一世登位，他鉴于十八世纪末国内的普加乔夫起义和国际上的法国大革命之教训，不得不进行若干

圣彼得堡伊萨基耶夫大教堂　建筑师　奥·蒙费兰　1818—1858年

改革,表示对资产阶级的让步。在思想文化领域,适当放宽书报审查制度,开办了一些高等学校,委任平民出身而有资产阶级思想的斯佩兰斯基(М.Сперанский)教授拟制宪法草案,召回流放中的作家拉吉舍夫担任公职等。在一定程度上使社会开始活跃起来。不过这些措施均未能触动支撑沙俄帝国的两大支柱——专制制度和农奴制度。

卫国战争和十二月党人起义

1812年卫国战争,法国拿破仑为了称霸欧洲,扫除障碍,于1812年6月2日对俄国不宣而战,他入侵的军队有60万人,而俄军在西线仅20万人。俄国不战而退,使得拿破仑军队步步深入,后来得以占领莫斯科。不过法军的计划是速战速决。而俄军却不急于交锋,巴克雷·托里指挥的第一军及时转移,巴格拉齐昂指挥的第二军也摆脱了法军的直接打击,拖了一个月后,一、二军才会师斯摩棱斯克,并给法军以重创。

当法军逼近莫斯科时,亚历山大一世(Александр I)任命富有经验的库图佐夫(М.Кутузов,1745—1813)为俄军总司令。后者抓住战机在距莫斯科一百公里的波罗金诺村与法军决战,然后撤离莫斯科。虽然双方都是伤亡重大,但法军已是拖了三个月才进入莫斯科,何况那已是烧了六昼夜的一座空城,既无粮食,又无弹药。

俄军又用迂回包抄的策略,向西去堵截住法军的退路,并配以游击战争,在10月发动总攻,收复莫斯科,追击法军,直到赶出国境,拿破仑于12月逃回巴黎时只剩下3万人的军队了。

由于拿破仑入侵,举国上下群情激愤,俄国人的民族意识空前高涨。法军失败后,俄军乘胜追击,远征国外,使不少贵族青年军官在西欧,尤其在法国受到大革命余波的熏陶,回国后对比本国的情况,益发感到俄国的腐败落后以及改革社会政治制度的迫切性。于是俄国人的民主意识也空前高涨。这两种意识汇成一股改革的强力,推动着社会思潮滚滚向前,目标在解决专制农奴制度。

库图佐夫

然而亚历山大一世由于胜利而得意忘形,竟然在国际上与奥、普等国结成"神圣同盟",充当欧洲宪兵的角色,到处扑灭欧洲的民族民主运动。在国内放弃改革,任命愚顽的贵族军官阿拉克切夫(А.Аракчеев,1769—1854)为军事部长,以同样反动的贵族戈利岑(1773—1844)为宗教院总监兼国民教育部长。这样就在国内重新恢复高压统治,更加激怒了社会的对抗思潮。

1825年十二月党人起义

俄国贵族中的先进分子早就基于形势,认识到废除专制农奴制的必要性,便开始酝酿革命,他们秘密结社,在南方成立以巴·依·彼斯捷利(П.И.Пестель,1793—1826)上校为首的"南社"。在彼得堡成立以尼·米·穆拉维约夫(Н.М.Муравьёв,1796—1843)为首的"北社"。

南社主张消灭皇权,建立共和国,废除农奴制并没收地主的部分土地。北社的纲领是建立君主立宪制的国家。两社虽然在建国方案上不同,但在废除农奴制和专制君主政体这两个基本问题上的态度是一致的。

彼得堡 十二月党人广场
广场前涅瓦河对岸为（从左至右）：
科学院楼群、珍奇博物馆、灯塔柱、宫殿桥及远景彼得保罗要塞

正当十二月党人进行武装起义的准备时,亚历山大一世突然身亡。因他无子嗣,按王位继承法应由其弟康士坦丁（Константин）继位,但后者早已宣布放弃皇位,于是转由其第二个弟弟尼古拉（Николай）继位。由于康士坦丁放弃皇位的文件并未公布,故值亚历山大猝亡时,圣彼得堡的军民当即向康士坦丁宣誓。而此时康士坦丁正在波兰。在信使往返于彼得堡和华沙之间时,国内事实上是皇统中断。"北社"便乘乱举起义旗,于1825年12月14日借向新皇尼古拉一世宣誓之机,率军队在参政院广场发动武装起义。

不料,起义指挥者特鲁别茨科伊（П.Н.Трубецкой）临阵脱逃,30名军官、3千名士兵和水兵组成的起义军失掉良机,被沙皇政府调集的四倍兵力把起义军团团围住,起义者惨遭屠杀,被镇压下去了。为首的彼斯捷利、穆拉维约夫、雷列耶夫（К.Ф.Рылеев）等被处绞刑,一些士兵遭夹鞭刑毒打致死,还有更多的人流放西伯利亚服役,或充军到外高加索。

十二月党人起义的失败也使蓬勃兴起的各种社会思潮受挫,国内再度出现万马齐喑的局面。

尼古拉一世的黑暗统治

十二月党人失败后,尼古拉一世实行黑暗统治整整三十年（1825—1855）,史家称这一时期为"专制制度的顶点"。他使用残暴手段统治俄国,而民众积累的不满情绪与日俱增,社会危机日显,由农奴制危机发展到农奴制"改革"已成历史趋势。

到十九世纪下半叶,俄国社会发生剧烈变化,封建农奴制的严重危机,导致了1861年的农奴制改革,使得俄国开始从封建社会转变为资本主义社会,到十九世纪末二十世纪初,又进入帝国主义阶段。因而这整个历史时期内社会运动高涨,各种思潮活跃,也进一步促进了文化的繁荣。

但是,从危机发展到改革,有一个曲折的过程。

俄国内外矛盾激化农奴制危机

1. 对外扩张及失利

十九世纪上半期,俄国社会危机已经很明显,农奴制已经摇摇欲坠。沙皇政府为了稳定局势,便以发动对外战争来转移国内人民的视线。由亚历山大一世和尼古拉一世分别当政的1801—1825年和1825—1855年,俄国一直在实行对外扩张。前者的重点放在波罗的海、黑海和高加索,并且颇有"战绩":1809年武装夺取芬兰,1812年打败土耳其,割占摩尔多瓦公国的一半(改称"比萨拉比亚"),1804—1813年从伊朗手中夺得格鲁吉亚和阿塞拜疆的大部分领土,1814年获得原为拿破仑控制的华沙公国大部分土地。接着,俄国将争夺巴尔干、独霸黑海海峡、控制地中海作为战略目标。

尼古拉一世的重点则在于实现这个战略目标,并指向中亚和亚洲东部。1826—1828再次对伊朗战争,夺取亚美尼亚境内的埃里温和纳希切万汗国,完全控制了黑海。

后来,由于英、法怕俄国独占巴尔干地区,他们便支持土耳其同俄国争执,酿成了1853—1856年的克里木战争。

战争初期是俄国战胜土耳其,后来由于英法联军的海军在黑海、波罗的海、白海和堪察加半岛东岸同时向俄军进攻,并且登陆克里木,包围俄国海军的主要基地塞瓦斯托波尔,双方相持一年,最后俄军失败,割地了事。

2. 对外扩张的重点移向东方

十九世纪中期,尽管在克里木战争中俄国惨败。但是亚历山大二世从1855年即位后,仍然不放弃扩张活动。

1856年和1860年。沙俄政府趁英法联军侵略中国之机,强迫清政府先后签订不平等的《中俄瑷珲条约》和《中俄北京条约》,割占了黑龙江以北、乌苏里江以东

(包括库页岛)的100多万平方公里的中国领土。1864年又强迫清政府签订不平等的《中俄勘分西北界约记》,割去中国西境的44万平方公里。1882年又依据不平等的《中俄伊犁条约》,割占中国西部7万多平方公里土地,加上1892年强占帕米尔地区2万多平方公里的中国领土。这样,不到半个世纪内,沙皇俄国共割占了中国150多万平方公里的土地。

在中亚,俄国在兼并哈萨克各部落之后,又于十九世纪七十年代先后征服浩罕、希哈拉、瓦希等汗国。1880—1884年又出兵侵吞土库曼,1885年侵占原属阿富汗的库什卡堡。这样,俄国把中亚的大片土地并入版图。

1877年,亚历山大二世(Александр II)再次发动对土耳其战争,次年割占土耳其的阿尔达汉和卡尔斯地区。

十九世纪末,俄国的领土已扩大到2240万平方公里,到二十世纪初,1914年,其领土达到2280万平方公里。

3. 内部危机加深

尽管对外扩张能在一定程度上转移人民的视线,但国内资本主义因素的增长究竟阻挡不住,而农奴制下农奴对地主的人身依附关系也使得劳动力市场受限制,商品经济呼唤着自由雇佣劳动力的出现。另一方面地主加重对农民的剥削也激化农民反抗的情绪,农民暴动时有发生,并呈发展的趋势。十九世纪前25年农民暴动平均每年约11次,1826—1854年上升为年平均24次,1855—1861年又升至年平均79次。仅1860年就发生108次。而且范围越来越广,规模越来越大。1858年俄国仅欧洲部分就有25个省发生农民暴动。由此,有些地方的工人也受影响起来罢工。1860年就有伏尔加—顿河铁路工地的工人大罢工。

4. 实行农奴制"改革"——1861年《2月19日法令》

克里木战争失败、农民暴动、工人罢工以及农村经济衰退等情况,使得沙皇亚历山大二世(在1855—1881年当政)忧心忡忡,担心农奴制朝不保夕,认为不改良不行了。他于1856年在莫斯科接见大贵族时就说:"现行的农奴制不能一成不变,从上面废除农奴制,比等着从下面废除要好一些。"

经过准备,亚历山大二世终于在1861年2月19日(公历3月8日)签署改革法令和关于废除农奴制的特别诏书。他颁布了包括《关于脱离农奴依附关系的农民的一般法令》等17个文件。规定在一个相当长的期限内,分阶段"解放"俄罗斯、乌克兰、白俄罗斯和立陶宛等省属于地主所有的农奴。

"解放"的内容有：农民可获得人身自由权，自由处理个人和家庭事务，可拥有财产、担任公职、从事工商业等等活动；从另一方面说，地主不得再把农民作为商品买卖、典押或转让。同时，农民获得自由后，可得到一块份地和宅旁园地，但农民应为人身自由和那块份地交纳一定数量的赎金（即赎身金和赎地金两种）。

根据该法令，获得"解放"的农民有1025万人。主要为俄罗斯族。在1863—1866年，先后又"解放"1000多万农民。其他非俄罗斯族的改革进展缓慢。中亚部分地区的农奴制一直保存到十月革命前。

改革农奴制的结果是为资本主义的发展提供劳动力、市场和资金。所以，1861年的农奴制改革可以说是俄国资本主义的开端。

2. 斯拉夫派与西欧派等各派论争

废除农奴制虽然势在必行，但在废除的方式上却大有争论。主要有两派：一派以康·德·卡维林（К.Д.Кавелин，1818—1885）为代表，他们虽然也谴责反动势力，但却反对用革命方式摧毁现存农奴制。他们认为自上而下废除农奴制，可以使俄国在"五百年内"一直"维持国内的平静，而有条不紊、一帆风顺地繁荣下去"。这当然取得地主资产阶级改良派的拥护。

另一派以尼·加·车尔尼雪夫斯基（1828—1889）为代表，主张革命。

沙皇尼古拉和他的哥哥亚历山大不同，不带任何自由主义色彩。他设立了俄国史上臭名昭著的宪兵团和"内廷第三厅"，专司搜查秘密团体和监视不满于现状的人，颁布了苛刻的书刊审查条例，严禁出版稍有自由思想的书报。因而面对沙皇尼古拉一世的黑暗统治，在三十、四十年代就发生了各派纷争，思想纷乱。多数以学术或文化的旗号为掩饰，或者借文坛为讲坛，讲的是文学或文化，反映的却是政治问题，事关国家大事的问题。这个时期出现的形形色色的社会思潮，反映了1825年之后，俄国在探索解决社会问题的新方式。争论的中心问题是俄国国家和民族向何处去，即未来的发展道路问题，也即"怎么办？"（作家车尔尼雪夫斯基语）的问题。

"官方民族性"

面对众说纷纭的局面,尼古拉一世政府为了控制人们的思想,由国民教育部部长乌瓦罗夫提出了"官方民族性"的理论,即宣扬"东正教、专制制度、民族性"三位一体。它声称:俄国不同于"衰退的"西方,完全可以自行稳固地存在和发展,因为俄国人信奉的东正教是"社会幸福和家庭幸福的保证",而俄国之所以是伟大的,盖因其国家的"基石"是专制制度,而俄罗斯的民族特点乃是虔信宗教、拥护皇权、温良驯服。因此,如果说西方的历史充满阶级斗争,需要革命的话,俄国则不然,它始终是一个以沙皇为中心的,由社会各阶级构成的和谐的统一体。

显然,"官方民族性"的理论之提出,目的在于维护专制农奴制度,反对自由思想,麻痹人民的觉悟。

斯拉夫派

斯拉夫派主要人物有伊·瓦·基列耶夫斯基(И.В.Киреевский,1806—1858)和阿·斯·霍米亚科夫(А.С.Хомяков,1804—1860)。他们面对国家的困境,也赞成改良,如废除农奴制,给人民某些政治权利,即言论自由、有权组织地方议会等,以及发展工商业等经济措施。其所以被称为"斯拉夫派",系因他们认为俄国,乃至所有斯拉夫民族(包括巴尔干半岛的南斯拉夫民族)都生性温顺,笃信宗教,喜欢农村的村社组织。因此,俄国应该走一条与西欧完全不同的道路,也就是保持君主专制制度,保护地主阶级在农村以及村社组织中的主宰地位。这就是说,他们反对彼得大帝的欧化改革,而在维护君主专制制度、东正教的统治地位等方面与"官方民族性"理论没有差别。他们着重主张的是斯拉夫民族性、国家社会制度和民族生活原则"古色古香",不需要改革。

西欧派

西欧派主要人物是季·尼·格兰诺夫斯基(Т.Н.Грановский,1813—1855)、瓦·彼·鲍特金(В.Б.Боткин,1811—1869)和巴·瓦·安年科夫П.В.Анненков,1813—1887)。他们崇拜西欧的社会制度,主张俄国应该继续欧化。不过他们美化西欧的制度及其文化,实际上希望照搬过来在俄国实行。但他们的政治主张也有差别,有的人主张君主立宪制,有的人希望实行议会制,都不赞成革命,希望统治者能让步、改良和发展文化教育。

民主派

民主派主要人物是赫尔岑（А.И.Герцен，1812—1870）和别林斯基（В.Г.Белинский，1811—1848）。当斯拉夫派和西欧派为俄国今后走什么路线而剧烈争论时，出现了民主派对前述两派都反对的观点。民主派批评斯拉夫派的倒退路线，反对他们继续保持和捍卫地主的利益而不顾农民生活在水深火热之中。民主派也指责西欧派盲目崇外而对西欧劳动者饱受资产者的剥削视而不见。这一派极为同情农民。而且热心向往社会主义，他们为之奋斗的理想是空想社会主义。与民主派有关联的是一些大学生的秘密小组，比较著名的有三十年代的斯坦凯维奇小组。该小组1830年组成于莫斯科大学，除为首的尼·弗·斯坦凯维奇（Н.В.Станкевич，1813—1840）外，还有康·谢·阿克萨科夫（К.С.Аксаков）、米·亚·巴枯宁（М.А.Бакунин）和维·格·别林斯基参加，这三个人后来到四十年代分别成为斯拉夫派、无政府主义者和革命民主派。不过在当时他们都热衷于德国古典哲学，包括康德、谢林等人的著作，并且接受其观点。寄望于普及文化教育以改革社会，这也是斯坦凯维奇小组的共识。

另一个小组为赫尔岑—奥加辽夫（Н.П.Огарёв）小组（1831—1834），着重研究西方空想社会主义者圣西门和傅立叶的著作，探讨社会政治问题，有鲜明的政治色彩，所以不久被捕而使小组解散。他们也都就读于莫斯科大学。

第三个是在圣彼得堡的彼特拉舍夫斯基小组。它出现得较晚，约在四十年代中期，以米·瓦·彼特拉舍夫斯基（М.В.Петрашевский，1821—1866）为首，人数不少，包括作家萨尔蒂科夫—谢德林、陀思妥耶夫斯基等。他们信仰的是空想社会主义，用编辑出版《袖珍外来语词典》（1845）、解释外来语词的方式宣传傅立叶等人的空想社会主义学说和思想，并以讨论社会和文学问题为掩护。后来他们还是被沙皇政府发觉，其成员被捕，《词典》则被全部烧毁。这已经是小组活动多年以后，到了1849年才发生的事。

革命民主主义思潮

革命民主主义者大多是出身于僧侣、小官吏、商人之家的知识份子，其主张是运用革命手段推翻封建专制制度,彻底消灭农奴制。在四十年代,其主要代表人物是别林斯基和赫尔岑。别林斯基是革命民主主义者的先驱,中学时代受十二月党人思想的影响,上莫斯科大学时便表露出强烈的自由思想和民主情绪。早在1830年学生们就围绕着他形成了"十一号房间文学社",主要讨论文学问题。据说只开过七次会,存在的时间不长。虽然如此,他们一些思想已开始发生影响。在大学期间,别林斯基因写了抨击农奴制的作品而被学校开除。此后他一直担任编辑,用文学评论的方式,宣传民主主义思想。著名的如《给果戈理的信》,在革命志士中广为流传,对平民知识分子的觉醒起了很好的作用。

赫尔岑是贵族革命家的杰出代表,在四十年代成为民主主义者。他在莫斯科大学毕业后,因宣传反农奴制的思想而两次被沙皇政府流放,后来流亡西欧。五十年代他和奥加辽夫一起在国外创办自由俄文印刷所和《钟声》、《北极星》杂志,大胆揭露俄国社会的黑暗和腐朽,竭力宣传解放农奴的思想。这些刊物冲破重重障碍,秘密进入俄国流传,有力地促进了革命民主主义思潮的传播。

别林斯基和赫尔岑都反对斯拉夫派及西欧派,不同意他们所主张的俄国未来之路。

到了五十年代,主要代表人物则是车尔尼雪夫斯基(1828—1889)和杜勃罗留波夫(Н.А.Добролюбов,1836—1861)。

车尔尼雪夫斯基早在青年时代就立志变革不合理的社会,注意从西欧和俄国的革命先行者著作中寻求解放社会的方案,广泛涉猎史学、哲学诸方面的著作,汲其思想精华,创立了俄国的唯物主义哲学,在《现代人》杂志上发表许多论述农民革命的文章,包括农民革命的纲领,召唤农民准备武装起义。他说:"没有痉挛,历史就永远不能前进一步"。但他是一个空想社会主义者,认为农民革命胜利后,俄国可以避免资本主义而直接进入社会主义。不过,他同时又是一个革命的民主主义者,因为他善于用革命的精神去影响当年的政治事件,透过书报检查机关的重重障碍,去宣传农民革命的思想。

1862年车氏被沙皇政府逮捕,在流放和苦役中度过了苦难的21年,始终不屈服,拒绝请求赦免,坚持到底,矢志不移。

杜勃罗留波夫是车氏的亲密伙伴,他用文章猛烈抨击改良主义者,热情赞颂农民革命的思想,号召农民起义并和车氏一道秘密筹建革命组织。

别林斯基、赫尔岑、车尔尼雪夫斯基都是杰出的革命民主主义者,他们的思想影响了十九世纪的俄国社会,要求彻底废除农奴制,无代价,不付赎金,彻底解放农奴,把地主土地无偿地分给农民。支持他的有杜勃罗留波夫等民主派。

3. 民粹派运动

面对农村中资本主义新因素的增长,以及残存农奴制的压榨,农民的不满情绪继续高涨。反映这种农民的愿望,在六十—七十年代初便在圣彼得堡、莫斯科、基辅和敖德萨等地相继成立一批民粹派组织。主要成员都是出身平民的知识分子。

他们最初在城市活动,1874年春夏之交,开始把重点移向农村。当时发起了一个"到民间去"的运动。这些知识青年穿起农民的长衫和树皮鞋,操农民的语言,到农村去宣传革命道理,鼓动人民起来打倒沙皇政府。其参加人数约有一千多位。"民粹派"便由此得名,亦意为他们是民间的代表、民众中之精粹。

不过,由于他们并未真正了解农民,也不熟悉农民的生活状况,结果一下乡,彼此隔阂很大。在农民看来,这些人衣服和语言有点像农民自己,但讲的事情和道理却听不懂,弄不清这是从哪儿来的"怪物",心起疑惧,反而把他们"扭送官府"。结果竟是农民"协助"政府警察把这场"民粹派运动"镇压下去了。

1876年,由一部分民粹派分子成立"土地与自由社",到1879年该社又一分为二。一派叫做"土地平分社",另一派为"民意党"。

因为不容易得到民众的支持,"民意党"决心依靠自身的力量来反对专制制度,采用恐怖手段,准备行刺沙皇。果然,民意党人经过精心策划和安排,终于在1881年3月1日用炸弹在彼得堡把亚历山大二世炸死了。然而刺杀个别人物,并不能推翻整个沙皇政府。新的沙皇亚历山大三世(Александр III)继位,他代替老的沙皇,对民众和革命者的防范和镇压反而更为加强了。

民粹派的理论主张有其正确的一面,即实行彻底的革命,消灭沙皇专制制度和农奴制度的残余;废除地主土地所有制,把土地分给农民;进而在俄国实现社会主义。但是他们的思想主张充其量只不过是空想社会主义。因为他们否认俄国经过农奴制度改革以后发展资本主义是历史的规律,企图跳越历史,依靠农民革命达到社会主义,这仅是一种空想。况且,其世界观又是"英雄"史观,把历史视为个别英雄的创造,并视民众为落后的"群氓",只能靠他们充当"救世主"了。

1883年，由早先是民粹派分子的普列汉诺夫起来组织"劳动解放社"，才逐步纠正了民粹派的思想主张和策略上的错误。

格·瓦·普列汉诺夫(Г.В.Плеханов, 1856—1918)出生于坦波夫省，早年先后就读于圣彼得堡陆军士官学校和矿业学院，1875年参加民粹派组织，曾到农村发动革命，后来在彼得堡工人中从事宣传和罢工的组织工作。1880年曾被沙皇政府发过通缉令而逃亡国外，在国外创立"劳动解放社"，属于社会民主主义性质。他先后写了《社会主义与政治斗争》、《我们的意见分歧》和《一元论历史观之发展》等书，对民粹主义的理论作了分析和批评，用辩证唯物主义和历史唯物主义基本原理批判了民粹派的唯心史观，效果良好。

如上所述，影响俄国十九世纪下半叶的社会，并且持续较为长久的，是民粹派的思想，它其实也是一种空想社会主义，曾经鼓舞了大批平民知识分子奋起行动，实践其革命理论。其哲学观则是继承车尔尼雪夫斯基的唯物主义哲学，不过走上了折衷主义。像其代表人物彼·拉·拉甫罗夫(П.Л.Лавров, 1823—1910)就认为实证论、唯物主义和进化论都为科学的哲学体系提供了"重要的局部指示"。

但是民粹派的错误部分后来遭到了普列汉诺夫的清算。普列汉诺夫写《个人在历史上的作用》等著作，深入批评了民粹派的唯心主义哲学和唯心史观，同时浅显地阐释了马克思主义哲学原理。这些著作使得普列汉诺夫成为最早在俄国宣传马克思主义的人。

在那个历史时期，影响最大的还有另一个思潮——革命民主主义。从十九世纪中期开始，就由其主要代表人物车尔尼雪夫斯基、杜勃罗留波夫首先提出，一直延续到八十年代的皮萨列夫和米哈伊洛夫斯基。

尼·加·车尔尼雪夫斯基(Н.Г.Чернышевский, 1828—1889)出生于萨拉托夫一个牧师家庭，1846年考入圣彼得堡大学历史语文系，受别林斯基、费尔巴哈、傅立叶等人著作的影响，大学时代就形成革命民主主义和空想社会主义的观点。1853年参加《现代人》杂志工作，主持批评栏，并发表一系列重要著作：经济学论文《资本与劳动》(1860)、哲学论文《哲学中的人本主义原理》(1860)、美学论文《艺术对现实的审美关系》(1855)、文学评论《俄国文学果戈理时期概观》(1855—1856)等，热情宣传唯物主义、革命民主主义和空想社会主义思想。在五十至六十年代革命民主派和贵族自由派的激烈思想斗争中，他成为前者的精神领袖。1861年曾撰写了《告领地农民书》的革命传单,并接近和指导过"土地与自由社"的活动。1862年被沙皇政府逮捕,关入彼得保罗要塞。他在狱中写成长篇小说《怎么办?》以宣传革命思想。后来在西伯利亚流放中前后度过了二十一年,1889年放回故乡不久就去世了。但他一直坚持革命理想和志节,毫不动摇。

尼·亚·杜勃罗留波夫(Н.А.Добролюбов,1836—1861)出生于下诺夫哥罗德一个神父家庭,1853年考入圣彼得堡中央师范学院,阅读别林斯基、车尔尼雪夫斯基、费尔巴哈等人的文著,深受影响。1857年参加《现代人》杂志工作,次年起主持文艺批评栏,利用文艺批评文章,宣传革命民主主义思想,指导当时的革命运动,成为革命民主派的精神领袖之一。主要的作品有论文《俄国文学发展中人民性渗透的程度》(1858)、《真正的白天何时到来?》、《黑暗王国中的一线光明》和《什么是奥勃洛莫夫性格?》。

德·伊·皮萨列夫(Д.И.Писарев,1840—1868),生于奥廖尔省一个贵族家庭,青年时代在圣彼得堡大学上学时就与"学生小组"有接触,深受车尔尼雪夫斯基等人文章的影响。1862年因写一本小书号召推翻政府和消灭皇权而被捕,关入彼得保罗要塞达四年之久。车尔尼雪夫斯基被捕和杜勃罗留波夫去世后,萨列夫即成为革命民主派的主要人物,1868年到《祖国纪事》杂志工作,后来在里加海滨游泳时溺水身亡。主要文章有《巴扎罗夫》(1862)、《现实主义者》(1864)、《有思想的无产阶级》(1865)、《恼人的虚弱》(1865)和《美学的毁灭》(1865)等,竭力宣传民主主义思想,主张用积极行动来改造社会。

十九世纪下半期,还有许多流派的主张与上述流派相反。他们或在哲学上持唯心主义观点,或在政治上反对革命和进步。

由于众多的思潮群起论争,而且又是借助于学术和文学、文化问题,虽然争论的中心是社会"怎么办?",但结果却远远超出社会问题,这引起了社会思想的活跃和文化的发展,至少是对各派文化人起了推动作用,这也许是十九世纪俄国文化之所以能走向繁荣的一个原因。

第二节 教育

十九世纪上半叶,由于发展经济的需要,政府才逐步增设学校,注意发展专门技术教育,科学也有了进步。

1. 学校教育

1802年，政府机构中设立国民教育部，有了统一的管理教育的机构。1803年颁布学校体制条例，规定学校分为四级：教区小学、县立学校、省立学校或中学、大学。每个教区应设有教区小学，每个县应设有县立学校。

1804年，国民教育部所辖的学校共有494所，学生33484人。1808年有中学54所，学生5569人。彼得堡所辖5省共有中学5所，县立学校5所。

按条例规定，学生小学毕业后应升入中学，中学毕业后再升入大学，彼此是有衔接关系的。但因为条件限制，实际上能够升入大学的人，屈指可数，大多数读完小学之后便终止了。

但是沙皇政府的态度是自相矛盾的，客观形势的需要，促使它不得不发展教育，从政府的本质出发，它又不愿放弃愚民政策，坚持反对普及教育。是故在1828年，尼古拉一世重新颁布各类学校规程，取消了1803—1804年

诗人普希金就读的皇村学校

规定的各级学校之间的衔接关系，反而突出强调学制的等级性质。

按新的规定，各类学校均是为相应的阶级和阶层服务的。教区学校是为底层人民的子弟设立的，学生毕业后不得升入县立学校；县立学校是为商人、手工艺者及其他不属于贵族的城市居民子弟入学用的；中学专为官吏和贵族子弟设立的，它与大学保持衔接关系，以培养和他们身份相称的人。

1848年法国革命后，尼古拉一世采取种种措施，加强对学校的控制，力图把学校完全变成维护沙皇专制制度的工具。那些措施中包括教学大纲删去自然科学的内容，教学方法一味追求形式，推行兵营式的管理体制，施用体罚。还规定学校应受东正教会的监督。1817年国民教育部更名为宗教事务和国民教育部。

喀山大学

大学的设置则呈增加的趋势。十九世纪初,俄国有大学三所——莫斯科大学、捷尔普特大学和维尔诺大学。后一所于1832年停办。1804年增设哈尔科夫大学和彼得堡师范学院,1814年创立喀山大学。其中圣彼得堡师范学院自1816年改称中心师范学院,1819年再改名为圣彼得堡大学。所以俄罗斯三所名牌大学习惯上依设立的时间顺序排为:莫斯科大学、圣彼得堡大学、喀山大学。1834年才设立基辅大学。

与此同时,政府还开办了若干为特权阶层服务的高等学校。如1811年开办皇村学校(属于高等法政学校,学校包括从初级到高级的全部内容,供贵族子弟入校连读,并寄宿)。1805年在雅罗斯拉夫尔开办索米多夫斯基高等科学学校。1817年在敖德萨开办里塞尔耶夫斯基高等法政学校。1820年在涅仁开办高等科学中学。1810年在圣彼得堡开办交通道路工程师学院。1828年开办彼得堡工程学院,1829年开办彼得堡民用工程师学院等。

不过,沙皇政府对于大学和高等专业学校里的科学和自由思想很不放心,仍处心积虑要加强控制。1835年的大学章程就取消了大学自治制度(1804年条例所规定的),废除选举校长、系主任等制度。规定教授应服从政府任命的督学,进步的教师被逐出学校。因不满于社会而进行秘密活动的学生,被开除或勒令退学的事例,俯拾皆是,著名史学家格兰诺夫斯基讲课生动、内容深刻,极受学生欢迎。仅仅因为没有在讲历史过程中承认"神的支配地位",便被禁止讲授世界史公共课。

对此类事件,内廷第三厅厅长,宪兵头子亚·赫·本肯道尔夫(А.Х.Бенкендорф)说明:"不应急于教育,使平民在他们了解的范围内不至于提高到国君的水平,从而不图谋削弱国君的权力。"这也足以证明沙皇政府的愚民政策及其目的。

不过,客观现实的发展还是推动了教育事业,在校学生日渐增多。国民教育部所辖学校和教会学校的学生,从1808年的7700人,增至1824年的近12000人,再增至1834年的13000多人。1834年各类学校学生总和近25万人,约占全国5000万人口的5‰。可见教育还是很落后的。

这种落后的局面。要到十九世纪中期才有重大的改变。具体说来,是从1861年废除农奴制才开始改变的。

2. 学制的形成

六十年代,废除农奴制、工业发展以及社会进步,推动了学校改革。沙皇政府于1864年制订了《国民小学章程》,规定废除等级制、扩大小学教育,允许社会团体和个人办学。地方自治局也开起了国民学校。

根据1863年法律,大学获得自治权。七十年代,彼得堡建立高等女子讲习所和女子医科讲习所,这在俄国历史上首次有了女子高等教育。

但到了八十年代,反动势力抬头,政府取消了大学自治权,限制国民学校数量,恢复学校等级制并对教师的严密监视。

依据当时的章程,中学分为三类:讲授拉丁语和希腊语的古典中学;只讲拉丁语的古典中学;讲授现代语、自然科学和绘画的实科中学。但实科中学受限制,毕业生不得升入大学。

由于各种限制,学校教育发展缓慢,学生人数不多。当时俄国的欧洲部分有各类学校共58600所,学生280万人,女生占1/4弱。

居民识字的人数比例仍很低。1861年前识字人数占全体居民数的1/15,1897年升为1/5。农民识字者的比例在六十年代为5%,到1897年上升为17.4%。但在高加索和西伯利亚,仅为12%,而中亚地区则不足5%。

因而文盲率是很高的。至十九世纪末,据1897年的调查,俄国居民中的文盲率,在男子中为70.7%,在妇女中高达86.9%。

到二十世纪初统计,在1914—1915学年,俄国有小学119400所(多数是三年制的),小学生860万人,学龄儿童入学率为20%。中学4000多所(包括不完全中学),学生110万人。高等学校105所,学生12万7千人。

高等学校集中设在圣彼得堡和莫斯科两地,其余地点也有若干所。据1900年的情况,高等学校著名约有:

圣彼得堡——圣彼得堡大学(其中贵族和官吏的子弟占2/3)、工学院、矿业学院、林学院、交通学院、民用工程学院、电力学院、音乐学院、美术学院和外科医学院(即军医学院)。

莫斯科——莫斯科大学(系全国最大的学府,学生4400多人)、彼得罗夫农业大学、高等技术学校(后名为鲍曼大学)、绘画雕塑与建筑学院、音乐学院、拉扎列夫东方语言学院。

外省的高校著名的如哈尔科夫大学、基辅大学、尤里耶夫大学(即塔尔图大学)、华沙大学、喀山大学、敖德萨大学(1865年新建)、托木斯克大学(1888年新建)。托木斯克大学是西伯利亚地区第一所高等学校,初建时只设有一个医学系。

当时大学生的成分,大多数来自贵族、官吏和神职人员家庭。

中学改革的情况比较复杂。七十至八十年代,反动势力重新抬头时,政府为了加强控制,限制非贵族子弟入学。国民教育大臣德·安·托尔斯泰(Д.А.Толстой,1823—1889)主张建立清一色的古典中学,1871年下令取消实科中学。文科中学一律改为古典中学。在这些学校中,拉丁语和希腊语的学习时数占总学时的百分之四十。教学是半经院式的,枯燥无味。同时又提高学费,减少招生人数。

后来,为了给工商企业补充服务人员,不得不重新开办实科中学。至十九世纪末,由于广大知识分子对中等教育的不满,才允许私人开办学校。而中等教育中的古典主义传统则遭到科学、教育界人士的普遍抨击,从而逐渐减少,至1902年,已经只剩下不多的几所中学保存古典主义教育体系。

至二十世纪初年,俄国的学制情况概括为:

① 小学,分为一级小学、二级小学和高等小学三类。一级小学是主要的形式,学制三至四年。二级小学又分成前后两级,各为前三年和后两年。高等小学是1912年法令设立的,学制四年,招收一级小学毕业生入学。

小学按举办单位的不同,分为市立、部立、地方立以及工厂小学或教区小学。

还有一些初等职业学校(与高级小学平行),招收一级小学的毕业生入学。计有技工学校、农业学校、商业学校、师范学校等,学制3—4年。

② 中学,男女分校。分开设立男子中学和女子中学。

男子中学主要为八年制文科中学。其余为七年制实科中学、七年制陆军学校、七至八年制商业学校。共四种。

女子中学分为七年制女子文科中学、六年制教区女校和八年制贵族女子学校(亦称贵族女子学院)三种。

③ 高等学校,分工、农、商、医、经济、师范等科类,学制均为4—5年,男女分校。

3. 教育家乌申斯基

十九世纪俄国杰出的教育家是康·德·乌申斯基(К.Д.Ушинский,1824—1870)。

他出生于图拉市的一个官吏家庭。1844年毕业于莫斯科大学法律系,1846年任雅罗斯拉夫法律专科学校代理校长,两年后被解职。

乌申斯基深受社会运动和启蒙主义思想的影响,从1857年起先后在《教育杂志》发表一系列论教育的文章,成为闻名的教育理论家。主要论文有《论教育著作的益处》、《论公共教育的民族性》和《学校的三要素》。

他1859—1862年在彼得堡任斯莫尔尼贵族女子学校学监,彻底改革该校制度,实行新的教学计划,规定俄语为主要学科,教学中广泛运用直观原则和实验室等。后因被校长和保守派教师反对而去职。在任期间,他又在《教育部公报》发表多篇论文,重要的有:《劳动的心理和教育意义》、《师范学校草案》等。在1861年还编出初级小学的俄语读本《儿童世界》。

1862—1867年乌申斯基侨居国外期间,考察了国外的女子教育,写成小学教科书《祖国语言》及教学法指要,完成著作《人是教育的对象》第一、二卷。回国几年后他因肺病于1870年12月22日去世。

乌申斯基提出了系统的教育理论,主要有教育三原则:民族性、科学和宗教。民族性是他教育思想的基础,指以进步的民族传统教育儿童,重视民族语言和历史的教学,反对抄袭其他民族的教育制度。他所理解的民族性指每一个民族的特点,他的《在论公共教育的民族性》一文作了充分的论述。

关于科学原则,乌申斯基认为教育理论应当由生理学、解剖学、哲学、历史和其他科学知识做出的教育经验,加以总结而成。因此,他指出教育学旨在从各方面来教育人,那就首先应该了解人,研究在一定环境中,生活、行动和发展着的人及其心理,而不是处于时间和空间之外的人的心理。这是他在《人是教育的对象》这部著作中的主要观点。

同时,乌申斯基认为,人应当在智、体、德育诸方面和谐地发展,而教育恰好是为了有针对性地培养出和谐发展的人。在诸方面的教育中,德育又是首要的方面。乌氏这些论述对后代都有现实意义。

关于宗教的原则,它起初是在乌氏的德育观点中占主导的地位,后来已让位于"为国家培养有义务感的公民"了,这就是说宗教的因素已改为社会义务感的因素了。这成了德育的主要内容。而德育的另一项主要内容则是劳动。他在《劳动的心理和教育意义》一文中就论述劳动是使人获得正确发展的必要条件,是人的体力、智力和道德完善的必要条件。

乌申斯基还论述教师的重要作用,指出,教师不仅进行教学,同时也进行教育;教师不仅是一个教学工作者,而且是一位教育工作者。

乌申斯基创立了俄国教育学的体系,他不但是一个卓越的俄国教育家,而且是俄国国民学校的奠基人。

第三节 科学技术

整个十九世纪是俄国科学技术加快发展的世纪,这种势头在世纪上半叶已露端倪。

1. 非欧几何学的产生

自然科学有长足的进展。上半世纪,在数学力学方面,喀山大学教授尼·伊·洛巴切夫斯基(Н.И. Лобачевский,1792—1856)改变了欧几里德几何学中的平行公理,提出新的"双曲几何学",成为非欧几何学

洛巴切夫斯基

的创始人之一。其论文的题名为:《几何学基础简述及平行线定理的严格证明》(1826)。后来,他出任喀山大学校长(1827—1864),长期领导喀山大学,使之在俄国教育和学术界占有显著的地位。

在物理学方面,电工学家鲍·谢·雅科比(Б.С.Якоби,1801—1874)于1839年创造了世界上第一台实用的直流电动机,首次试行了电力拖动船舶,并发明了电铸术,研究了取下电铸复制物的工业方法。

在铁路交通方面,1834年由叶·阿·切尔潘诺夫(Е.А.Челпанов)和姆·叶·切尔潘诺夫(М.Е.Челпанов)父子机械师在下塔吉尔斯基工厂建造了第一条行驶蒸汽机车的铁路。1837年建成了彼得堡至皇村的铁路。1851年建成彼得堡至莫斯科的铁路。在冶金技术方面,由普·姆·奥布霍夫(П.М.Обухов,1820—1869)创造的方法炼出性能优异的大型钢锭,于1860年用以做成性能优异的大炮。1863年,圣彼得堡的奥布霍夫兵工厂依此建立起来。

在地理学方面,十九世纪上半叶进行了一系列大规模的地理探险,包括环球旅行、探察北冰洋和南极洲。1845年成立了俄国地理学会,有计划地组织考察探险。

社会科学方面,哲学、政治经济学、法学、史学、文艺理论的发展都同俄国解放运动有着密切的关系。从解放运动约两个阶段看,第一阶段贵族革命时期就有杰出的贵族革命者,第二阶段则是平民知识分子,他们在理论上都有建树,主要是唯物主义哲学和革命民主主义的理论。

到了下半世纪,无论自然科学,还是社会科学,都推出了一批著名的科学家和学者。

2. 门捷列夫

应该说俄国的科学技术发展比西方各国晚得多,十八世纪四十年代才有了首批科学家,出了第一位俄国科学院院士罗蒙诺索夫。在十九世纪上半期,科学技术的发展才较为明显,到了下半期,由于科学技术的猛烈进步,俄国业已跻身世界先进科技国家的行列。

十九世纪俄国自然科学的突出成就在化学和生物学方面。而十九世纪下半叶可以说是俄国化学的黄金

门捷列夫

时代。1869年,圣彼得堡大学教授德·伊·门捷列夫(Д.И.Менделеев,1834—1907)发现了化学元素周期律。这个周期律是自然科学的基本定律之一。它说明,所有化学元素都有密切联系,它们按照一定次序排列起来时,元素性质就会按照周期重复出现。依照周期律,人们能够把形形色色的化学现象联合成一个严整的整体,而且能够预测出未知元素的性质。

门捷列夫在其所著《化学原理》中,探讨了各种化学元素性质之间的关系,将已知元素按原子量递增的顺序排列成表,不但发现了化学元素具有周期性变化的规律,而且预言周期表上的空缺,将由未知元素来补充。果然后来发现的新元素——证实了门氏的预测。

门氏还有其他方面多项贡献,大多与化学学科有关。如1890—1891年,门捷列夫提出了无烟火药的制造方法。此外,他还为俄国的石油工业、化学工业、农业化学,甚至北极地带的开发等问题提过方案。

十九世纪下半叶,还有另一位杰出的化学家亚·米·布特列罗夫(А.М.Бутлеров 1628—1886)。他是有机化学家,起初任喀山大学教授,后为彼得堡大学教授、俄国科学院院士,以创立化学结构理论闻名于世,并在该理论指导下合成了多种在科学和实用方面有重要意义的化合物。他发现的异丁烯聚合反应是高分子化合物化学的开端。

3. 谢切诺夫

在生物学领域,出现了杰出的生理学家伊·米·谢切诺夫(И.М.Сеченов,1829—1905)。他第一个对人类的精神活动进行了科学研究,指出大脑活动的物质过程是"精神生活"的基础。他关于大脑反射作用的学说,对自然科学和唯物主义哲学的发展都起了进步作用。谢切诺夫所写论文《将生理学原理运用到心理过程的尝试》,因遭到书刊检查机关禁令,未能在《现代人》杂志刊出,后修改成《大脑的反射作用》一文于1863年刊于《医学通报》上,引起反响。谢氏反对把灵魂看成不依赖人体和

谢切诺夫

外部世界的独立本质,而把心理活动看成大脑的功能。他具有浓厚的唯物主义观点,力图探索出自然科学本身的规律。

4. 巴甫洛夫

另一位著名生理学家伊·彼·巴甫洛夫（И.П. Павлов, 1849—1936）创立了高级神经活动学说。他出生于梁赞省，1875年毕业于彼得堡大学，1879年毕业于外科医学院，1883年获医学科学院医学博士学位，1890年起为生理学教授。巴甫洛夫毕生研究的是循环系统生理、消化系统生理和大脑生理。他通过大量实验和观察高级神经活动，从而创立了条件反射学说。这一学说揭示了一系列发生于大脑中的复杂活动过程。

巴甫洛夫

十月革命以后，巴甫洛夫进一步创立了关于高级神经活动类型的学说，形成了关于人所特有的神经活动原理——构成人的思维基础的第二信号活动学说。巴甫洛夫的高级神经活动学说对于医学、哲学和生理学都是重大的贡献，而且在这几个学科中都有巨大的影响。他于1904年获诺贝尔生理学和医学奖。

5. 季米里亚捷夫

季米里亚捷夫

在生物学领域还出现了著名的植物学家克·阿·季米里亚捷夫（К.А.Тимирязев, 1843—1920），植物生理学中俄国学派的奠基人。他首先研究了绿色植物的光合作用，著有《植物的生活》、《查理·达尔文和他的学说》等。季米里亚捷夫发现了植物的空气营养——光合作用，证明自然界物质和能量循环中有生命的和无生命的物质之统一和联系，证明植物从大气中吸收二氧化碳，利用日光能量和叶绿素进行的这种光合作用。此外，季米里亚捷夫还是达尔文的忠实信徒，在物种、遗传学说诸方面都有新的发展。

十九世纪下半期，俄国地理学和地质学也有许多成果，有著名的地理考察旅行家恩·姆·普尔热瓦尔斯基（Н.М.Пржевальский, 1839—1888）等。

第四章

近代文化（十九世纪，下）

第一节 艺术

《伏尔加河上的纤夫》 列宾 1870—1873年

1. 绘画与雕塑

十九世纪初，俄国美术与俄国解放运动有密切关系，主要表现为两种思想剧烈的对抗。一种主张"高雅的自然"、"纯艺术性"，提倡学院派的古典主义，并要求用宗教感情作为衡量美术作品的标准，实际上企图让美术脱离生活。另一种人主张摆脱古典主义，反对"为艺术而艺术"的理论，希望美术贴近生活，表现出现实性和时代性，而且要描绘人民，增强人民性，争取为社会和人民所理解和需要。

这样的争执广泛反映在绘画、雕刻和建筑各个领域，以绘画最为明显。而主张现实主义的一派陆续推出了一批成果和作品：有描绘反对拿破仑入侵的卫国战争、歌颂战争英雄和贵族革命家以及普通人民的；有描绘普通人的生活和大自然的诗意美的；有借历史题材或宗教题材反映人民求解放摆脱农奴制的愿望的。总之，绘画的现实性日益增强。

历史画

俄罗斯民族的自觉意识促进了历史画的发展,并且风靡一时。爱国主义和英雄主义成了绘画的新内容,古希腊罗马神话故事和英雄故事的题材减少了,代之以大量尊奉俄国王公、开明君主的画作。由于画了重要的历史人物,这些作品既是艺术珍品,又是有价值的历史文献。重要的历史画家有:

阿·伊·伊凡诺夫(А.И.Иванов,1776—1848)是有名的学院派历史画家,主要作品有:《968年别切涅格人围攻基辅时一个年轻基辅人的功勋》(约1810年)和《姆斯季斯拉夫大公和烈杰特大公的单骑战》(约1810年)。前者表现一个基辅青年,勇敢地穿过敌人的阵地,去向自己的部队告急的情景;后者描绘俄罗斯大公英勇顽强战胜强大的拿破仑军队的情节。这些作于卫国战争前后的画幅,显示了俄国人反抗侵略的爱国主义热忱,其思想内容和社会价值自然能得到广泛的肯定。

维·克·舍布耶夫(В.К.Шебуев,1777—1855)在1812年的卫国战争时期,创作了许多历史题材的画,贯穿着历史主义精神,主要的有:《彼得大帝在波尔塔瓦战役中》(1839),《商人伊戈尔金的功勋》(1839)。此外,他也善于画宗教画,不过所画圣徒并不尽符合教规,反而多表现其内心世界,使得画面显得很生动。舍布耶夫也属于学院派艺术家。

费·阿·布鲁尼(Ф.А.Бруни,1799—1875)也是俄国学院派艺术的代表人物,早期的作品也多为历史画,如《戈拉齐伊的姐姐卡米拉之死》(1824)表达了爱国主义和自我牺牲的精神。

学院派艺术家有其突出的贡献,为俄罗斯民族的绘画打下了精致和规范的基础。不过三十年代以后在政治高压的气氛下,他们也趋向于保守,因而显得墨守古典主义的陈规,却步不前。

肖像画

随着解放运动的开展,出现了许多有名的人物,也带动了肖像画的繁荣。它描绘的人物已不再是宫廷显宦,而是贵族革命家和平民知识分子。画风也具有鲜明的现实主义,既忠实于人物的外形,又注意表现人物的内心。重要画家有:

奥·阿·基普连斯基(О.А.Кипренский,1782—1836)。他是十九世纪上半叶俄国最杰出的肖像画家,代表作《达维多夫肖像》(1809)和《普希金肖像》(1827)已成了不朽之作。其特点是着力于展示人物的崇高品质和丰富的感情,使人物与环境有机地联系起来。为使人物的个性和神韵得到充分表现,他往往用细致的画工,准确的线条和明暗闪变的手法。

弗·阿·特罗平宁(В.А.Тропинин,1776—1857)是出身于农奴的画家,作品有鲜明的民主主义倾向,对平民表现出热切的关注。代表作《儿子的肖像》(1818)塑造了一个天真可爱的孩子形象。他的表情爽朗、自然,画幅色彩柔和。还有《花边女》(1823),人物形象栩栩如生,既是肖像画,也是风俗画。

风景画

十九世纪上半叶,风景画已经注意把现实与大自然联系起来,增强了现实主义感,主要的画家有:

伊·克·阿伊瓦佐夫斯基(И.К.Айвазовский,1817—1900)是享有世界声誉的俄国风景画家,代表作为《第九级浪》(1850),画作描绘了气势磅礴的海浪及人与自然搏斗的惊心动魄的景象。他从三十年代开始走上画坛名手的地位,此后长期致力于描绘海洋风景,地中海、黑海、克里木尤其是他关注的对象,不断形之于画。他作画能使画面充满抒情又激动人心的气氛。

谢·费·谢德林(С.Ф.Щедрин,1791—1830)是另一位风景画名家。其作画的特点是面对大自然,仔细观察光和色的变化,探索表现空气和阳光的技法。代表作有《新罗马,圣安格尔城堡》(1823)和《海滨露台》(1828),画面富有生气,人与风景融为一体。

风俗画

随着民主思潮的高涨,一批艺术家也把眼光投向下层、普通人的生活,尤其是创作了一批描绘农民纯朴生活的作品,使得艺术也开始走向民主化,并出现一批风俗画家。这样,俄国风俗画便显出了蓬勃生机。著名的风俗画家有:

阿·格·维涅齐阿诺夫(А.Г.Венецианов,1780—1847),创作道路从肖像画开始,注重表现人物的感情和心理。他尤其同情农民的疾苦,喜爱表现民间的生活,后来转向以画风俗画和风景画为主,多以大自然为背景,描绘俄罗斯的乡村生活,突出俄罗斯农妇和儿童的劳动情景。代表作有:

莫斯科特列季亚科夫画廊　1856年建

《打谷场》(约1821—1823)、《春耕》(作于十九世纪二十年代)、《夏收》(作于十九世纪二十年代)、《沉睡中的牧童》(1823—1824),以及《洗甜菜》、《女地主的早晨》等。

曾·阿·费多托夫(П.А.Федотов,1815—1852)原是一位家境清寒的普通军官,后来为了从事艺术创作而抛弃了军职。他善于画十七世纪三十到四十年代的没落贵族、官吏和市民,从说笑、讽刺的速写开始,逐步转向对农奴制社会黑暗的揭露。《少校求婚》(1848)一画使他一举成名。从此,费多托夫被誉为绘画艺术中的果戈理、俄罗斯批判现实主义绘画的奠基人。他的创作是基于现实生活中的各种社会典型,逐渐形成独特的讽刺性风俗画风格。他绘画的题材很广,创造了商人、官吏、军人等多种形象。著名的有:《初获勋章者》(1846)、《跳一次,再跳一次!》(1851—1852)等。但由于社会环境的恶劣,他因为画幅具有强烈的批判精神

画廊创办人巴·米·特列季亚科夫　1855年

而备受检查机关的折磨和刁难,不得不在忧伤和痛苦中度过余生,最后因贫病交加而死于彼得堡精神病院。晚年创作的《小寡妇》和《安科尔,依旧是安科尔》两幅画就反映了他那时的忧伤情绪。前一幅画一个痛苦无告、无法自卫的妇女。后一幅绘一个沮丧、无望的落魄者。

学院派绘画

十九世纪三十、四十年代社会思潮的活跃导致了学院派绘画艺术的分裂。本来,该派艺术在十九世纪前半期已经显得很不景气,有一些人受反动政治高压的影响,倾向于消极,或趋于神秘主义。但有一些人则奋力革新,因接受民主思潮的影响,也力图使艺术走向民主化。他们努力摆脱古典主义固定模式的束缚,逐步给画面注入生活的活力,因而画的虽然是圣经故事和古代历史题材,仍旧与学院派传统保持联系,但已经注入了现实的生活内容,表达的是当代的思想。这样的代表画家如勃留洛夫和伊凡诺夫。

克·普·勃留洛夫(К.П.Брюллов,1799—1852)在肖像画、风俗画和风景画诸领域都有造诣。尤其工于历史画。他于1830—1833年在罗马创作的名画《庞贝城的

圣彼得堡　喀山大教堂
建筑师安·尼·沃罗尼欣　1801—1811年建成

末日》[1],表现了古城庞贝被维苏威火山所吞没的悲惨情景,和人们在那悲惨时刻显示出来的美好情操。这幅画精工劲爽、形象优美,在意大利和巴黎展出时都获得好评,在巴黎荣获金质奖章,在彼得堡展出时也获得普遍赞扬。名作家赫尔岑在解释这幅画的构思时说:人们"正在野蛮、笨拙、不公正势力的打击之下倒下去"。

勃留洛夫于十九世纪二十年代在意大利创作的《意大利的早晨》、《意大利的晌午》等画也很有名。

亚·阿·伊凡诺夫(А.А.Иванов,1806—1858)的名画《基督出现在人们的面前》(1837—1857)是俄国绘画史上用宗教题材和基督形象表达现实主义内容的创举。画中,耶稣处于远处,突出的是人们对耶稣的态度和耶稣降临的场面。作品表达出被奴役的人们对自由、正义的渴望和期待社会新人出现的心情。这是画家以近三百张写生习作为基础才能精心制作出来的一件艺术珍品。除此之外,他画的《阿波罗、柏树、风信子》也是颂扬自由和自主的精神。其他的这类题材的画也具有这样的特点。

雕塑

十九世纪俄国开始出现一些大型雕塑。最早的两座浅浮雕就是喀山教堂的《喜庆》,还有该教堂的大檐壁《水从摩西山石中流向沙漠》,均为伊·普·马尔托斯(И.П.Мартос,1752—1835)的作品。

位于圣彼得堡市中心的喀山大教堂建于1801—1811年,由建筑师阿·恩·沃罗尼欣设计,基本结构是两座半圆形柱廊,单圆顶。每座柱廊有四排圆柱,内部宽大美观。人置身于圆柱之间,彷佛是在树林中徘徊,被一支支圆柱从四面八方团团围住。而那些雕塑无疑给教堂又添了一层胜景。

其他稍晚出现的雕塑作品还有:圣彼得堡海军部大楼的雕塑群、莫斯科红场上米宁和波扎尔斯基的雕像(此系马尔托斯于1808—1818年所塑成的作品),以及当年俄军统帅库图佐夫和巴克莱·德·托利像,后两尊像系由勃·伊·奥尔洛夫斯基(Б.И.Орловский,1793—1837)所塑造的。

---

1 意大利古城庞贝于公元79年因火山爆发而陷入地下。

2. 巡回展览画派

农奴制改革前后,国内民主运动促进了画家们的思想动荡,反映社会生活的呼声日高,1863年,以伊·尼·克拉姆斯科依(И.Н.Крамской)为代表的一批青年学生画家,即已经突破宗教神话题材,面向现实生活的一派人,提出以自由命题的绘画来参加彼得堡美术学院举行的金质大奖赛。学校则以选题必须按院方的规定为由加以拒绝。这样,那批人便愤然离校,独自创办"圣彼得堡自由美术家协会"。史称这次事件为俄国艺术史上有名的"十四人暴动"。

该美术家协会接受订货、举办画展,既营利以生存,又实践现实主义绘画原则,一批画家颇有建树。这里随后成了进步美术家的活动中心。

1870年,由克拉姆斯科依、米亚索耶多夫(Г.Г.Мясоедов)、尼·尼·格(Н.Н.Ге)、彼罗夫(В.Г.Перов)发起,成立"巡回艺术展览协会"(1870—1923),并在1871年于圣彼得堡举行第一届画展,在四个城市巡回展出,此后,展览规模不断扩大,次数随之增多,至二十世纪初,共举办了上百次的绘画、雕刻展览。在1886年举行的第十五届画展时,展出的城市已增至15个,有成千上万的观众参观,是俄国绘画的大普及。"巡回展览画派"的出现,掀开了俄国美术史上辉煌的一页,达到了俄国绘画发展史上的高峰。

巡回展出的画品有不少已成为垂名艺术史册的精品,如著名的马克西莫夫(К.А.Максимов)画《巫师前来参加农民婚礼》、《分家》、《一切都成为过去》,米亚索耶多夫画《地方自治局的午餐》(另译《县地方自治局会议在午餐的时候》)、《农忙期间》,萨维茨基(К.А.Савецкий)画《迎圣像》、《装卸工人》,马科夫斯基(В.А.Маковский)画《被判罪的人》、《街心花园》,雅罗申科(Н.А.Ярошенко)画《大学生》、《女高校学生》,以及克拉姆斯科依画的托尔斯泰、涅克拉索夫诸作家和希什金诸艺术家的肖像。

巡回展览画派以民主主义思想为旗帜,实行现实主义创作方法,以民族精神和现实主义的绘画风格聚合并团结那批有作为的画家,从而达到了前所未有的成就。其中,某些个人的成就尤为突出:

伊·尼·克拉姆斯科依(1837—1887),在绘画和美术理论都有成就。艺术观系受车尔尼雪夫斯基美学理论的影响,创作上则范围广泛,涉及风格画、风景画各领域,又擅长于作人物心理刻画,如名作《在荒野中的基督》(1872)、《托尔斯泰肖像》

(1873)、《希什金肖像》(1880)和作家冈察洛夫、诗人涅克拉索夫、演员萨莫依洛夫等名人的肖像,还有农民肖像画:《米·纳·莫依谢耶夫》(1882)、《带马勒的农民》(1883)。另外,两个富有典型意义的俄国妇女形象也极为成功:《无名女郎》(1883)和《无法慰藉的悲痛》(1884)。

格·格·米亚索耶多夫(1834—1911),他的创作以七十至八十年代俄国农村生活题材而闻名。其代表作是《地方自治局的午餐》(另译《县地方自治局会议在午餐的时候》,1872),有力地揭露了农奴制改革的虚伪性。

尼·尼·格(1831—1894)的重大贡献则在于历史画。代表作《彼得大帝在彼捷尔戈夫审问太子阿列克塞·彼得洛维奇》(1871)生动地表现了彼得父子之间的矛盾,透过它显示了改革与反对改革两种力量的较量。

瓦·格·彼罗夫(1833—1882)的主要成就在风俗画和肖像画。在肖像画方面,有一批作家和艺术家经过他的画笔留下了传诸文坛的不朽形象,如流传久远的《陀思妥耶夫斯基肖像》(1872)就是随着陀思妥耶夫斯基文集、全集、传记以及回忆录各种书籍的出版而屡次被采用,从而广泛传播的。它十分逼真地画出了作家神经质的手、凝滞的目光,并表达了作家苦闷的内心世界。据作家夫人安娜·陀思妥耶夫斯卡娅回忆,画家征得作家的同意,多次到后者家中观察其工作和日常生活神态,作了充分的考察和构思之后才形诸画笔,使得肖像与本人达到形神兼备,酷似本人,连陀氏本人都表示满意。这类名人肖像还有《奥斯特洛夫斯基肖像》(1871)等,大都作于六十—七十年代,并与其所作的农民肖像《猫头鹰福姆什卡》(1868)等齐名。

彼罗夫在此之前,曾于六十年代创作出大批风俗画:《农村中的布道会》(1861)、《复活节的农村宗教行列》(1861)、《梅什金的茶馆》(1862)表现了教皇的伪善和教士精神的低下。而《送葬》(1865)、《三套马车》(1864)则表现了农民生活的凄惨,尤其后者画出三个可怜的孩子,恰似三套马车的马,在严寒天气里为富人运水的艰难图景。还有《家庭教师来到商人家里》(1866)也描绘了小人物备受屈辱的生活遭遇。总之,彼罗夫的风俗画具有批判现实主义的风格,它取材于现实生活,暴露社会的不公正、小人物和下层人民的孤苦无告。例如他晚期的名画《淹死的女人》。

3. 列宾

伊·叶·列宾（И.Е.Репин，1844—1930)出生于乌克兰的一个军人移民家庭，1863年迁居彼得堡，后入彼得堡美术学院学习，成名作为《伏尔加河纤夫》(1870—1873)，这幅画反映了劳苦人民灾难深重的生活同时又表现出纤夫们，即劳动人民的体现者身上的巨大力量和坚毅精神，几乎成了俄国油画的杰出代表。1871年他再以名画《睚鲁女儿的复活》荣获金质大奖章，并且得以出国深造。

列宾

列宾把他在国内受到的严格技艺训练，同在国外学到的新的艺术技巧相结合，很快有了飞速的进步，其所作《巴黎咖啡店》(1875)、《萨特阔》(1876)等油画，不仅是国外时期的重要收获，而且成了传世名作。

列宾于1876年回国，立即进入创作的旺盛时期，题材广泛，作品量大，多有名画。有反映宗教生活并揭露某些神职人员的丑态，又描绘农村教会敬神活动、阶级分化等现象的油画《司祭长》(1877)、《库尔斯克省的祈祷行列》(1880—1883)。有描绘民粹派运动、反映对抗沙皇专制制度的革命家的诸种油画如《宣传员被捕》(1880—1892)、《拒绝忏悔》(1879—1885)、《不期而至》(1884—1888)。画中寄托了画家对他们的革命精神的崇敬和深切的同情。

列宾的油画中被作为突出事件提起的是一幅在1885年参加圣彼得堡巡回展览时令观众极为震惊的名画《伊凡雷帝和他的儿子》(见本书第一章第三节第14页插图)。画中伊凡雷帝抱住在自己盛怒之下刺死的儿子，其痛苦的神情使人惊心动魄。作品一方面表现了伊凡雷帝暴烈的个性，另一方面也是对专制制度不人道做出强烈的控诉。

还有一幅是巨型群像画《国务会议》(1901—1903)，描绘十九世纪末二十世纪初俄国统治阶级的种种面貌，展出时也引起轰动。由于它既反映了现实的进展，又是历史的记录，意义非同凡响。

列宾也是杰出的风俗画和历史画家，他擅长刻画人物的心理，为科学家、社会活动家、文学家、音乐家、戏剧家，以及画家等各界名人作肖像画，总是达到逼真并且形神兼备的地步，如优秀名画：《穆索尔斯基肖像》(1881)、《托尔斯泰肖像》(1887)

等。

列宾受革命民主主义思想影响,积极参加进步艺术家的活动,遵循现实主义的绘画原则,以广泛的创作题材、卓越的艺术技巧,多方面地描绘了俄罗斯的世态人生和历史大事,其创作构成了俄国美术史上整整一个时代,并对俄国批判现实主义美术创作起到了有力的推动作用。他的创作独特,画技新颖又不脱离传统,深受当年观众的欢迎,其绘画风格早已被公认,享有"列宾画风"之专称。

4. 苏里科夫

瓦西里·伊凡诺维奇·苏里科夫(В.И.Суриков,1848—1916)是十九世纪下半叶出现的与列宾并列的一位杰出画家。他出生于西伯利亚克拉斯诺亚尔斯克的一个哥萨克家庭,1869年入圣彼得堡美术学院学习,1875年毕业。成名作《近卫军临刑的早晨》(1881)以十七世纪近卫军反对社会改革的史实为题材,生动地表现了近卫军战士视死如归的精神,该画于1881年第九次巡回展览会展出时引起震动,令观众久久不忘,列宾给予高度的评价。此外,还有《女贵族莫罗佐娃》(1887)反映尼康大主教的宗教改革所引起的社会冲突和莫罗佐娃为其所信奉的真理宁死不屈的勇敢精神,《缅什科夫在别廖佐沃》(1883)表现彼得大帝改革时代的终结,这些油画都是描绘历史大事的成功之作。

苏里科夫的历史画往往能出色地刻画历史人物的面貌神采和内心感情,使二者相得益彰,并且兼具有场面宏大的历史场景和多层次结构的画面。如《苏沃洛夫越过阿尔卑斯山》(1899)、《攻陷雪城》(1891)、《斯捷潘·拉辛》(1909—1910)等都体现出画家的民主主义思想。

苏里科夫以历史画著名,也擅长于人物众多的风俗画和优美的肖像画,突出的如《西伯利亚美人》。他的画总的特点是气势雄伟,以群众为主要对象,堪称"群众的画家"。他画的群众虽然人数众多却都有其个性,每个人的相貌、表情、衣着、动作、姿态均各具特点,互不雷同或重复。同时,他的历史画记录的是一个个历史事件,相互之间都有内在关连,这些画彷佛是俄国历史进程中的一个个纪念碑。

苏里科夫和列宾一样成了巡回展览画派最杰出的画家。他死后莫斯科美术学院改名为苏里科夫美术学院,以纪念他对于美术的贡献。

其他画家还有希什金(И.И.Шишкин)、列维坦(И.И.Левитан)等,他们是著名的俄罗斯民族风景画派的代表。

5. 音乐

十九世纪头二十五年,俄国人民的民族自觉意识高涨,表现在文学艺术上就是思潮活跃、流派纷呈。1812年的卫国战争第一次向文学艺术提出了人民命运的主题。随之,普希金和十二月党人的积极浪漫主义,表达了热爱自由的英雄主义激情和气概。这一切,也同时在音乐中反映出来。

最明显的是卫国战争中出现许多士兵歌曲,一方面表现战斗的豪放欢乐和浪漫主义的抒情,另一方面还对社会的不公正以及沙皇军队的残酷制度表示抗议。如1828年近卫军歌曲,就反映士兵对尼古拉一世的军队生活表示不满和反抗。十二月党人套用流行的浪漫曲曲调和其他歌曲曲调填词,既为民众所喜爱和易于接受,又很好地传播了革命和民主思想。这类例子,不胜枚举。

诗人雷列耶夫(1795—1826)的著名革命歌曲《唉,在家乡我也厌烦》,就是用流行的士兵歌曲《在异乡我多寂寞》的曲调配词而成的。别斯图热夫(1803—1826)将自己写的起义诗《不是风在潮湿的松林里飒飒响》配上流行歌曲《雾已降临到蓝色的海洋上》的曲调,非常成功。

此外,以表现人民生活的抒情歌曲为基础,发展出了丰富多彩的浪漫曲。而俄罗斯的浪漫曲吸收了俄国文化的先进思想后,发展迅速,对后来俄国古典歌剧的产生,发生了极大的影响。

俄罗斯浪漫曲的代表人物,老一辈的有阿·阿·阿利亚比约夫(А.А.Алябьёв,1787—1851)。他在二十年代已是著名作曲家,系格林卡之前最有成就的浪漫曲作曲家之一。其作品《夜莺》已是世界名曲。它充满柔情,富于沉思的气氛。在阿利亚比约夫之前,浪漫曲的题材仅限于爱情,他则扩大题材范围,包括人文主义、爱国主义、道德问题等内容。

另两位代表人物是阿·叶·瓦尔拉莫夫(А.Е.Варламов,1801—1848)和阿·列·古里廖夫(А.Л.Гурилёв,1803—1858)。他们都在相当大的程度上表达了人民的思想感情,叙述了他们迫切关心的问题。像瓦尔拉莫夫创作的《红衣衫》、《雾海孤帆白》和古里廖夫创作的《我亲爱的,你猜一猜》等也已成了名曲。

这三位作家的名曲流传至今,并被奉为俄罗斯浪漫曲的经典。

十九世纪上半叶,音乐的最大成就是形成了俄罗斯独特而新颖的音乐流派——俄罗斯古典音乐,其奠基人是米·伊·格林卡(М.И.Глинка,1804—1857)。他的管弦乐曲《卡马林斯卡娅》、《马德里之夜》是俄罗斯交响乐较早的代表作。还有爱国歌剧《伊凡·苏萨宁》和古典歌剧《鲁斯兰与柳德米拉》也是传诸后世的名作。

6. 格林卡

格林卡是俄罗斯古典音乐的奠基人,在俄罗斯文化史上,与普希金居于同等地位。他不仅总结了前辈的成果,而且发展了民族音乐,使俄罗斯音乐首次走上世界舞台。

格林卡在作《鲁斯兰与柳德米拉》(列宾画)

他1804年6月1日出生在斯摩棱斯克省的一个贵族庄园之家庭,从小喜爱音乐,10岁时曾说过:"音乐是我的灵魂"。从童年起他就注意听学俄罗斯民歌,后来又"以绝大部分时间和精力钻研俄罗斯民间音乐"。他同普希金及十二月党人的认识促进了自己世界观的成熟。他1818—1822年在彼得堡高等教育学院就读时,就创作了许多大型乐曲。1830年第一次出国深造时,他胸怀祖国,决心一定要创造出有俄罗斯风格的民族歌剧和民族交响乐。于是1834年一回国就动手写歌剧,依据茹科夫斯基的建议,他选择了历史故事《伊凡·苏萨宁》为歌剧的题材。1863年他完成了歌剧,同年演出、反响热烈,得到普希金、维亚捷姆斯基、茹科夫斯基、奥多耶夫斯基、果戈理等文化名人的赞赏,使这次演出成了俄罗斯音乐史上的大事件。演出的日期是1836年11月27日,地点在彼得堡大剧院。格林卡从此扬名于世。

《伊凡·苏萨宁》(Иван Сусанин)讲的是一个普通农民为了消灭敌人,不惜牺牲自己生命的悲壮故事。主题和主人公的英勇行为深深地感动了作曲家。他经过潜心创作,果然达到了真实地再现人民的愿望和爱国主义的精神。

1837—1842年,他创作第二部歌剧《鲁斯兰与柳德米拉》,题材取自普希金的同名长诗。它以基辅罗斯时代为背景,叙述基辅青年王公鲁斯兰与大公幼女柳德米拉的富有浪漫和传奇色彩的爱情故事。在鲁斯兰与柳德米拉的新婚之夜,新娘被老巫师契尔诺摩尔劫走。新郎鲁斯兰便与另外三个王公分头去找。那三个人的性格各不相同:罗格丹刚愎自用又凶残,拉特密尔性格平和但追求享乐,法尔拉夫狡诈阴险但胆怯。他们都在追求柳德米拉。鲁斯兰历尽艰险,战胜了罗格丹,与另有艳遇的拉特密尔言和,生擒了老巫,与柳德米拉团聚,最后并宽恕了曾经杀害过自己(他后来被先知的救命活水救活)的法尔拉夫。这个击败魔鬼的故事,表现了善良战胜邪恶,歌颂了英雄和忠贞的爱情。

这部歌剧的音乐内容丰富,形式多变,富有诗意,充满了乐观自信的精神。1842年11月27日在彼得堡首次公演,立即赢得广大听众。可是沙皇和反对派敌人采取公开敌视的态度,攻击歌剧的音乐是"马车夫的音乐"。1845年格林卡再次出国,在巴黎上演他这两部歌剧的片断。

这两部歌剧是格林卡最为重要的作品,它们完整且鲜明地体现了作者多方面的创作才能。作品具有高度的人民性和民族精神,体现了俄罗斯现实主义的崇高理想,开辟了俄罗斯古典音乐的繁荣时期。这两部作品以勇于革新古典传统的精神而载入世界艺术史册。

此外,格林卡也是俄罗斯古典交响乐曲的奠基人。他创作的《卡马林斯卡娅》(1848)系以民歌为素材作成的交响乐幻想曲。此曲是他的交响乐成就达到顶峰的标志,因为其中已经把欧洲古典交响乐和俄罗斯民间音乐完美地结合在一起。它以和谐和乐观主义精神而令人陶醉。柴可夫斯基就说过:"整个俄国交响乐都是从格林卡的《卡马林斯卡娅》中孕育出来的。"

格林卡在交响乐领域的作品,有根据西班牙的民间舞蹈旋律写成的西班牙前奏曲《马德里之夜》和《阿拉贡的霍塔》,还有另一部作品《幻想圆舞曲》也已成为了传世的名作。

在浪漫曲方面,格林卡也有重大的贡献。他的浪漫曲《我记得那美妙的一瞬》,把普希金的《致凯恩》一诗谱曲,生动地表达了诗人对女主人公倾羡的真挚之情,也突出地显现了女主人公的形象,使得浪漫曲具备强烈的艺术感染力,达到思想与感情、内容与形式完美的统一。因而这首浪漫曲也成了俄罗斯浪漫曲的典范。应该说格林卡与诗人普希金的友谊,以及他所受普希金美学观的影响,都是作品成功的可贵条件。

可以说，格林卡为俄罗斯的抒情音乐开辟了一个新阶段。是故，柴可夫斯基赞叹道："格林卡可以和莫扎特、贝多芬……立于同等的地位。"[1]

7. 达尔戈梅斯基

为俄罗斯古典音乐的形成做出了杰出贡献的阿·谢·达尔戈梅斯基(A.C. Даргомыжский, 1813—1869)，出生于地主之家，父为文职人员，母系诗人。达尔戈梅斯基从小得到文艺多面教育，成为多才多艺的人，通文学、戏剧和音乐，尤其在音乐上自小就显露才华，1834年认识格林卡之后，更是如鱼得水。格林卡亲自指导他系统学习音乐基础知识，并传授经验。

1855年写成的歌剧《水仙女》使得达尔戈梅斯基声名远播，1856年3月16日该歌剧在彼得堡的玛丽亚剧院公演，博得一片赞扬，公认为这是在格林卡创作的《鲁斯兰与柳德米拉》之后，又一部具有独特风格的俄罗斯歌剧。

《水仙女》同样是取材于普希金诗的歌剧。这原是流传了几百年的题材，经过普希金的创作，提炼成悲剧性的故事，感人至深。写的是一位受骗的姑娘及其绝望的不幸父亲。达尔戈梅斯基保持了普希金揭示的主题，创作成一部描写风土人情的、有戏剧性的抒情歌剧。该剧以纯朴的生活为背景，着重刻画出富有深刻人性的故事细节和人物心理。作者广泛运用民间曲调，又加以自由发挥，使之具有深厚的民族性。以往人们认为有剧情的歌剧应选择重大历史题材，注入崇高的英雄主义。达尔戈梅斯基则加以改革，改用普通人为主角，并可表达普通人的人物心理，结果获得成功，为俄罗斯歌剧打开了新路。

《水仙女》在俄罗斯音乐史上成了划时代的大事，它与格林卡的《伊凡·苏萨宁》、《鲁斯兰与柳德米拉》两部歌剧并驾齐驱，为俄罗斯的古典歌剧奠定了基础，从此，俄罗斯的民族歌剧乐派就在这个基础上发展起来。

达尔戈梅斯基注意把音乐创作与社会现实结合，配合现实的要求，反映现实。他说："我要声音表达字句。我要真实。"他根据民歌的旋律和语言的特点，提出了"音调现实主义"原理。

在十九世纪四十年代他写了许多民族特点鲜明、民间风俗性和生活气息很强

---

[1] 马尔蒂诺夫：《伟大的俄罗斯作曲家格林卡》，第36页，李阿存译，音乐出版社，1957年。

的作品:包括歌曲和歌剧。六十年代,其创作又有新的发展,主要是作品中出现了对社会含有揭露的倾向,如《蛆》、《九等文官》等,写出了生动而富有特性的官场小人物。因而,达尔戈梅斯基成了六十年代年轻的现实主义民族乐派的先驱。

达尔戈梅斯基写过一百多首歌曲和浪漫曲,其风格大多是深刻、真挚而纯朴的。他一生追求艺术的真实。为了使音乐直接反映生活、表现字句,他努力探索在音调与节奏上与生活关联,即摹拟生活中的语言和朗诵的语调。

他对俄罗斯现实主义民族乐派的创作方法也具有大而深刻的影响。他就像文学中的果戈理一样,也用音乐创作为音乐界的批判现实主义奠定了基础。

十九世纪上半期,俄国音乐开始走向繁荣的几个条件:首先,如上所述出现了几个著名的作曲家,如格林卡、达尔戈梅斯基等,为俄国民族音乐的发展打下了良好的基础。其二,是十九世纪初期以普希金为标志的俄国诗歌,特别是抒情诗达到了繁荣的局面,它促进了抒情浪漫歌曲的发展。俄罗斯的浪漫曲与俄罗斯的诗歌一样,吸收了俄国文化的先进思想,在高涨的民族意识和民主意识的推动下,发展迅速,为后来俄国古典歌剧的产生做了良好的开端。其三,俄国十九世纪初歌剧的主要题材是爱国主义的历史和浪漫主义的传奇。而这些题材不但在普希金等人的诗歌中,而且在当时的音乐前辈中,都已有所表现。前人在这些领域准备了基础,例如格林卡的前辈阿·尼·维尔斯托夫斯基(А.Н.Верстовский,1799—1862)就已经创作了传奇题材和浪漫主义的歌剧《特瓦尔多夫斯基老爷》(1828)、《阿斯科利多夫的坟墓》(1835)和《瓦季姆》(1832)等,剧中充满民间风情,人物也很有生活气息。其四,这期间出现了一批有名的歌唱家,他们有力地推动了作曲家乃至整个歌坛的创作。

十九世纪上半叶主要的歌唱家有男低音维·马·萨莫依洛夫(В.М.Самойлов,1782—1893)、女高音尼·谢·谢苗诺娃(Н.С.Семёнова,1787—1876)、男低音巴·维·兹洛夫(П.В.Злов,1774—1823)。男低音奥·阿·彼得罗夫(О.А.Петров,1807—1878)和女中音阿·雅·彼得罗娃—沃罗比约娃(А.Я.Петрова-Воробьёва,1816—1901)夫妇在格林卡的歌剧《伊凡·苏萨宁》中,成功地扮演了苏萨宁和瓦丽娅,为歌剧的成功演出起了举足轻重的作用。彼得罗夫为俄国的现实主义声乐派开了先河。

同时，俄国音乐的发展还得力于芭蕾舞剧的促进。在十八世纪末十九世纪初，俄国芭蕾已有相当的成就，出现了著名的芭蕾舞演员如萨威利·狄德罗（С.Дидро，1767—1837）等。狄德罗系法国芭蕾舞演员兼编剧（Charles Louis Didelot），1801—1831年在彼得堡工作，曾把普希金的一些作品搬上舞台，他促使俄国芭蕾舞剧院成为欧洲的优秀芭蕾舞剧院之一。他早期演神话故事，后来演浪漫主义剧目，很受欢迎，像《匈牙利小农舍》、《拉乌尔与克列基》。1823年他在圣彼得堡主演普希金的《高加索俘虏》，普希金曾称赞他"想象活泼，而且异常幽雅"。

普希金不但看狄德罗的演出，而且在长诗《叶夫盖尼·奥涅金》中还多处描写到他跳的芭蕾舞剧：

在这里，在幽暗的包厢中，
我青春的日子轻轻飘过。

还有：

在这里，狄德罗享有荣誉。

普希金在这部诗体的小说中特别强调："狄德罗的芭蕾舞剧充满生动的形象和非凡的魅力。我们有一位浪漫主义作家(指普希金自己)从他的舞剧里比从整个法国文学里找到了更多的诗意。"

此外，诗中还多次写到看了狄德罗跳的芭蕾舞的感受和印象：

舞台上，魔鬼、恶龙、爱神，
还在跳跳蹦蹦，吵吵嚷嚷。

又如：

还有那些中国人、神仙、蛇怪……

这里是指1819年8月30日在圣彼得堡首次演出狄德罗亲自编演的四幕大型中国题材芭蕾舞剧《韩姬与陶》（又名美女与妖怪）时有中国人与爱神、蛇怪同台表演的场景。他在这首长诗中又写到：

……全部该换换花样,
芭蕾舞我早已不再看,
狄德罗也让我感到厌倦……

8."强力集团"乐派

十九世纪下半叶,俄国音乐的民族化历程又有巨大的进展,出现了新的学派——"强力集团"。它由一批思想上进的青年音乐家所组成,他们爱国、爱民间艺术,思想情趣互相投合,愿共同来发展民族音乐。主要成员有巴拉基列夫(М.А.Балакирев)、穆索尔斯基(М.А.Мусоргский)、里姆斯基—柯萨科夫(Н.А.Римский-Корсаков)、居伊(П.А.Кюи)、鲍罗廷(А.П.Бородин)等音乐家,以及音乐理论评论家斯塔索夫(В.В.Стасов)。

"强力集团"一词出自音乐评论家斯塔索夫的一篇文章,意为俄国音乐界已经出现了一个新的学派。它标志着俄国音乐界已进入繁荣时期,即在十九世纪六十至七十年代进入"狂飙突进"时代。

"强力集团"倡导音乐的现实主义,促进俄罗斯民族音乐,其创作多取材于俄国历史、人民生活、民间传说和文学名著。作曲家注意吸取和运用民间曲调,革新艺术形式和创作手法。他们的作品不但有俄罗斯的旋律,而且有俄国其他民族的旋律,深受亚美尼亚、格鲁吉亚、哈萨克、乌兹别克的民间旋律的影响。

"强力集团"创作了一系列有名的歌剧。计有:

莫·彼·穆索尔斯基(М.П.Мусоргский,1839—1881)的重要作品有四部歌剧,其中尤为著名的是历史歌剧《鲍里斯·戈都诺夫》(1872);尼·安·里姆斯基——柯萨科夫写了十五部歌剧,其中最为著名的是《白雪公主》(1882)、《萨特阔》(1896)、《普斯科夫姑娘》(1871)、《沙皇未婚妻》(1898)、《金鸡》(1907)。亚·彼·鲍罗廷(1833—1887)写有一部歌剧《伊戈尔王》(1890年由里姆斯基—柯萨科夫和格拉祖诺夫 А.К.Глазунов 完成);而恺·安·居伊(1835—1918)则写了歌剧《威廉·拉特克里夫》(1869)。

穆索尔斯基

"强力集团"的创作,其特点之一是恪守生活真实、人民性和民族精神的原则,由此形成了俄国音乐中实力强劲的现实主义流派。他们为了加强现实主义的实力,六十年代还在圣彼得堡创办一所义务音乐学校,举办公众音乐会,传播民族音乐,着力于普及音乐知识以深入民众,从而取得民众的支持。

其特点之二是以音乐为形式,强烈关注祖国的命运和追求真理,以名作家创作的民间题材的作品,为他们选材的对象。例如普希金的诗剧《鲍里斯·戈都诺夫》被穆索尔斯基创作成同名歌剧;同样,鲍罗廷取材俄国古代英雄史诗《伊戈尔远征记》创作为歌剧《伊戈尔王》;而里姆斯基—柯萨科夫的歌剧《普斯科夫姑娘》和《沙皇未婚妻》(1898)的素材则来自列·阿·梅伊(Л.А.Мей,1822—1862)的历史剧,他的歌剧《白雪公主》、《五月之夜》和《圣诞夜》也都分别取材于奥斯特洛夫斯基的同名话剧和果戈理的同名小说,至于歌剧《金鸡》和《萨特阔》,前者来源于普希金的神话《撒旦王的故事》,后者来自东方学家奥·伊·先科夫斯基(О.И.Сенковский)(1800—1858)的东方传说《萨特阔》。这类取材有着明显的优点,即便于突出主题,如鲍罗廷的歌剧《伊戈尔王》便是一部充满爱国感情、音色丰富、俄罗斯风格和东方风格强烈对照的作品。

其特点之三是歌剧常以古喻今,具有社会现实性,容易引起共鸣,并启迪听众。也正因为如此,其作者常遭受报刊的攻击,甚至是剧院当局的反对。这一派作曲家创作艰难,歌剧作品有时被审查机关删改,有时甚至禁演达数十年之久。

"强力集团"作者的创作面都相当宽泛,种类繁复,不限于歌剧。如穆索尔斯基还写过标题性器乐作品,如交响诗乐《荒山之夜》(1867)、钢琴组曲《图画展览会》(1874),还有大量歌曲,如有名的《跳蚤之歌》、《古典主义者》、《傀儡戏》、《可爱的萨维什娜》和三部声乐套曲《死亡歌舞》、《没有太阳》以及《童歌》等。

里姆斯基—柯萨科夫还作有交响组曲《舍赫拉查德》(1880)、《西班牙随想曲》(1887)和几十首浪漫曲。鲍罗廷也作有大量歌曲,并有几部交响曲,如《勇士交响曲》、《在中亚细亚草原上》等,都很有名。

除了"强力集团",还有其他音乐家在创作。如阿·恩·谢罗夫(А.Н.Серов)创作了三部歌剧:《优基菲》、《罗格涅达》、《魔力》。安东·鲁宾斯坦(1829—1894)写了近20部歌剧和大合唱曲,200首浪漫曲和合唱曲。其中《波斯歌曲》、《恶魔》、《马卡维伊》是其代表作。鲁宾斯坦还是俄国钢琴学派的奠基人。而其弟尼古拉·鲁宾斯坦(1835—1881)不仅是全国著名钢琴家,而且是俄国音乐教育的首创者。他创办了俄国第一所音乐学院——圣彼得堡音乐学院(1862年)。

然而,到了十九世纪下半叶,俄国最伟大的作曲家当属柴可夫斯基。

9. 柴可夫斯基

彼·伊·柴可夫斯基(И.П.Чайковский,1840—1898)1840年5月7日出生于乌拉尔地区的维亚特卡省卡姆斯科沃特金矿区的一个贵族家庭,童年起就受到音乐的陶冶,10岁到圣彼得堡上学,开始学钢琴,1862年入圣彼得堡音乐学院学作曲,师从安东·鲁宾斯坦等人。1865年毕业,次年受聘于新创办的莫斯科音乐学院,任音乐理论教授。

柴可夫斯基

1866—1877年,柴可夫斯基在莫斯科音乐学院任教期间,创作了大量作品,题材极为广泛。有历史歌剧《总督》(1868)和《禁卫军》(1872),幻想歌剧《水袖》(1869)、《铁匠瓦库拉》(1874),舞剧《天鹅湖》(1876),交响曲《罗密欧与朱丽叶》(1876)、《暴风雨》(1873)和《弗兰切斯卡·达·里米尼》(1876)。此外还有钢琴小品以及许多乐曲。总的看来,这个时期他的创作格调明快。由于他受民主主义思想的影响,作品大多明朗、乐观、能表达人民群众的感情。在此期间,他也得到鲁宾斯坦的支持。他的第一交响曲《冬日的幻梦》(1866)正是由鲁宾斯坦指挥演奏成功的。该曲表现了俄罗斯大自然的魅力,刻画了人物的心理活动,很能反映柴可夫斯基的风格。

1877—1878年,他完成歌剧《叶甫盖尼·奥涅金》、《第四交响曲》和《D大调小提琴协奏曲》。前两部作品中,头一部歌剧系以普希金的同名小说为根据谱成的,它成功地刻画了主要人物塔吉亚娜、奥涅金、连斯基等的内心活动,音乐形象鲜明,旋律优美。

八十年代,他创作了不少管弦乐曲,如《1812年序曲》(1880)、《莫斯科大合唱》(1880)、《小夜曲》(1880),以及据意大利民谣作成的管弦乐《意大利随想曲》(1880)。

这个时期的创作与作曲家的经验和生活历程紧密相联,深深打上了时代的烙印。一方面动荡不安的社会和个人生活,使作曲家百感交集,思绪万千,为国家民族的命运而苦恼,心之所思,形诸乐曲,便有了《黑桃皇后》(1890)、《第五交响曲》(1888)、《第六悲怆交响曲》(1893)等作品以及其他许多歌曲:《微弱的灯光熄灭了》、《我和你在一起》、《又像从前那样孤独》;另一方面,他也有许多欢快抒情,充满对人生挚爱的作品如歌剧《伊奥兰塔》(1891)、舞剧《胡桃夹子》(1892)、《睡美人》(1889)和《第三钢琴协奏曲》等。

这里要特别指出的是他的芭蕾舞剧《天鹅湖》、《睡美人》、《胡桃夹子》所具有的突出成就,其内容为表现善战胜恶、美克服丑的优美童话,其音乐则充满诗情,有高度交响性,为俄苏芭蕾舞剧史上所仅见,尤其《天鹅湖》如今已是俄罗斯学派芭蕾舞的象征。

歌剧《黑桃皇后》也非同凡响,它取材于普希金的同名小说,在歌剧艺术上也是巨大的成就,它对三个主要人物:盖尔曼、丽莎以及老伯爵夫人的刻画和表现,比原著毫不逊色。

10. 戏剧家奥斯特洛夫斯基

亚·尼·奥斯特洛夫斯基(А.Н.Островский,1823—1886)以描写莫斯科南岸市区的商人著名,被誉为"发现莫斯科南岸的哥伦布",他为俄国文学提供了新的商人阶层形象。

他出生于官吏家庭,毕业于莫斯科大学,因学的是法律专业,便去法院当职员,通过审理案件,广泛了解市民尤其商人世界,对商人之间、商人家庭内部计较金钱的关系有深刻了解,便以此为题材,写成剧作。

奥斯特洛夫斯基

其创作,含悲剧、喜剧、历史剧、童话剧共47部,又与人合作剧本7部,是俄国一位多产的剧作家。

奥氏剧作的主要特色,可从下述代表作看出端倪:

①《自家人,好算账》(1850),喜剧,写富商鲍尔肖夫为了富上加富,竟采取"赖债不还"以积累财富的办法。他诡称破产,而把财产转移到其管家的名下,同时又用女儿为诱饵,许配给管家,企望以此稳住管家,使之成为"自家人"。但管家比他还精明奸诈,利用法律接受了鲍尔肖夫的全部财产,又要娶其女为妻。随后当鲍尔

肖夫宣布破产,被依法逮捕入监牢以抵债时,满心期望女婿会来保释他,没想到管家和女儿这对新夫妇却串通一气,不来保释,而把全部家财据为己有。剧本讽刺的是,实际上是"自己人",却并不好算账。这部剧作是奥氏的成名作。

②《大雷雨》(1860),悲剧,至今仍是俄国著名剧院"小剧院"的保留节目。它写商人卡巴诺娃(意译为"野猪")千方百计折磨儿媳卡捷琳娜,也把儿子季洪管教得性格软弱。卡捷琳娜得不到庇护,乃从另一个商人提各意的侄子鲍里斯处求得精神慰藉,但在一次与鲍里斯的幽会中,突然雷雨大作,卡捷琳娜以为是自己做了错事激怒上天,吓得去向婆婆卡巴诺娃及丈夫季洪坦白。但她经不起婆婆的拷问而最终跳河自尽了。

悲剧塑造了一个敢于追求爱情、个性解放的妇女卡捷琳娜,但她终于被环境摧残、窒息而毁灭。评论家杜勃罗留波夫认为,那个社会环境就是一个"黑暗王国",而卡捷琳娜敢于以死相抗争,表明这是"黑暗王国"中显露出来的"一线光明",其生命的意义和价值也仅在于此。

同时,剧本所描绘的又是一个典型的俄国式的商人阶层,在那里根本无"自由贸易"、"公平交易"可言,而由卡巴诺娃和提各意(意译为"野蛮")控制的商人家庭依然是浓厚的封建家长制的社会,这正是俄国资本主义不够发达的反映。

奥斯特洛夫斯基的贡献还在于扩大了俄国戏剧的表现范围,把小商人、演员、小官吏、店员、侍役、媒人、巫婆、香客等城镇中的下层人形象引进文学、搬上舞台。他改变了俄国戏剧只演外国人和历史人物的风气,而把注意力转向当代社会,使戏剧题材和演出具有强烈的当代现实性,从而有力地促进了俄国戏剧的发展。

奥氏还有一系列的名剧足以在戏剧史上存留,如《贫非罪》(1854)、《肥缺》(1856)、《智者千虑,必有一失》(1863)、《来得容易去得快》(1869)、《没有陪嫁的女人》(1879)、《名伶与捧角》(1882)等。

在此时期,著名作家列夫·托尔斯泰(1828—1910)也写了一系列剧作。主要有话剧《黑暗的势力》(1886)、喜剧《教育的果实》(1891)和《活尸》(1911),均为反映资本主义侵蚀城乡社会和人们心灵的作品。

另一位与托尔斯泰同姓的作家阿·康·托尔斯泰(1817—1875)也写了以沙皇为题材的历史剧三部曲《伊凡雷帝之死》(1866)、《沙皇费多尔·伊凡诺维奇》(1868)和《沙皇鲍里斯》(1870)。

此外,短篇小说作家契诃夫(1860—1904)也有戏剧作品。

第二节 文学

俄罗斯民族文学形成于十九世纪三十年代,随即迅速走向繁荣。它以批判现实主义为标志,不但赢得了国际文坛的承认,而且为俄国文学具有民族特性而创出了良好的开端。

1. 民族文学形成

中国作家鲁迅在评价俄国文学时,特别重视它在十九世纪初的大转变,指出:"俄罗斯当十九世纪初叶,文事始新,渐至独立,日益昭明,今则已有齐驱先觉诸邦之概,令西欧人士,无不惊奇美伟矣。"

具有民族独特风格的俄罗斯文学从十九世纪开始即为世人所瞩目,对其他各国文学也有过深刻的影响。鲁迅在1932年写《祝中俄文字之交》一文时,就曾指出"俄国文学是我们的导师和朋友。因为从那里面,看见了被压迫者的善良的灵魂……从文学里明白了一件大事,世界上有两种人:压迫者和被压迫者!"

俄国批判现实主义文学产生以前,俄国文坛上先后有古典主义、感伤主义、启蒙主义、浪漫主义几种文学流派。古典主义的盛期是十八世纪。感伤主义兴起于十八世纪末,其时也已出现了启蒙主义。到了十九世纪初,这几个流派已是昨日黄花。从二十年代起,浪漫主义占了主导地位。积极浪漫主义的代表作家十二月党人诗人雷列耶夫、奥多耶夫斯基(А.И.Одоевский)和普希金等,重视本国历史,提倡民族文学,对于摆脱单纯摹仿西欧,形成俄罗斯独立的民族文学起了积极的作用。当然,浪漫主义文学中也有倾向于消极的一支,以诗人茹科夫斯基(В.А.Жуковский)为代表,虽然情调略为颓废,有时诉诸神秘主义,但在宣扬民间文学和民族传统上也有不可忽视的贡献。

反对农奴制的斗争,促进了一部分作家转向现实主义。要求文学揭露社会的黑暗,这是批判现实主义产生的社会基础;同时,俄国文学本身的发展,也为批判现实主义的产生提供了条件。当二、三十年代浪漫主义文学盛行时,现实主义文学也开始出现了。代表作品有伊·安·克雷洛夫(И.А.Крылов,1768—1844)的寓言,亚·谢·格里鲍耶多夫(А.С.Грибоедов,1795—1829)的《聪明误》(1842)。前者用寓言揭露现实的不公正,诉说百姓的凄惨和讽喻贵族之无知与官场的黑暗。后者以主人公恰茨基的精辟话语鞭挞农奴制社会和沙皇专制制度。

普希金的创作也有一个从浪漫主义向现实主义转变的过程,早期以浪漫主义的抒情诗为主,但他吸收了各流派的成就,在诗体小说、戏剧、长诗、中短篇和长篇小说创作中,比较真实全面地再现了俄国的社会生活,成为俄国批判现实主义文学的先驱。此外,莱蒙托夫、果戈理等早期创作也以浪漫主义见长的作家,三十年代都转向现实主义。

普希金

2. 普希金

亚·谢·普希金(А.С.Пушкин,1799—1837)是自由思想的歌手。他出身于贵族世家,12岁入圣彼得堡皇村学校,17岁毕业。该校校长和某些教授有自由主义倾向,曾培育了一些有自由思想的青年,包括普希金和一批后来的十二月党革命志士。普希金毕业后在圣彼得堡外交部任职三年,在十二党人影响下,写了一组抨击暴政、歌颂自由的诗:《自由颂》(1817)、《致恰达耶夫》(1817)、《乡村》(1819),因此获罪被贬职到南俄总督英佐夫行政公署,住了四年,继续写作激情满怀的诗,特别是用拜伦体的长诗反映俄国当代人思想情绪的《高加索俘虏》(1822),成了杰出的浪漫主义叙事诗。又因写有一封"冒犯"上帝言论的信,再次被亚历山大一世革职,放逐到诗人母亲的领地普斯科夫省米哈伊洛夫斯科耶,受地方政府、教会和父母的三方监督。普希金在该地住了两年,潜心创作《茨冈》(1827)和《叶甫盖尼·奥涅金》等诗。十二月党人起义后,他被新皇尼古拉一世召回莫斯科,从1826—1837年就在莫斯科与圣彼得堡居住,1831年结婚。尼古拉一世为使普希金美丽的妻子得以经常出入宫廷舞会,特授予诗人"宫廷近侍",这种通常只授予二十岁上下的贵族青年的官衔对于普希金实质上是一种侮辱。频繁的社交使普希金负债累累,并疏于写作,加上一位法国流亡贵族、后成为俄国近卫军军官的丹特士,常在舞会上追逐普希金妻子,向其求爱,引得上流社会充满流言蜚语。就在政治、经济、精神的三重压力下,普希金痛苦至极,遂与丹特士决斗,含恨死去。

普希金的创作奠定了近代俄罗斯文学的基础,确立了俄罗斯文学语言的规范,其贡献是多方面的。甚至可以说,他是俄罗斯民族文学的创始人。从他开始,俄国文学才摆脱了模仿,走上具有民族独特性的道路。正如俄国评论家别林斯基说的:"只有从普希金起,才开始有了俄罗斯文学,因为在他的诗歌里跳动着俄罗斯生活的脉搏。"而鲁迅说得更简明:"俄自有普希金,文界始独立"。

　　从社会文化思潮来看,普希金的诗歌恰好是十九世纪初自由民主思想的反映。最典型的政治抒情诗,如:

致恰达耶夫　1818年
爱情、希望和平静的光荣
并不能长久地把我们骗慰欺诳;
就是青春的欢乐,
也已经像梦,像朝雾一样地消亡;
但我们的内心还燃烧着愿望,
在暴虐政权的重压之下
我们正怀着焦急的心情
倾听祖国的召唤。
我们忍受着期待的折磨
等候那神圣自由的时光,
正像一个年青的恋人
在等候那真诚的约会一样。
现在我们的内心还燃烧着自由之火,
现在我们为了荣誉的心还没有死亡,
我的朋友,我们要把我们心灵的
美好激情,都献给我们的祖邦!
同志,相信吧:迷人的幸福的星辰
就要上升,射出光芒,
俄罗斯要从睡梦中苏醒,
在专制暴政的废墟上,
将会写上我们姓名的字样!

　　　　　　　　(戈宝权译)

　　《致恰达耶夫》是普希金政治抒情诗的代表作。它在形式上属于传统的赠答体,内容却不是针对一人一事,而是有着很大的概括性。诗人用热恋中的青年等待约会的心情,来比拟当时进步贵族青年准备为祖国和自由而献身的心境,真切地表达了这种感情的炽热和迫不及待,富有艺术感染力,引起人们对一种纯洁、美好事物的憧憬。它也是一代追求先进的俄罗斯人心理的集中表现。

普希金大量的爱情诗,也是那个时期社会积极向上、珍惜美好感情的一种反映。他的诗多为表现隐藏在内心深处的默默柔情,把一见倾心的爱慕、长相思的痛苦、嫉妒的折磨、绝望中的倾吐、回忆中的甜蜜、欲言又止的羞怯,都写得十分真挚。突出的情诗如:

致凯恩 1825年
我记得那美妙的一瞬,
在我的眼前出现了你,
就如昙花一现的幻影,
犹如纯洁之美的精灵。

在那无望的忧愁的折磨中,
在那喧嚣的虚荣的困扰中,
我的耳边长久地响着你温柔的声音
我还在睡梦中见到你可爱的面影。

许多年过去了。狂暴的激情
驱散了往日的梦想,
我忘记了你温柔的声音,
和你那天仙似的面影
在穷乡僻壤,在流放的阴暗生活中
我的岁月就那样静静地消逝,
失掉了神性,失掉了灵感,
失掉了眼泪,失掉了生命,也失掉了爱情。
如今灵魂已开始觉醒:
于是在我的眼前又重新出现了你
犹如昙花一现的幻影,

犹如纯洁之美的精灵。

我的心狂喜地跳跃,

为了它,一切又重新复苏,

有了神性,有了灵感,

有了生命,有了眼泪,也有了爱情。

(戈宝权译)

《致凯恩》这首爱情诗的佳作,把对爱情的倾吐与抒发自己在被幽禁中的苦闷结合起来,把爱情看作激发创作灵感和生活热情的精神力量,因而有丰富的思想内容,引起广泛的共鸣,在形式上又代表了普希金抒情诗的结构精巧、韵律优美的特点。

普希金一生坎坷,屡遭波折,备受迫害和屈辱,他深感人生道路的艰辛,有时也流露出失望的情绪。但在逝世前不久写的《纪念碑》,却表明他对自己的生命道路和生命价值充满信心,对人民始终怀有深厚的同情。该诗可视为诗人一生创作的总结:

纪念碑　1836年

我为自己建立了一座非人工造的纪念碑,

在人们走向那儿的路径上,青草不再生长

它抬起那颗不肯屈服的头颅

高耸在亚历山大的纪念石柱[1]之上。

不,我不会完全死亡——我的灵魂在珍贵的诗歌当中

将比我的骨灰活得更久长,逃避了腐朽灭亡,

我将永远光荣,直到还只有一个诗人

活在这月光下的世界上。

我的名声将传遍整个伟大的俄罗斯,

它现存的一切语言,都会讲着我的名字,

无论是骄傲的斯拉夫人的子孙,是芬兰人

甚至现在还是野蛮的通古斯人,和草原上

的朋友卡尔梅克人。

---

[1] 石柱位于圣彼得堡的冬宫广场上,至今犹存,高27米。系为纪念亚历山大一世而于1832年建成,但1834年11月举行揭幕典礼时,普希金不愿参加,特意避开圣彼得堡,往外地去小住。

我之所以永远能为人民敬爱,

是因为我曾用诗歌,唤起人们的善心,

在这残酷的世纪,我歌颂过自由,

并且为那些倒下去的人们,祈求过怜悯同情。

哦,诗神缪斯,听从上帝的旨意吧,

既不要畏惧侮辱,也不要希求桂冠,

赞美和诽谤,都平心静气地容忍,

更无须和愚妄的人去空作争论。

(戈宝权译)

诗人最珍视的,还是"用诗歌唤起人们的善心",并且"在这残酷的世纪,我歌颂过自由,并且为那倒下去的人们,祈求过怜悯同情",也正因为如此,他才能"永远能和人民亲近"。

3. 莱蒙托夫

米·尤·莱蒙托夫(М.Ю.Лермонтов,1814—1841)出生于莫斯科一个退伍军人家庭,1828年进入莫斯科大学寄宿中学,两年后转入文学系。他成长于十二月党人起义失败后的年代,社会环境的恶劣,政治上的高压造成了一代有志青年的忧伤和痛苦。他早期写的诗就反映了这种时代的情绪,表现出焦虑、不安、疑惑,但另一方面又渴望自由,颇具反叛精神,用他自己的话来说,就是用"注满了悲痛与憎恨的铁的诗句"向沙皇的暴政挑战。他的诗歌《祖国》(1841)和

莱蒙托夫

长篇小说《当代英雄》(1840)等代表作就都含有这种倾向。后一部作品塑造的主人公毕巧林就是不愿与上流社会同流合污,又找不到自己的出路,因而使读者同情,更感到束缚人们思想和才智的专制农奴制的可憎。难怪尼古拉一世要咒骂这部作品是"令人厌恶的"。

他正是因为写了纪念普希金的诗而获罪被流放高加索的,由于诗人茹科夫斯基的斡旋才获释,但不久后又因同法国公使的儿子决斗被捕,再次流放高加索。后

来，在 1940 年，他终究死于决斗，这是专制制度对他的又一次加害。

不过，莱蒙托夫的诗却具有鲜明的时代特征。他的诗歌继承了普希金和十二月党人歌颂自由、反对暴政的光荣传统，又反映了三十年代俄国先进人士的孤独、忧郁和叛逆精神。在他的创作中，痛苦的悲观绝望始终与烈火一般的叛逆激情融合在一起，这也是一种时代的征兆。为哀悼普希金遇害，莱蒙托夫在他的成名作《诗人之死》(1837)中写道：

> 诗人死了！——光荣的俘虏——
> 倒下了，为流言蜚语所中伤，
> 低垂下他那高傲不屈的头颅。
> 胸中带着铅弹和复仇的渴望！
> 诗人的心灵再也不能容忍
> 那琐细非礼的侮辱和欺压了，
> 他挺身而起反抗人世的舆论，
> 依旧是单枪匹马……被杀了！
> 被杀了！……如今哀泣悲痛、
> 和怨诉的剖白、辩解的空谈、
> 空洞的同声赞扬，又有何用！
> 命运的最后的决定已经宣判！
> 不正是你们首先这样凶狠地
> 迫害了他那自由勇敢的天才、
> 而你们为了给自己寻欢取乐
> 又把那将熄的大火煽扬起来？
> 好？称心了……——他已经
> 再也不能忍受这最后的苦难：
> 稀有的天才已像火炬般熄灭，
> 那辉煌壮丽的花冠已经凋残。

莱蒙托夫把批判的锋芒直指沙皇政府当局，挑明正是政府导致了那场惨祸的发生：

你们,以下流和卑贱著称,
先人们傲慢无耻的后代儿孙,
你们用你们可耻的奴隶的脚踵踩蹒了
幸福的角逐中失利的世代祖宗的遗踪!
你们,这群拥在宝座前的贪婪的一群
"自由"、"天才"、"光荣"的屠夫啊!
你们在法律的荫庇下,对你们
公论和正义——一向噤口无声!
但还有神的裁判啊,荒淫无耻的嬖人!
严厉的裁判者等着你们;
他决不理睬金银的清脆声响,
他早已看透你们的心思和你们的行径。
那时你们想求助于诽谤也将徒然无用:
而鬼蜮伎俩再也不会帮助你们,
而你们即使用你们的所有污黑的血
也洗涤不净诗人正义的血痕!

(余振 译)

在诗中,莱蒙托夫直接抨击沙皇及其宠臣们,直呼他们为"扼杀'自由'、'天才'和'光荣'的创子手"。《诗人之死》和莱蒙托夫的其他诗作一样,浸透着对社会的强烈不满,同时又流露出一种孤独、伤感和绝望的情绪。这种思想情绪也是在十二月党人起义失败后,俄国一部分情绪低落的群众情况的反映。他虽然由于《诗人之死》一诗激怒了沙皇政府,从而被流放高加索。但他的反抗精神并未被磨灭,后来写的许多诗仍然具有明显的反专制制度的倾向,如《别了,满目疮痍的俄国》、《咏怀》、《恶魔》、《童僧》等等。

莱蒙托夫的作品渗透着对封建农奴制俄国的不满与抗议,在艺术上则是继普希金之后一个具有独特风格的作家。他的创作中,积极浪漫主义和批判现实主义的特点兼而有之。

4. 果戈理

尼·瓦·果戈理 (Н.В.Гоголь, 1809—1852)出生于乌克兰一地主家庭,就读于涅仁中学,1831年开始发表文学作品。早期写反映乌克兰大自然风光和纯朴民俗的作品,含有神话、故事的色彩,如《狄康卡近乡夜话》(1831)。他从1828年到圣彼得堡的政府部门任职,后来写的多为反映政府官吏和乡村地主的作品,如剧本《钦差大臣》(另译《巡按使》,1836)和小说《死魂灵》(1841)等。

果戈理

《钦差大臣》是五幕讽刺喜剧,描写一个花花公子到某个小城去,被误认为宫廷派来的"钦差大臣",从而骗得了许多钱财。它无情地嘲笑了俄国的官僚制度及其贪官污吏。《死魂灵》是长篇小说,通过一个十二等文官乞乞科夫到各地庄园去收购已死的农奴之"户口"企图转手"倒卖"谋利的故事,暴露了地主的种种丑态。有表面上很有教养的绅士派头,内里却空虚、没有才干的马尼洛夫;有庄园殷实富裕、钱财无数,本人却愚昧无知、孤陋寡闻的女地主柯罗博奇加,有吃喝嫖赌、放荡成性,又吹牛撒谎、好惹事生非的恶劣地主诺兹德廖夫;有精明到无耻、贪得无厌的剥削者索巴凯维奇;有极端贪婪、吝啬和自私,仓库里堆满物品,已经霉变而自己却衣衫褴褛,让子女和农奴受冻挨饿的吝啬鬼普柳什金。小说以真实地描写了地主的丑相而震惊了整个俄国。

正如赫尔岑说的:"感谢果戈理,我们终于看到了地主阶级的本来面貌,他们赤裸裸地从屋里走出来,不戴面具,不打扮,喝得醉醺醺的,吃得脑满肠肥;他们是政权的卑贱的走卒,农奴头上冷酷的暴君,他们吸吮着人民的生命和鲜血,那样自然,那样露骨,就像婴儿吸吮母亲的血一样。"

果戈理的创作真实地描绘了俄国社会,尤其是暴露和批判了社会弊病,这却遭到反对派的攻击。果戈理创作引发的文坛斗争,也构成了十九世纪四十年代俄国文化界的特殊风景。

果戈理本人1846年6月到国外侨居,1848年才回国。但在国内,却由别林斯基著文捍卫其作品,并影响了一代青年作家,形成了"果戈理学派"。

"果戈理学派"也称"自然派"。它团结一批四十年代的青年作家,学习和继承果戈理的传统,推出一系列现实主义的作品,引起五、六十年代俄国文学的繁荣。那时,作家众多,优秀的长篇小说、诗歌和剧作相继出现。最著名的有冈察洛夫的

《奥勃洛莫夫》(1859)，屠格涅夫(И.С.Тургенев)的《前夜》(1860)、《父与子》(1862)，车尔尼雪夫斯基的《怎么办？》(1862)，陀思妥耶夫斯基的《罪与罚》(1866)，托尔斯泰的《战争与和平》(1863—1869)等小说；奥斯特洛夫斯基的剧作《大雷雨》(1860)，涅克拉索夫(Н.А.Некрасов)的长诗《谁在俄罗斯能过好日子？》(1863—1877)以及谢德林的《外省散记》(1856)等其他体裁。

这期间，维·格·别林斯基(В.Г.Белинский，1811—1848)则以文学批评文章，从理论上倡导文学与现实生活相接近，相联系，用《文学的幻想》(1834)、《论俄国中篇小说和果戈理君的中篇小说》(1835)、《1846年俄国文学一瞥》(1847)和《1847年俄国文学一瞥》(1848)等论文，为俄国文学中的"果戈理学派"的形成和发展作了全面的准备和引导，也即为俄国批评现实主义文学的形成和发展做出系统的理论阐述，指引着这个学派继续前进。

亚·伊·赫尔岑(1812—1870)则既以他的批评理论，又以他的创作《谁之罪？》(1859)等小说加强了俄国"自然派"，即批判现实主义流派的阵营。

"自然派"作家还包括陀思妥耶夫斯基、涅克拉索夫、托尔斯泰、屠格涅夫、格里戈洛维奇、奥斯特洛夫斯基、冈察罗夫、达里等。

5. 俄国批判现实主义文学概述

俄国批判现实主义文学形成于十九世纪三十年代，随即迅速走向繁荣，直到二十世纪初才趋于没落。将近一百年的俄国文坛，描写人民苦难的作家人才辈出，反映现实黑暗的作品不断涌现。他们的批判锋芒主要是针对封建农奴制的，后来也触及资本主义制度。就思想深度和艺术高度而言，他们都达到了相当的境界。高尔基在指出十九世纪俄国文学的突出成就时曾经说过："试比较一下西方文学史和俄国文学史，就可以得出这个不可动摇的结论：没有一个国家像俄国那样在不到百年的时间出现过如此多灿若星辰的伟大名字。[1]"

俄国文学对其他各国也有过深刻的影响。鲁迅在1932年写《祝中俄文字之交》一文时，就曾指出它的巨大作用。他说："那时就知道了俄国文学是我们的导师

---

[1] 高尔基：《个性的毁灭》，田德望、罗大冈等译，《文艺理论译丛》第1期，人民文学出版社，1957年，第182页。

和朋友。因为从那里面,看见了被压迫者的善良灵魂的酸辛的挣扎;……从文学里明白了一件大事,是世界上有两种人:压迫者和被压迫者!从现在看来,这是谁都明白、不足道的,但在那时,却是一个大发现,正不亚于古人的发现了的火可以照暗夜、煮东西。"[1]

十九世纪初,俄国资本主义因素有显著的增长,封建农奴制面临危机。1812年拿破仑入侵俄国,遭到俄国人民的英勇抗击。沙皇利用人民的力量,打败拿破仑,爬上欧洲霸主的宝座,组织反动的"神圣同盟",在欧洲镇压民族民主运动,在国内强化反动统治。在战争中显示了爱国主义精神和巨大力量的俄国人民,战后又重新处于奴隶地位。他们的不满情绪日益高涨,纷起暴动。在农民运动的影响下,一部分受资产阶级民主思想启蒙的青年贵族,终于在1825年十二月发动了反对专制制度的武装起义,史称十二月党人运动,参加者都是贵族青年军官。起义虽然被镇压下去了,但它揭开了俄国解放运动的序幕。从此,"俄国解放运动经历了三个主要阶段,这是与影响过运动的俄国社会的三个主要阶级相适应的,这三个主要阶段就是:贵族时期,大约从1825年到1861年;平民知识分子或资产阶级民主主义时期,大致上从1861年到1895年;无产阶级时期,从1895年到1917年"。[2]

与此大体相适应,批判现实主义文学在俄国的发展,出现了三个时期,即形成、繁荣和高峰时期。

一、三十至四十年代为形成时期

从反抗拿破仑侵略到十二月党人起义,俄罗斯民族和民主意识空前觉醒。但是随着十二月党人起义的失败,三十年代的黑暗统治又到来了。沙皇政府为了抵制资产阶级革命思想的影响,提出了旨在维护封建农奴制的"正教、专制制度、民族性"三位一体的"官方民族性"论调,妄图传播封建农奴制是"神圣不可动摇"的神话。但资本主义关系进一步发展使农奴制陷入危机。在对待农奴制问题上发生了斯拉夫派和西欧派的争论。前者站在保守派贵族的立场,虽然不反对取消农奴制,但要俄国回到宗法社会去;后者代表具有资产阶级自由倾向的贵族,标榜英国式的议会政治,宣扬西欧资本主义道路,主张改良。两派都反对革命,他们的争论属于

---

[1] 鲁迅:《南腔北调集》,《鲁迅全集》第5卷,第55页。
[2] 列宁:《论俄国工人报刊的历史》,中共中央马思列斯著作编译局编,《列宁全集》第20卷,第240页,人民出版社。

统治阶级内部的。但是为十二月党人所唤醒的年轻一代,从贵族革命家赫尔岑到平民知识分子的先驱别林斯基,则与这两派相对立。他们不但批判沙皇"官方民族性"的谬论,而且驳斯拉夫派的复古主义,斥西欧派对资本主义的膜拜。他们接受了西欧的空想社会主义和唯物主义思想,鼓吹农奴解放,并且站在农民方面与专制农奴制进行了坚决顽强的斗争。

俄国批判现实主义文学产生以前,在十九世纪初叶,先后有古典主义、感伤主义、浪漫主义几种文学流派,到二十年代时,浪漫主义占主导地位。人民群众反抗拿破仑侵略和十二月党人起义促进了浪漫主义文学的诞生。其中,积极浪漫主义的代表作家是十二月党人诗人和普希金。他们的作品讴歌反对专制暴政的斗争,表达争取自由的理想,对人民的苦难也有一定的同情。这个流派的作家重视本国历史,提倡民族文学,对于摆脱单纯模仿西欧、形成俄罗斯独立的民族文学方面起了积极的作用。此外,这时也存在着神秘主义和颓废情调的消极浪漫主义,它反映了在俄国解放运动高涨形势下保守派贵族的悲哀。

农奴制危机的加深,先进人士对农奴制的批判以及围绕废除农奴制问题的斗争,促进一部分作家转向现实主义。反对农奴制的斗争,要求文学揭露社会的黑暗,这是批判现实主义产生的社会基础;同时,俄国文学本身的发展,也为批判现实主义的产生提供了条件,十八世纪俄国讽刺作家和拉吉舍夫创作中对现实的批判因素,感伤主义在心理描写方面的成就,积极浪漫主义诗歌中反抗压迫、追求理想的精神,都在不同程度上有助于俄国批判现实主义文学的形成。二三十年代浪漫主义文学盛行的同时,现实主义文学也在迅速地形成,尽管它初期带有贵族阶级的温和倾向,反映的生活面还不够广,但已初步具有批判现实主义的特点,其代表作品有克雷洛夫的寓言、格里鲍耶多夫的戏剧《聪明误》和普希金的作品。特别是普希金,其创作后来由浪漫主义向现实主义过渡,吸收了各流派的成就,"像汇合一切大小河流的大海",在诗体小说、戏剧、长诗、中短篇和长篇小说中,比较真实而全面地再现了俄国的社会生活,塑造了典型环境中的典型人物,奠定了俄国批判现实主义文学的基础。

普希金出身贵族,青年时代为反拿破仑侵略战争的爱国激情所鼓舞,加上受十二月党人的思想影响,连续写了一些反对暴政、歌颂自由的政治诗(如《自由颂》、《乡村》、《致恰达耶夫》等)。他的政治诗具有积极浪漫主义精神和明朗清新的抒情风格,语言通俗活泼,体现了十二月党人的革命热情和政治理想。此外,他还写了不少抒情诗(如《囚徒》、《致大海》等)和叙事诗(如《高加索俘虏》、《茨冈》等),表达了诗人渴望自由的感情,反映了二十年代进步的贵族青年寻求社会出路的情绪。十二月党人失败后,普希金在新皇尼古拉的诱压下曾一度动摇。但是后来,他仍然写出《阿里昂》和《致西伯利亚》那样的诗,称颂遇难的十二月党人,鼓舞难友。他托人把后一首诗带给流放中的十二月党人,诗中鼓励他们"悲惨的工作和思想的崇高意向绝不会就那样消亡。"奥多耶夫斯基立即写了一首回诗,表示坚信:"我们悲惨的工作不曾就这样消亡,星星之火可以燎原。"

在1825年,普希金创作了现实主义的历史剧《鲍里斯·戈都诺夫》。作者以古喻今,在剧中通过人民由于不堪忍受鲍里斯的暴政,纷纷起来拥戴伪皇子德米特里取代鲍里斯的情节,指出了人心向背是改朝换代的决定因素。全剧二十三场,描写的地点不断变换,时间包括了前后七年,出场的人物众多,已经打破了古典主义的陈套,主要人物鲍里斯和伪皇子的性格鲜明,有血有肉,剧中还出现规模宏大的群众场面,这在俄国戏剧史上还是第一次。

作为俄国批判现实主义文学确立的标志的,则是普希金的代表作《叶甫盖尼·奥涅金》。长诗写了八年,于1833年出版。诗中写的是,贵族青年奥涅金厌倦于首都的社交生活,来到乡间。他拒绝了地主小姐塔吉亚娜的爱情,在决斗中杀死挚友连斯基。他去漫游全国之后回到首都,反过来又去追求塔吉亚娜,遭到后者的拒绝,从此消沉下去了。这是上流社会贵族青年的一种典型。奥涅金受过资产阶级教育,不满于贵族社会的庸碌,自视较高,和周围的人格格不入;但是贵族的生活方式又使他灵魂空虚,毫无实际工作能力,缺乏意志力,结果一事无成,只能做一个社会的"多余人"。普希金在这里提出了解放运动的一个重要问题,即贵族进步知识分子脱离人民的问题。尽管他们不愿与贵族社会同流合污,但是"他们同人民的距离非常远",这正是列宁所指出的十二月党人失败的原因。奥涅金是俄国文学中第一个"多余人"形象,作者对他有批判,有同情,同情多于批判。同时,作者也通过这一典型环境中的典型性格,批判了形成这种性格的贵族社会。这部长诗描写了二十年代俄国贵族地主社会的生活,表现了俄罗斯民族的风格;诗中塑造的主要人物性格鲜明;它还以讽刺的笔调勾画了形形色色的城市贵族和乡村地主;描写的生活画面比较广阔,情节安排富有戏剧性,细节描写简洁确切,诗文流畅。作者把它叫做"诗体小说"。别林斯基曾经称它为"俄罗斯生活的百科全书和最富有人民性的作品"。[1]

除了普希金,还有莱蒙托夫、果戈理等早期以浪漫主义见长的作家,也在三十年代转向现实主义。他们在作品中从不同角度表现了反农奴制的批判精神。莱蒙托夫(1814—1841)的诗贯穿着进步贵族反对专制农奴制的思想,用诗人自己的话来说,就是用"注满了悲痛与憎恨的铁的诗句",向沙皇的暴政挑战。他在1840年发表的小说《当代英雄》,塑造了"多余人"形象的又一个典型毕巧林。毕巧林是一个对上流社会强烈不满的贵族青年,可是他摆脱不了贵族生活,没有理想,玩世不恭;他感到苦闷绝望,时时进行自我心理分析,既否定一切,也蔑视自己,只成为社会的"多余人"。作者讥讽地称他为"当代英雄",并且谴责了造成这种性格的贵族社会。

果戈理的讽刺作品确立了俄国文学的批判倾向,加强了普希金奠基的俄国批判现实主义。他在剧本《钦差大臣》(1836)、小说《死魂灵》(1842)等作品中用讽刺的武器和卓越的艺术描写,揭发了农奴制的腐朽和官僚统治的罪恶。但是,他却遭到反对派文人的攻击,说他的作品只写黑暗不写光明,是对俄国现实的"诽谤",轻蔑地称他为卑劣的"自然派"。这时,文艺批评家别林斯基(1811—1848)站出来支持"自然派"。他写了《论俄国中篇小说和果戈理先生的中篇小说》(1835)和《乞乞科夫的游历或死魂灵》(1842)等文,指出果戈理对生活既不阿谀,也不诽谤,而是对它的黑暗面进行有力的批判;他肯定这样的作品正是俄国所需要的忠于现实的好作品,给那班文人以有力的驳斥。后来,他又写了《1846年俄国文学一瞥》(1847)和《1847年俄国文学一瞥》(1848),论述"自然派"形成的过程和它的特点。他指出四十年代后半期已经形成了以果戈理为代表的"自然派"。它决定了俄国文学的发展道路。别林斯基认为,"自然派"的特点就是真实地描写和批判农奴制社会的黑暗,以社会下层人民为作品的主人公,反映人民的疾苦,这恰好是俄国社会迫切需要的文学。而果戈理对现实的无情揭露和辛辣讽刺,正是为"自然派",即俄国批判现实主义开辟了道路。别林斯基以革命民主主义观点阐明了"自然派"批判倾向的意义,他的理论对俄国批判现实主义文学的发展起了推动作用。

这样,经过普希金、果戈理的创作实践和别林斯基在理论上的总结和阐述,俄国批判现实主义到四十年代已经取得完全胜利。在它的影响下,有一批作家从四

---

[1] 别林斯基:《论俄国中篇小说和果戈理君的中篇小说》,满涛译,《别林斯基选集》第1卷,第147页,上海译文出版社,1979年。

十年代后期开始创作,成为了批判现实主义的著名作家,如赫尔岑、屠格涅夫、冈察洛夫、奥斯特洛夫斯基、涅克拉索夫、谢德林、陀思妥耶夫斯基等。他们发表了许多揭发社会病根、描绘平民和农民生活的优秀作品,扩大了文学反映生活的范围,唤醒了人们的反抗精神,促进了反农奴制革命思想的传播。

二、五十至六十年代为繁荣时期

解放运动第二时期开始于1861年的农奴制改革,它的舆论准备则要早一些。从五十年代中期起,以车尔尼雪夫斯基为首的革命民主主义者取代了贵族革命家,成为解放运动的领袖,同时也成为思想界和进步文学的领导力量。

俄国在1853到1856年克里米亚战争的失败,充分暴露了农奴制的腐朽。五十年代末期,农民运动又高涨起来,资本主义的发展也加速了。舆论界几乎都在抗议农奴制的专制,谴责它所造成的经济落后。沙皇慑于革命形势,不得不于1861年宣布"自上而下"地实行农奴制改革。"这是由农奴主实行的资产阶级的改革。这是俄国在向资产阶级君主制转变的道路上前进的一步。[1]"它为发展资本主义提供了条件,却仍保留大量的封建残余,使农民遭受资本主义和封建残余的双重剥削。因此,如何对待农奴制改革就成了各派政治力量斗争的焦点。资产阶级自由派和革命民主主义派是这个时期"两种历史倾向、两种历史力量的代表"。自由派赞美改革,掩饰改革后更为尖锐的阶级矛盾,他们力争同农奴主合伙瓜分政权。革命民主主义者则揭露改革的骗局,"宣传农民革命的思想",因此遭到残酷的镇压。六十年代初的革命形势很快就被扼杀了。

激烈的阶级斗争对文学起了决定性的影响。各派政治力量也在文学战线展开斗争,无论是革命民主主义者,资产阶级自由主义者,或者是贵族保守派都努力通过文学宣扬各自的主张,创作呈现空前的活跃。革命民主主义者尤其重视文艺阵地,要求文艺为解放运动造舆论;他们的政治理想、美学原则和战斗的文艺批评给了进步文艺以有力的影响。这一切都为批判现实主义的大发展提供了条件。同时,就批判现实主义文学本身的成长看,从四十年代新起的一批作家已经积累了创作经验,艺术上比较成熟了,能够写出高度概括现实,深入反映社会生活的作品。于是,俄国批判现实主义文学就在五、六十年代进入空前繁荣的时期。不但作家众

---

[1] 列宁:《"农民改革"和无产阶级农民革命》,中共中央马思列斯著作编译局编,《列宁全集》第17卷,第107页,人民出版社。

《现代人》杂志六人像

多,优秀的长篇小说相继出现,最著名的有冈察洛夫的《奥勃洛莫夫》(1859),屠格涅夫的《前夜》(1860)、《父与子》(1862),车尔尼雪夫斯基的《怎么办?》(1862),陀思妥耶夫斯基的《罪与罚》(1866),托尔斯泰的《战争与和平》(1869);还有短篇散文随笔、诗歌戏剧,其中著名的有屠格涅夫的《猎人笔记》(1847—1852),谢德林的《外省散记》(1856),奥斯特洛夫斯基的剧作《大雷雨》(1860)和涅克拉索夫的长诗《在俄罗斯谁能快乐而自由?》(1863—1877)等。

这一时期在哲学、美学领域的争论,也是异常尖锐的。唯物主义美学和唯心主义美学强烈对立,而文学与现实的关系则是它们论争的根本问题。车尔尼雪夫斯基在1855年发表的论文《艺术对现实的美学关系》是对唯物主义美学的重大贡献。它从驳黑格尔的唯心主义美学开始,提出了"美是生活"的论断,要求文学不仅"再现生活",而且应成为"生活的教科书"。车尔尼雪夫斯基反对当时在俄国流行的"为艺术而艺术"的唯心主义美学观点。他和杜勃罗留波夫还写了大量文学批评文章,密切联系俄国现实,为反对农奴制而斗争,对当时社会舆论起了重大影响。

这个时期的批判现实主义文学鲜明地反映了时代的特征。作品中主人公"多余人"形象被"新人"形象所取代,这种变化说明:贵族知识分子已经逐渐丧失其进步意义,平民知识分子登上了政治舞台,人民群众已开始觉醒。"多余人"形象经历了一个演变过程,普希金的奥涅金,莱蒙托夫的毕巧林在二、三十年代曾是贵族社会里的佼佼者,而屠格涅夫的罗亭(小说《罗亭》里的主人公)能言善辩,热忱宣传资产阶级启蒙思想,在四十年代黑暗统治时起过进步作用,但到五十年代需要行动的时候,他却是语言的巨人,行动的矮子,政治上软弱,缺乏毅力,已经担负不起改革现实的任务了。到了冈察洛夫的奥勃洛莫夫(小说《奥勃洛莫夫》里的主人公),尽管作者说他"有黄金般的心灵",但是小说里塑造的主人公不过是一个寄生虫的典型。他从小就有家奴服侍,以从未自己穿过袜子为荣。他懒惰麻木,一生大部分时间都在躺卧中度过,无聊到做梦也梦见睡觉。他极端无能,不能思考任何实际问题,不能处理任何日常事务,哪怕贵族少女的爱情也不能使他振作起来,最终还是蜷缩到平静的安乐窝里去。这个"多余人"形象表明,到了俄国解放运动的第二阶段,以往的先进贵族已经丧失任何作用,成了躺卧不起的废物了。这个典型形象的客观意义就是反映了俄国贵族阶段革命性的终结。

"多余人"形象之所以在俄国文学中占重要地位,是因为贵族革命家脱离人民的问题,是解放运动第一阶段的大问题,它激起许多作家加以思考和表现。到了第二阶段,时代变了,"多余人"形象进步意义的一面消失了,生活要求的是另一种类型的、新的人物。"新人"形象也就应运而生了。这里所谓"新人",就是平民知识分子,是"自由和民主资产阶级的受过教育的代表,他们不是贵族,而是官吏、小市民、商人、农民"。[1]

最先反映这种变化的作家是屠格涅夫(1818—1883)。他在五十年代写了表现"多余人"的小说《罗亭》(1856)和《贵族之家》(1859)之后,一进入六十年代就转向描写"新人",于1860年和1862年接连写出长篇小说《前夜》和《父与子》。《前夜》写的是俄国贵族小姐叶琳娜爱上保加利亚爱国青年英沙罗夫,并同赴保加利亚参加民族解放斗争,途中英沙罗夫病死,叶琳娜仍然到起义军中去当护士。作者在两个主人公身上寄托了他的"新人"理想,也就是能为全民族利益作自我牺牲的人。对此,杜勃罗留波夫写了《真正的白天何时到来?》(1860)一文,肯定小说反映了俄国社会对新人的要求;同时指出,新人不应是反对外部的异族压迫的英雄,而应是在俄国国内反对阶级压迫的战士。他高兴地预言,已经到了出现"俄罗斯的英沙罗夫"的前夜了。这些意见却与作者的自由主义观点大相径庭,结果引起一场激烈的争论,以致屠格涅夫退出《现代人》杂志,同革命民主主义者决裂。《父与子》写的是平民出身的医科大学生巴扎罗夫到同学阿尔卡狄家作客,同阿尔卡狄的一家,特别是其伯父的贵族自由主义观点发生尖锐冲突,引起一场决斗。然后,巴扎罗夫离去,在省城里对贵族寡妇阿金左娃发生爱情,遭到拒绝,最后回到家中,在一次解剖尸体时

---

[1] 列宁:《俄国工人报刊的历史》,中共中央马思列斯著作编译局编,《列宁全集》第20卷,第240—241页,人民出版社。

感染病菌而死。小说反映了农奴制改革前夕民主主义阵营和自由主义阵营之间尖锐的思想斗争,塑造了"新人"形象——平民知识分子巴扎罗夫。他具有坚强的性格,埋头实干,言辞锋利;在政治上反对农奴制,批判贵族自由主义,否定贵族的生活准则,是个激进的民主主义者;在哲学上重视实验,提倡实用科学。小说还描写了各种类型的地主贵族,以同巴扎罗夫形成鲜明对照。阿尔卡狄的父亲是个温和自由主义贵族,他的伯父巴威尔则抱住保守派贵族的立场,认为只有贵族才能推动社会前进,贵族制度是不可动摇的。小说表现了两种政治倾向之间的斗争,并让巴扎罗夫在精神力量上压倒周围一切贵族,用作者的话来说,显示了"民主主义对贵族的胜利"。这是符合客观现实和历史潮流的。但是作者由于受贵族自由主义立场的局限,并不相信巴扎罗夫的理想和事业,有时过分强调他身上的缺点和渲染他内心的矛盾,给他加上"虚无主义者"的贬称,又为他安排了一个过早死亡的结局。小说出版后再次引起激烈的争论,自由主义者不满意作者让巴扎罗夫在精神上占上风,民主主义者则认为作者的同情仍在贵族一边,他给巴扎罗夫横加缺点也是对革命民主派的歪曲。

这一切说明,像屠格涅夫这样贵族出身的作家,由于世界观和生活范围的限制,尽管敏感到社会对新人的要求,却不可能充分地表现新人。他所塑造的巴扎罗夫,因为还存在着对社会问题的漠视、怀疑以及对妇女和艺术的错误看法,毕竟不能成为平民知识分子的优秀代表。只有身为平民知识分子的作家车尔尼雪夫斯基(1828—1889)才能真是完成创造"新人"典型的任务。车尔尼雪夫斯基的小说《怎么办?》描写了罗普霍夫、吉尔沙诺夫和薇拉等一批新人,特别是他们之中的领袖人物拉赫美托夫更是俄国批判现实主义文学中正面人物的最高典型,也是世界文学中第一个职业革命家的形象。作者通过他所塑造的这些新人形象回答了反对专制农奴制应当"怎么办"的问题,他的答案就是:必须由这样一批"新人"来实现其社会理想。至于其他"新人"形象,还有诗人涅克拉索夫(1812—1873)创造的格里沙。诗人在长诗《在俄罗斯谁能快乐而自由?》

屠格涅夫

中,描写改革以后农民受到的新剥削,揭露了农奴制改革的欺骗性,表现了农民的觉醒,告诉人们,只有做格里沙那样为人民谋幸福的人才是快乐的。此外,还有一批平民知识分子作家,如格列勃·乌斯宾斯基等,都把人民,主要是农民和平民知识分子当作作品的中心人物。剧作家奥斯特洛夫斯基还把小商人、演员、教师、店员、侍役等城镇里的中下层人物搬上了舞台,扩大了俄国文学表现生活的范围。

这个时期的批判现实主义文学以惊人的艺术力量,揭露了俄国社会的落后,反映了人民的觉醒。奥斯特洛夫斯基(1823—1886)的著名剧作《大雷雨》,描写在伏尔加河畔的小镇里,一家商人的儿媳卡捷琳娜受尽虐待而投河自杀,表现一个追求爱情、婚姻自由、追求个性解放的女性在这种环境里被毁灭。她的死是一种强烈的抗议,它反映了广大人民反对农奴制和妇女们摆脱奴隶地位的斗争意志。所以杜勃罗留波夫在《黑暗王国里的一线光明》这篇评论中指出,卡捷琳娜的死是对俄国这个"黑暗王国"的反抗,她反映了人民对自由和生活权利的要求,是"黑暗王国"里的一线光明。

三、七十至九十年代达到高峰时期

农奴制急剧崩溃,资本主义蓬勃生长,农村破产,农民赤贫,反抗的浪潮又起,这引起了部分知识分子的注意。七十年代产生了民粹派"到民间去"的革命运动。但是他们无视资本主义发展的事实,企图从农民公社走向社会主义,却得不到农民的支持而失败。八十年代起民粹派转向暗杀等恐怖手段,反而造成了危害。批判现实主义作家面对尖锐的社会矛盾,在农民和城市下层人民的反抗情绪影响下,对统治阶级发出更为强烈的抗议,并且对城乡劳动人民的苦难也作了更深更广的反映,他们的艺术更为成熟了。这时期长篇小说继续繁荣。托尔斯泰(1828—1910)写出了反映俄国社会大变动本质的小说《安娜·卡列宁娜》和彻底否定旧的国家和社会制度的小说《复活》,达到了俄国批判现实主义文学的高峰。谢德林继续民主主义传统,写了展示统治阶级腐朽堕落和必然破灭的小说《戈洛夫廖夫一家》等等。短篇小说也有新的发展,出现了著名短篇小说作家契诃夫、柯罗连科和一批民粹派作家,也写了许多描述农村贫困的短篇小说。

这时期批判现实主义的一个新特点是增加了对资本主义的揭露和批判。陀思妥耶夫斯基(1821—1881)早期曾在中篇小说《穷人》中表现了对旧制度的抗议和对

"小人物"的同情。后来又写了几部长篇小说,在《被侮辱与被损害的》中揭露了下层人民受欺凌,在《罪与罚》中描写了俄国社会的道德沦丧和圣彼得堡穷人们的悲惨生活,在《白痴》中揭示了妇女被当作商品拍卖的悲惨处境。这些作品都暴露了社会的畸形和丑恶。但是批判现实主义作家的队伍成分是复杂的,而且也不断在分化。陀思妥耶夫斯基在被流放期间形成"土壤派"的理论,错误地认为俄国的土壤不适于宣传革命斗争,因为人民笃信宗教,只会顺从忍让。他流放回来后就公开反对革命民主主义思想,宣传"灵魂净化"的主张,在《卡拉马佐夫兄弟》等小说中宣扬借道德感化,"宽恕"以洗涤人间罪恶,达到改造社会的说教。小说《魔鬼》更集中地攻击革命者。陀思妥耶夫斯基对俄国和欧洲文学很有影响。

安·巴·契诃夫(А.П.Чехов,1860—1904)是十九世纪俄国批判现实主义最后一个杰出的作家。他写了大量的短篇小说和一些剧本。早期的作品大多是幽默讽刺的短篇,如《小公务员之死》、《变色龙》、《普里希别耶夫中士》等,嘲讽了专制制度仆役的暴戾无耻和小官吏的奴性心理。《万卡》和《苦恼》反映了城市下层人民的生活和悲惨。九十年代的作品如著名的短篇《第六病室》、《套中人》则揭露了俄国的黑暗和令人窒息的腐朽社会,鞭笞了知识分子的苟且偷安。作者用他的笔使人痛感必须彻底改变俄国不合理的现实。在《樱桃园》、《万尼亚舅舅》、《三姊妹》等剧本中作家反映了革命高潮前夕知识分子的苦闷和追求,流露对未来新生活的向往。契诃夫不曾达到革命者的高度,但是他站民主主义的立场,以敏锐的笔触,广泛地反映了俄国现实,揭露社会的丑恶,说明改革的必要;激励人们向往未来和追求美好生活的信心。契诃夫的小说语言简炼,寓意深刻,是俄国文学的光辉成就之一。

俄国十九世纪后半期是文学发展达到高峰时期,其标志是出现了托尔斯泰和陀思妥耶夫斯基这样的大作家。

6. 陀思妥耶夫斯基

费·米·陀思妥耶夫斯基(Ф.М.Достоевский,1821—1881)是俄国十九世纪的著名作家,其创作不但内容丰富,而且题材和体裁多样。由于艺术方法的繁复和多样,论者有的尊他为批判现实主义的大师,有的则

陀思妥耶夫斯基

称之为现代主义"意识流"的鼻祖,因其作品广受欢迎,在文学界时常出现"陀思妥耶夫斯基热"。

生平与创作概况

费·米·陀思妥耶夫斯基(Ф.М.Достоевский)出生在莫斯科一个平民医生的家庭。其父虽然后来获得贵族称号,但经济并不宽裕。作家从小住在父亲工作的玛丽亚贫民医院的宿舍,看到的周围现实是贫和病,他自己也与贫和病结下了不解之缘。

作家自幼喜爱文学,1834—1837年在莫斯科一所寄宿学校上学期间,读过许多俄国和西欧的当代作品。1837年他来到圣彼得堡,不久进入公费的圣彼得堡军事工程学校,四年的课程他学了六年才结束,不是因为无才,而是由于偏重文学,不热心于功课。他读了俄国普希金、莱蒙托夫、果戈理、别林斯基;西欧的莎士比亚、莱辛、席勒、霍夫曼、雨果、乔治·桑、巴尔扎克等人的作品。1843年毕业,他到圣彼得堡工程兵团工程局绘图处工作了一年,便匆忙退职,决心专事文学创作。

陀思妥耶夫斯基的创作大体可以分为前后两个时期。前期从1844年到1859年,代表作品是中篇小说《穷人》(1845)。后期从1859年到1881年,代表作品为长篇小说《罪与罚》(1866)。不过他的最后一部长篇小说《卡拉马佐夫兄弟》(1880)因其构思精巧,规模宏大,算得上是鸿篇巨制而备受重视,有人称它也是作家后期的代表作。

陀思妥耶夫斯基开始文学创作时,恰值俄国"自然派"形成的四十年代。在四十年代上半期,一批青年作家以果戈理为榜样,创作了许多真实描写现实的作品,即以圣彼得堡下层社会为描写对象的特写,如格里戈洛维奇的《圣彼得堡的手风琴师》、达里的《圣彼得堡的看门人》、涅克拉索夫的《圣彼得堡的角落》等。后者把这类作品汇编成集,于1844年出版第一本文集,书名为《圣彼得堡风貌素描》。这标志着"自然派",即俄国批判现实主义文学派别的出现。陀思妥耶夫斯基深受果戈理的影响,依照"在全部赤裸裸的真实中再现生活"[1]的原则,写成了小说《穷人》,被涅克拉索夫收入"自然派"的第二本集子《圣彼得堡文集》中,从而成了这个新学派的重要作家。陀思妥耶夫斯基同这一派的其他作家一样,其作品都是以城市下层

---

[1] 别林斯基:《论俄国中篇小说和果戈理君的中篇小说》,满涛译,《别林斯基选集》第1卷,第147页,1979年,上海译文出版社。

人物为主人公,通过他们的命运来揭露社会的不公正,受到别林斯基的肯定。后者曾赞赏《穷人》是"俄国社会小说的滥觞"。

《穷人》叙写一位上了年纪的穷公务员杰武什金和一个住在同一座贫民公寓里的卖淫姑娘瓦尔瓦拉·陀勃罗谢洛娃互相关怀到互相爱怜,最后又分离的故事。贫穷使他们互相亲近,但贫穷又注定他们必须分开。瓦尔瓦拉无以为生,只好嫁给地主贝科夫而离开杰武什金。后者只好发出悲惨的"绝叫"[1]。

小说的意义在于继承普希金和果戈理开创的传统——写"小人物",同时又有所创新。以往作家写"小人物",大多从同情和怜悯的角度出发,写出他们的悲惨境遇和辛酸的身世;陀思妥耶夫斯基则进了一步,写出他们的思想感情,表达他们内心深处的愤懑与不平。因而作家被誉为"穷人"的代言人。

杰武什金出身于平民,文化水准不高,好容易有一个公务员职位,便安分勤勉;虽然薪俸微薄,生活贫穷,却也过得了日子。他的善心促使自己关心更为贫苦的瓦尔瓦拉,并从对方得到感情上的回应。于是他有了人格上的"自尊":"我有良心和思想。"更重要的是意识到自己:"我是人"。主人公终于发出不平之鸣:"贫非罪",靠自己力气挣生活的人虽然穷,也是"高尚的穷光蛋",而"那些欺侮孤女的老爷们才是畜生!"像这样有丰富思想,敢于抗议的"小人物",过去的俄国文学中是未曾见过的。不过,作者也没有把他理想化,杰武什金毕竟太保守和软弱了,不能承受任何重大的打击,他的抗议仅仅是微弱的呼吁,"跪着造反",一旦命运不济,他便从此消沉下去。作者恰到好处地写了主人公性格上的强弱两个方面。

小说采用书信体,在一定程度上也有推陈出新的意义。以往书信体的作品,大多数用于主人公之间的谈情说爱,而陀氏则用来表露书中人物对于社会、人生以及本身现实地位等的种种内心感受,深入又细腻。否则,类似杰武什金这样的"小人物",不要说公开发表见解,就是与心爱姑娘悄悄来往表达情感,也绝少可能的。因为如他所说,怕别人"造谣诽谤"。胆小怕事的主人公们只有诉诸于笔墨,通过他们来往的一封封书信,使读者能够洞悉他们丰富的内心。这也是作家为揭示这类人物而独具的匠心。

除了《穷人》,作家在四十年代还写过《化身》[2](另译《双重人格》、《同貌人》,

---

1 鲁迅:《〈穷人〉小引》。
2 陈燊主编:《陀思妥耶夫斯基全集》(中文版)第1卷,磊然、郭家申译,河北教育出版社,2010年。

1846)、《女房东》(1847)、《白夜》(1848)、《涅加奇卡·涅兹万诺娃》(1849)等中短篇小说。他在这些作品里继续发挥他的心理描写特点，但在塑造人物性格上过分渲染了人的病态心理、性格分裂，尤其是"双重人格"而引起评论界的非议，导致与别林斯基等人的分裂。不过，此时陀氏在社会理想上仍醉心于空想的社会主义，赞成俄国解放农奴、改革不合理的社会制度，并参加进步学生团体彼特拉舍夫斯基小组的活动。

1849年4月23日，他在参加集会时与该小组成员一起被捕，关入彼得保罗要塞。他作为主要分子被判决死刑，罪名是在会上宣读别林斯基致果戈理的信，企图反对宗教和政府。直到12月22日在刑场临刑前，才改判为服四年苦役刑，刑满后得再罚为边防士兵服役。这样，作家于1850年被流放到西伯利亚的鄂木斯克服苦役，1854年期满又到边防军当兵，1859年才获准迁回俄国欧洲中部的特维尔居住，旋即回归圣彼得堡。为此，他中断文学创作整整十年。

流放对于陀氏打击极大，主要是动摇了他的社会信仰，使他的思想发生陡变。他承认自己在当年的政治活动是"盲从"，"相信于理论和空想"[1]，尤其在西伯利亚狱中他看到囚犯之间互相不信任，贵族政治犯普遍处于孤立状态，不被平民理解和同情；而所谓"平民"囚犯，不过是一些杀人越货的强盗，或者愚顽不化的可怜虫。因而他渐渐形成一种观念：贵族和平民无法沟通，平民缺乏接受革命的基础，也没有革命的"土壤"。加上狱中唯一可读的书籍是一本圣经，他便更加笃信了宗教里基督的博爱为调解人间矛盾的至上法则。这种思想变化不能不反映在他第二阶段，即后期的创作中。

陀思妥耶夫斯基流放归来即奋力疾书，加快创作进程，仿佛为了夺回中断十年的损失，这便是他后期创作的开始。五十年代末和六十年代初发表的作品，重要的有《舅舅的梦》(1859)、《斯捷潘契科沃及其居民们》(1859，另译《伪君子及其他人》)、《被侮辱与被损害的》(1861)、《死屋手记》(1861—1862)等中长篇小说。其中塑造"被侮辱与被损害的"人物形象曾使作家在文坛独树一帜，受到普遍的赞誉。

但影响更大的是从六十年代中期开始陆续发表的几部长篇小说：《地下室手记》(1864)、《罪与罚》(1866)、《白痴》(1868)、《群魔》(1871—1872)、《卡拉马佐夫兄弟》(1879—1880)。它们把作家逐步推向创作的巅峰。晚年还发表《作家日记》

---

[1]《陀思妥耶夫斯基书信集》(俄文版)，第1卷，第178页。

(1873—1881)和一些短篇小说,不过这些作品并非全都得到充分的肯定。

《白痴》的中心人物是娜斯塔西娅·费利波夫娜。这位贵族的孤女受到托茨基的收养,长成美丽又有丰富内涵的女郎,却被托茨基所占有,心灵受到极大的创伤。她既憎恨以托茨基为代表的贵族社会,又耻于受蹂躏的地位,深感自己的"堕落",于是要向社会报复。富商之子罗果静、一位退休将军的儿子伊沃尔金和本书的男主人公梅什金都在热烈地追求她。尤其是前面两位男子,为了获得她而同托茨基进行肮脏的交易。她则反过来从心灵上折磨这些人,暴露他们的卑劣。当他们拿出购买她的价钱十万卢布时,她毫不怜惜地打开炉门,抛进去烧毁,以示对买卖妇女侮辱人格的抗议,同时也揭露那些人在金钱被烧毁之前的种种丑态。梅什金则是作者所理想的人物。他不满于社会的腐败,又对人们充满"博爱",想帮助娜斯塔西娅、罗果静、还有伊沃尔金,以为忍让和博爱等基督教义可以实现人们之间的和解。可是这些人各有自己的打算,并不领他的情,结局仍是悲惨的。结果梅什金因脱离实际的行动而显得"白痴",连作者也感到自己的理想和现实确实有距离。

《群魔》则以无政府主义者的地下组织杀害有离心倾向的一位成员为线索而展开,有暴露混入革命队伍的不良分子之作用,但在写到地下组织头目韦尔霍文斯基的活动时,只有阴谋诡计和制造恐怖气氛,甚至直接杀人放火,搞恐怖活动。作品显得对一切革命者加以反对,因而小说遭到评论界的否定,被认为是对七十年代初俄国革命运动的攻击。

陀氏流放回来之后,有一个时期曾积极参与社会思潮的斗争。当时他与哥哥共同先后创办《时报》(1861—1863)和《时代》(1864—1865)两家杂志,宣扬"土壤"派的理论,以同车尔尼雪夫斯基的理论相抗衡,可以说,陀氏从创作到评论活动都有同革命民主主义相对立的成分,因而遭到民主派的批判。他晚年曾为不能得到涅克拉索夫等民主派的原谅而深深地遗憾。

最后一部作品《卡拉马佐夫兄弟》虽然按原计划尚未完全实现,但已写成的部分已是一部巨著。小说写了一个"偶然组合的家庭"卡拉马佐夫家的兴衰史,却反映了十九世纪七十年代末期俄国的社会现实,包括生活图景、社会政治思潮、哲学与道德问题,尤其是人们之间尔虞我诈的紧张斗争的复杂关系,当然也涉及俄国的命运与发展问题。所以有的评论曾誉之为具有史诗性质的作品。

在这部作品中,家长老卡拉马佐夫从不引人注意的丑角逐步上升、发迹,成为巨富。但其人生道路却是肮脏卑劣的。他为谋取财富而两次结婚,千方百计满足私欲。淫欲无度,直至奸污疯女,为了发财可以背信弃义,六亲不认,弃年幼子女于不顾,结果导致家庭成员之间分崩离析、亲人反目。父子之间为争夺财富和美女而搏斗,从精神和肉体上互相折磨,以至酿成弑父的悲剧。老卡拉马佐夫贪婪、淫欲、暴戾、狠毒和虐待狂,这些恶劣的品性集于一身,使他成为"卡拉马佐夫气质"的代表。

他的儿子,一家三兄弟(实际上为四兄弟),几乎都各自在某个方面承袭和发展他的气质。

长子德米特里兼有"魔鬼和上帝"两种品性。一方面为人凶残好色,想趁人之危占有军官之女,又同乃父争夺家财和美人,扬言非杀父不罢休。另一方面,能同情弱女子,真心爱其钟情的女人,为暴行和苦难而忏悔,虽然不是弑父的凶手,却表示愿受刑,以苦难来洗涤灵魂,在精神上通向上帝。

次子伊万能思考,善分析,相信自然科学,否定上帝,同时否定不平等的社会,为了儿童们遭受的苦难而责难上帝,发出"叛逆"之言。但他又主张"暴力",拥护奴役,认为人性是软弱和低贱的,必须以上帝的名义去加以蒙蔽和统治,甚至不顾道德准则,个人可以为所欲为。他知道凶手有杀父的意图,非但不阻止,还认为可以允许。他与长兄相反,由清醒走向堕落。

三子阿辽沙善良纯洁,虔诚友爱,愿"为全人类而受苦"。虽然也有理想、爱情和生活目标,能走出修道院,进入尘世。但形象单薄,只能体现作者"善"的概念,实是另一个"白痴"。

四子斯麦尔佳科夫是老卡拉马佐夫与疯女所生之子,由家仆抚养长大,收为厨子。在那种环境的熏陶下,他仇恨一切人,是真正的杀父凶手,"恶"的代表。作者把一切反面品性都集中在他身上。

综观全书,作家从描述家庭出发,考察和探讨社会,涉及现实政治斗争、哲学思潮问题、宗教信仰以及人性的善恶,也展示作家本身思想的矛盾和世界观上的斗争,因而独具特色,使作品历来为评论界所重视。

1881年2月9日,陀思妥耶夫斯基在彼得堡病逝,葬于亚历山大·涅夫斯基修道院。

代表作《罪与罚》

《罪与罚》的主要情节是法科大学生拉斯柯尔尼科夫为贫困所迫,决定铤而走险,去杀死一个放高利贷的老太婆,抢她的钱财。作案时恰巧该家的女仆回来了,于是一并加以杀害。事后他饱受良心上的折磨,尤其是看到醉汉马尔美拉朵夫一家虽极度穷困但并未犯罪,而是靠其女儿索尼娅卖淫以维持生活。拉斯柯尔尼科夫受其精神的感召,终于去自

圣彼得堡　亚历山大·涅夫斯基修道院

首。其间穿插着他和负责侦察破案的预审员之间侦破与反侦破的斗争,演出一系列他那种心情恍惚、如癫如狂的场景。

小说的情节虽然简单,却既能反映广泛而真实的生活图景,又进行深入的社会思潮和伦理道德问题,尤其犯罪心理的探究,达到二者的相结合。这几乎是陀思妥耶夫斯基一切长篇小说的特点,不过在《罪与罚》里表现得更为集中和突出,所以说它是陀氏的代表作品。

小说对于圣彼得堡下层人民生活困境的描写,已经成了典范之作,有"陀思妥耶夫斯基笔下的圣彼得堡"之称。"男主人公所住大学生贫民公寓中有如"棺材"的小房间、桌椅都油腻得发黏的小酒馆、醉汉一家所住连空气都发散着肺痨病菌气味的贫民窟、肮脏零乱的贫民街区、衣衫褴褛被好色男人追逐的少女、刚刚从涅瓦河捞上来的走投无路而自溺者的女尸"等等场面无一不震撼着人心。

对于犯罪根源,书中给予多义的探究。初看起来似乎仅是男主人公迫于贫穷,进一步分析便发现有多方面的因素。他是在小酒馆听到一群大学生议论某老太婆为富不仁,恨不得夺富济贫而受到启发,萌生杀死她的念头的,至少可以说是受当时社会思潮的影响。小说同时表明杀人动机也有好的一面:为穷人。从平时的言行看,男主人公确有善良的一面,如周济困难的同学,杀人之后并未独吞钱财,而是藏起来拟留待穷人之需;还把家里刚刚寄来的生活费全部贡献给被马车压死的醉汉的家属,以帮助她们度过难关。因而小说令人感到这个杀人不手软的凶犯并非面目可憎,而是善与恶奇异地结合于一身。这是陀氏独具的手法,再则,拉斯柯尔

尼科夫不是寻常的杀人犯,而是有一套杀人理论、"有头脑"的法科学生。在他看来人分成"凡人"和"超人"。"凡人"不过有如"畜生",仅仅是"超人"成就功名的材料。而少数"超人"则是生活的主宰,为了出人头地为所欲为,甚至"趟过血泊"去夺取功名,所以拿破仑"在巴黎进行大屠杀,把一支军队遗忘在埃及,远征莫斯科糟踢掉五十万条人命"等等,非但不算犯罪,反而使他成了青年崇拜的对象。于是主人公也要当拿破仑,成为"超人"。相反若不去杀人,他自己便成了"凡人"和"畜生"了,这是他绝不甘心的。这里犯罪根源具有更为深刻的社会性:"超人"哲学以及社会思潮中的"拿破仑崇拜"。这里对于一个问题的探讨,往往不是一个简洁的答案,而是给予多种解答,"多义性"便是陀氏长篇小说探索社会与人生的一个特点。

答案的矛盾性则是陀氏解决问题的另一个特点。醉汉一家的遭遇是当年受苦人的典型,其妻卡捷琳娜忍辱负重,孤苦无靠,总想获得上帝派什么好人来庇护,终不可得,最后发出不平之鸣。她说:"上帝是慈悲的,可是对我们却不!"这是她死前对上帝做的否定。但同样出自这一家的成员,即其女儿索尼娅,却被作者当作上帝精神的体现,理想的化身。她身上体现了博爱与宽恕,肩负了人类的苦难,以至于令男主人公感佩得五体投地,匍伏下去吻她的脚,说"我是向人类的一切痛苦膜拜"。索尼娅与卡捷琳娜相反,以卖淫来维持一家的生计。她没有怨恨,只有忍让与受难,竟被作者奉为解决社会弊病的药方,至少作为消除犯罪的办法。可见作者在两个女性人物身上提供了两种相反的、矛盾的解决社会问题的方案。

不仅对于犯罪的根源,对于处罚的理解,书中也是给予多方面的解释。表面上看,对男主人公的惩罚是判处遣往西伯利亚服苦役刑。但这仅仅是肉体上的罚,此外主人公还要经历更深刻的精神折磨,也即精神处罚。杀人之后,拉斯柯尔尼科夫的第一个感觉并不是成了"超人",而是自绝于人群,似乎为人群所唾弃。为了躲避侦查,他得提防一切人,包括对亲属好友都不能以诚相见。这令他最为痛苦,思想斗争最剧烈。他的心理矛盾发展到不可自我解脱的地步。作者借此对主人公的极端个人主义给予无情的批判,即从社会道义上给他深刻的处罚,但对于那种灭绝人性的杀人理论的实质,书中却将其归之为背离了上帝,因而必得让他再经受基督教义的启发,进行良心上的自我惩罚,即向索尼娅忍辱受难的精神拜伏,仿效她甘愿以受苦受难来赎罪,以洗涤灵魂,皈依上帝。可见在小说中"罚"也含着多义性。

陀思妥耶夫斯基的小说常常让各种人物汇合在一起,就同一个问题发表各自的见解和主张。这些观点必然千差万别,互不相同,互相对立。但作者只作客观地描述,不加评论,造成作者与人物、人物与人物之间"平等对话"的关系。它表现了客观世界以及人的内心之复杂和多样。俄国学者誉之为"多声部",视之为陀氏独创的手法和独特的艺术风格。作者"不干预"书中的人物,让他们自在地活动、表达内心意见,仿佛作者和人物各有自己的音调,互不干扰地存在着,形成为"复调小说"。此种艺术特点在《罪与罚》中显得特别明显。

至于使作者受到赞扬,但也时常遭到责难的"多义性"或"矛盾性",固然是他世界观上存在矛盾的反映,却也是作家创作方法和社会处境所决定的。陀思妥耶夫斯基在评论界的心目中历来有"作家和思想家"之称,即指他不但写作,而且发议论。他的作品大多数属于长篇巨著,由于他对社会问题和人的心理进行探究,当然不能像契诃夫专以短篇取胜。后者仅截取一个生活场景或片断,客观地描述,寓义于其中而不点破,让读者自己去思考并得出结论。长篇小说体裁面临的局面是必需提出问题和解答问题。但陀氏又不是托尔斯泰所具有的"最清醒的现实主义",可以大声疾呼直捣社会弊病的祸根。加上他一生贫病交加,得靠写作来养家糊口,本身又长期处于当局的监督之下,即使流放归来之后,仍然长时间未被解除秘密监视。如此种种情况促使他最好对所提出的社会问题作出多种解答,既不惹恼当局检查机构,让编辑出版顺利通过;又要让民主评论界可以接受;即使得各方面、不同阵营的论者可以各取所需地加以理解,因此陀氏的作品,尤其长篇小说往往不是一下子就让人看懂含义的,而需要反复思考,即今日人们常说的"富于哲理性",读者须多读多想几遍才能了解其中的含义,甚至各自得出不同的含义。

《罪与罚》的特点还在于开创了"意识流"的描写手法,特别是小说的后半部,即表现"罚"的过程。作者让主人公处于高度紧张的心理状态之中,一方面为掩盖罪行而挖空心思,千方百计地粉饰自己,有时仿佛天衣无缝,有时又弄巧成拙,自相矛盾;另一方面在进行内心的自我谴责、无穷无尽的忏悔。主人公终日处于无法解脱的矛盾之中,其思想情绪的变化已经脱离了常轨,失去了控制,时常出现了下意识活动。主人公本人也不知道他在想什么和说什么,尤其因作家喜爱用梦境、幻觉手法,或让人物梦呓,更是大大加强了这种气氛。这种写法在俄国文学史上前所未有,也被西欧评论界奉为首创,并为众多的后辈作家所效法。

总之，在评价陀思妥耶夫斯基的创作时，现实主义评论界称赞他对社会的畸形、丑恶和不义作了最深刻的揭露，是伟大的人道主义者，具有独创精神的心理分析家。现代派的评论则看重陀氏独特的心理描写和性格塑造的方法，尤其是"意识流"的特点，尊他为现代主义之祖师。因此，陀氏在俄国文学和世界文学中得以产生广泛而巨大的影响，也时常引起论者的争议和非议。

至于陀氏引起的不同评价，各个时代背景和经历不同的人，自然都有差别，仅就其对俄国文化所起的作用，就可以选出几种有代表性的观点。

高尔基在本世纪初论及大作家在俄国文坛和思想界的影响时，说道："托尔斯泰和陀思妥耶夫斯基是两个最伟大的天才，他们以自己的天才的力量震撼了全世界，使整个欧洲惊奇地注视着俄罗斯，他们两人都足以与莎士比亚、但丁、塞万提斯、卢梭和歌德这些伟大的人物并列，但他们对于自己黑暗、不幸的祖国却有过不好的影响。"[1]

列宁在苏联时代从其对思想界的效应角度出发，反对人们不加选择地模仿陀思妥耶夫斯基的手法，尤其反对摹写血淋淋的场景，认为有人想"绘声绘色地描述骇人听闻的事，既吓唬自己又吓唬读者，把自己和读者都弄到'神经错乱'的地步"，因而提出要反对"对最拙劣的陀思妥耶夫斯基的最拙劣的模仿。"[2]

而鲁迅却称赞陀氏写人物用了"精神苦刑"的方法，说陀思妥耶夫斯基往往以"残酷的拷问官"出现，"布置了精神上的苦刑"，把人物放在"万难忍受的境遇里"来试炼，层层剥析他们的灵魂，"不但剥去表面的洁白"，"还要拷问藏在底下的罪恶"。

不过鲁迅对陀氏也有微词，曾说："回想起来，在年轻的时候，读了伟大的文学者的作品，虽然敬服那作者，然而总不能爱的，一共有两个人。一个是但丁，那《神曲》的《炼狱》里，就有我所爱的异端在；……还有一个，就是陀思妥耶夫斯基。……而这陀思妥耶夫斯基，则仿佛就在和罪人一同苦恼，和拷问官一同高兴似的。这绝不是平常人做得到的事情，总而言之，就因为伟大的缘故。但我自己，却常常想废书不观。"[3]

---

1 《高尔基论文学》续集，戈宝权、缪灵珠、满涛译，第50页，人民文学出版社，1979年。
2 列宁：《给印涅萨·阿尔曼德》，中共中央马思列斯著作编译局编，《列宁全集》第35卷，第127页，人民出版社，1959年。
3 鲁迅：《陀思妥耶夫斯基的事》，《且介亭杂文二集》，1935年。

7. 托尔斯泰

列·尼·托尔斯泰(Лев Николаевич Толстой),出生于莫斯科南面不远的图拉省清田庄(音译"雅斯纳亚·波良纳")一个伯爵家里,长大后承袭了爵位。他两岁丧母,九岁丧父,由姑母监护长大。1844年入喀山大学东方系,后转法律系学习,接触到卢梭、孟德斯鸠的著作,开始对学校教育感到不满,三年后退学回乡经营田庄,后来一生的大半时间都在庄园里度过。 1851年曾到高加索加入军队服役,参加过克里米亚战争,在塞瓦斯托波尔战役中表现英勇,当过炮兵连长,1856年退役回家。

托尔斯泰

托尔斯泰在高加索时开始文学创作。其创作历程可分为前后两个时期:五十至七十年代为前期,八十年代起为后期。

在前期,五十年代陆续发表小说《童年》(1852)、《少年》(1854)和《青年》(1857),组成自传性三部曲,体现了他早期的思想和对创作的探索。作品反映主人公尼古连卡从童年到青年的成长过程。主人公出生在贵族家庭,一方面沾染了崇尚虚荣的恶习,接受一些贵族阶级的偏见,另一方面也看到这个阶级的虚伪与自私,于是不断进行内心的反省,努力去追求"人生的真谛"。三部曲显示了托尔斯泰心理分析的才能和他早年已具有的民主思想。

1855—1856年所写的《塞瓦斯托波尔故事》真实地反映了克里米亚战争,为作家带来声誉。它既表现俄国军人的爱国主义精神,又用俄国士兵的勇敢去对照贵族军官的腐败,颇得民主舆论界的赞许。

车尔尼雪夫斯基在评价托尔斯泰早期这些创作时,指出作家才华的两个特点是心理分析和道德感情的纯洁。他特别强调:托尔斯泰"最感兴趣的是心理过程本身,它的形式,它的规律,用特定的术语来说,就是心灵的辩证法"。

1856年发表的中篇小说《一个地主的早晨》也具有某些自传性成份。它写青年地主聂赫留朵夫从"博爱"出发,着手改善农民的处境,并实行减租减息;但这没有得到农民的理解和信任,"改革"终未成功,主人公因而内心感到苦闷和傍徨。

随后发表的短篇小说《卢塞恩》(1857),是他根据旅行西欧时在瑞士风景区的见闻写成的。书中通过一个流浪歌手遭到英国绅士们嘲弄的情节,谴责资产阶级文明的虚伪。作者憎恶资本主义文明,却相信有一种"世界精神"可以调和人间的矛盾,使人们互相亲近起来。他在书中写道:"我们有一个,并且只有一个毫无错误的指导者","那就是深入我们内心的世界精神"。这一点在分析托氏早期的思想时尤其值得注意。

托尔斯泰对待农奴制的态度也是充满矛盾的。他一方面同情农民,赞成解放农奴,另一方面又为地主的土地所有权担忧。对于解放农奴的途径,也有特殊的看法。他反对以革命的方法消灭农奴制,这与革命民主派发生严重分歧,结果导致1859年同屠格涅夫等人一起与进步杂志《现代人》决裂;同时他又反对贵族自由主义者和农奴主顽固派保护农奴主的主张,批评沙皇政府自上而下实行的农奴制"改革","除了许诺之外别无他物"。在文艺观上他倾向于"纯艺术"派德鲁日宁,而与车尔尼雪夫斯基等人有分

托尔斯泰

歧。写于1859年的中篇小说《三死》和《家庭幸福》就体现了作者在哲学观和艺术观上的倾向,他不是对社会问题进行揭露和批判,而是抽象地探索生与死、幸福与痛苦等问题,因而受到民主评论界的批评。

1861年农奴制改革以后,托尔斯泰转入农村教育工作,旨在启蒙农民。他曾于1860—1861年第二次赴西欧旅游,作教育工作的考察,回来曾在庄园里兴办小学,创办《雅斯纳亚·波良纳》教育杂志,同时担任农村中和平调解人,在解决"改革"后农民与地主之间的纠纷时偏袒农民,从而引起地主们的忌恨。这种倾向引起沙皇政府的注意,招致了1862年宪兵搜查他的住宅。

1863年,他发表写作将近十年的中篇小说《哥萨克》,描写贵族青年奥列宁抛弃城市的舒适生活去高加索服军役,决心同哥萨克一起过山民们那种朴素的生活,但在与山民姑娘玛莉安娜的恋爱中又暴露了其自私的本性,最终还得痛苦地离开山村。小说同样表达了作者对于社会问题的探索,因为看不到出路,只好寄寓于"返璞归真"那样一种理想的境界。

上述情况表明,作家早期的思想和创作已经注意到贫与富的对立,他不满于贵族社会和资本主义社会,但也看不到俄国的出路。

托尔斯泰在1862年结婚后,从1863年开始潜心于长篇小说创作,先后写出了

两部代表作《战争与和平》(1863—1869)和《安娜·卡列宁娜》(1873—1877),分别从历史和现实两个方面来探索俄国社会的出路问题。

《战争与和平》是一部历史题材的长篇小说,作者的用意是通过对历史的考察来寻求俄国社会问题的答案。小说有如下突出的特点:

首先,其体裁样式在俄国文学中是一种创新,突破了欧洲长篇小说的传统规范。屠格涅夫当时就称"它是一部集叙事诗、历史小说和风习志之大成的、独树一帜的、多方面的作品"。在创作方法上它

《战争与和平》插图

综合了现实主义、浪漫主义,甚至古典主义诸传统的优点。它以1812年俄国的卫国战争为中心,反映了1805年至1820年的重大历史事件,包括俄奥联军同法军在奥斯特里茨的会战、法军入侵俄国、波罗金诺会战、莫斯科大火、拿破仑军队溃退等,全书的线索既以对拿破仑的战事始,亦以对拿破仑的战事终。作者描写了历史上的真实人物拿破仑、库图佐夫以及沙皇亚历山大一世,也写出了人们的理想和鼓舞人心的目标,歌颂了俄国人同仇敌忾的抗敌精神和震惊世界的伟大胜利。但作品不是以帝王将相为主人公,而是以一批虚构的人物作主角,着重写了博尔孔斯基、别祖霍夫、罗斯托夫和库拉金四家大贵族在战争与和平环境中的思想和行动;小说以四个家族的主要成员安德烈、皮埃尔、娜塔莎的命运为贯穿始终的情节线索,描绘了社会风尚,展示了广阔的生活画面:从首都到外地,从城市到乡村,从贵族的客厅到血染的战场,作者都作了生动的描写。所以它是一部现实主义的、英雄史诗式的长篇小说。

其二,它成功地描写了人民并歌颂人民的爱国主义和英雄主义精神。因为1812年那场卫国战争是人民打赢的,所以作者笔下出现了许多来自民间的英雄:英勇的普通士兵、行伍出身的下级军官、农民游击队。但作者同时认为当年的贵族也有一部分起了作用,尤其是那些十二月党人的前驱——卫国战争的参加者,他们

是贵族的精华和俄国的希望。因而作者笔下的贵族便分为两类。一类是国难当头能够和人民共命运的,即罗斯托夫、博尔孔斯基和别祖霍夫那三个家族;另一类是腐败的醉生梦死的库拉金家族和其他宫廷显贵。凡是爱国并关心民族命运的贵族,作者就给予褒扬;反之,置民族命运于不顾的贵族,他就加以贬斥。这种处理方法,使作品的主题思想得到高度的统一。

其三,在人物塑造上有许多独到之处。作品共写到559个人物,主要形象塑造得很成功。作者把人物放到广阔的历史背景上和各种生活领域里加以描写,通过战争与和平这两种强烈对比的生活加以刻画,这种写法在过去是不多见的。

托尔斯泰在刻画人物时极为重视人物的多面性和复杂性。以主人公之一安德烈·博尔孔斯基为例,他的性格既复杂又不断发展。开头显得矜持高傲,不同凡俗。参军出征的动机是追求功名,作战英勇,敢于献身。奥斯特利茨一役他受了重伤,省悟到个人功名事小;然而抛弃了虚荣心之后却产生厌世思想,回家时万念俱灰。但由于性格刚强,加上皮埃尔的友谊和娜塔莎的爱情,他的心情出现了转机。1812年战争爆发时重新上前线,则是为了祖国而献身,他终于接近了人民,领悟了"人生的真谛"。这是托尔斯泰理想中的英雄。

1812年卫国战争中的俄军统帅库图佐夫

另一位主人公皮埃尔也鄙弃上流社会。他一方面聪明热情,善良老实,有时甚至带点傻气;另一方面又懒散、软弱,甚至放荡;但追求理想生活的努力却始终不懈。

其四,作品具有浓郁的民族风格。这部作品可以说是俄罗斯的绮丽的历史画卷,它不仅写出俄罗斯民族的性格和气质,也展现了当时俄国社会的风貌。他的笔下有圣彼得堡贵族优雅的客厅、莫斯科槽杂的市井、博古恰罗沃宁静的庄园,还有春天泥泞的童山村、粗大的老橡树、穿着漂亮印花布衫的俄国少女。农民出身的俄国士兵淳朴、憨厚、诙谐乐天,游击队员犹如古俄罗斯歌谣里的勇士。至于农村里围猎、跳舞的场面,更洋溢着古老民族风俗的浓厚气息。

作者的世界观是矛盾的。这种矛盾也反映在小说中。他理解战争的胜利靠的是人民群众的力量,却认为群众是盲目的、"蜂群式"的力量,库图佐夫指挥战争的本领也仅仅在于顺乎自然,合乎天意。作者让安德烈在临终前接受了《福音书》的教导,寄希望于宗教救世的威力;又让皮埃尔接受一位俄国士兵普拉东·卡拉达耶夫的宿命论思想的影响,相信顺从天命、净化道德、爱一切人和积极行善是改革社会的良策。作者甚至把普拉东的听天由命、逆来顺受、"勿抗恶"作为美德来欣赏。

长篇小说《安娜·卡列宁娜》,则以现实生活为题材,反映了俄国从1861年开始的那个历史时期社会变动的特点,即书中人物列文说的,"一切都翻了一个身,一切都刚刚开始安排。"总体说来,那"翻了一个身"的东西,就是农奴制整个旧秩序;那"刚刚开始安排"的东西,就是资本主义制度。

小说由两条平行又互相联系的情节线索构成。一条线索写贵族妇女安娜和丈夫卡列宁的感情破裂,爱上贵族青年军官沃伦斯基,并与他同居,为此她遭到上流社会的鄙弃。后来她对生活绝望而卧轨自杀。另一条线索写外省地主列文和贵族小姐吉提由恋爱而组成幸福家庭的曲折过程。两条线索分别反映了俄国城乡的变化,也体现了作者对社会问题的探索和思考。

安娜是一个追求个性解放的女性。当她还是少女时,就由姑母作主嫁给比自己大20岁的大官卡列宁。她不但外貌美,而且内心感情丰富。其夫则冷漠无情,而且思想僵化。夫妇关系完全靠封建礼教维系。他们一起生活了八年,后来世风大变,安娜终于产生了追求真正爱情的要求,并且付诸行动。安娜此举自有其社会意义。它既反对封建旧礼教,显示了个性解放的愿望,又向贵族社会的虚伪道德挑战。

虚伪之风已经渗透到上流社会的一切领域里。围绕着安娜的圣彼得堡社会,存在着三个社交集团:一个是卡列宁的政治官僚集团,勾心斗角,结党营私;另一个是莉姬娅·伊凡诺夫娜伯爵夫人的集团,是假仁假义的伪君子;第三个是佩特西·特维尔斯卡娅公爵夫人集团,也是腐化放荡无所不作。三者之间的共同点则是伪善:丈夫欺骗妻子,妻子背叛丈夫,几乎人人都有"外遇",人们寡廉鲜耻,道德沦丧。安娜不愿随波逐流,她要求离异旧的婚姻,正式办成手续,以便正当地重新组成有爱情的家庭。这便触犯了讲究虚伪道德的上流社会,所以遭到它的制裁,以至于绝望自杀。她的死正是对虚伪社会的控诉。

卡列宁是个伪君子。他需要安娜,不是出于爱,而是当作一种美丽的点缀品,实际生活中对她冷漠无情,连对她说的话也是官僚气十足。他伪善到不顾尊严,要求安娜表面上维持家庭的体面而允许她背地里去偷情。他怕丢丑影响前程而不敢到法庭去受审理公开离婚,为了保全面子又不敢和沃伦斯基决斗。同时,他又是残酷的,他看准安娜不忍抛弃儿子这种感情上的弱点,既不同意离婚,也不许她带走儿子,让她长期处于不合法的地位。而这一点正是对安娜最痛苦的精神折磨。他用她的一生作为代价来维护他的体面,是十足的旧制度的化身。

沃伦斯基也有浪荡的一面,他只是迷恋于安娜的美色,并不理解她的感情;同时也不能摆脱上流社会的偏见,害怕贵族社会对安娜的议论会影响他在官场的升迁,终于冷淡了安娜,这给了她又一次严重的打击。

作者对安娜是同情的,所以把揭露的对象,放在造成安娜不幸的上流社会。但作者的态度也有矛盾。他认为安娜为追求爱情而破坏了家庭,也就影响了社会的和谐,应该受到谴责。小说援引《新约全书·罗马书》的一句话作为题辞:"伸冤在我,我必报应。"正是说明了这个意思。不过托尔斯泰认为,上流社会没有权利谴责安娜,因为它比她更坏。只有上帝才有权利惩罚她。

小说另一条线索的主人公列文带有作者自传的性质,反映了作者思想探索的过程。列文不满于俄国现实,但又奉宗法制为理想,赞颂自给自足的农村生活制度,反对城市文明。不过列文也看到地主的富足和农民的普遍贫困,二者是如此不谐调,使他为此感到不安,极力想找到地主接近农民、二者共同富裕的道路,幻想

托尔斯泰给农民孩子讲故事 十九世纪九十年代

"以人人富裕和满足来代替贫穷,以利害的互相调和与一致来代替互相敌视"。但是这种幻想又无法实现。结果列文只能悲观失望,试图自杀,最终只能接受宗教和上帝的"慰藉",表示信奉"博爱"可以拯救人类的思想。他与吉提结婚,不再苦苦追索社会问题,其实只是一种精神解脱,并没有解决迫切的社会问题。

从列文身上可以发现,托尔斯泰直至七十年代末,在探索俄国出路的问题上并未找到答案,而基督教的"博爱"思想在他身上已经日渐明显。

从八十年代起进入托尔斯泰创作的后期。此时俄国的社会矛盾又趋剧烈。农民在"解放"中本来就遭受了一连串的掠夺,濒于破产;现在又遇上连年歉收,成千上万人死于饥饿和瘟役。农民被迫抗争,1879年农民暴动席卷欧俄二十九省,1880年增加到三十四省。同时,农民运动与工人运动相汇合再一次形成革命形势,引起了托尔斯泰的注意。他在1879年就感到,民粹派薇拉·查苏里奇刺杀圣彼得堡总督事件是"革命的先兆"。他本人也加紧社会活动,遍访大教堂、修道院,同主教、神父谈话,出席法庭陪审,参观监狱和新兵收容所,调查城市贫民区等等,这一切使他更加清楚地认识到专制制度的腐朽,从而引起了他世界观的剧变。由世界观的演变也导致创作上的变化。

他在《忏悔录》(1879—1881)里说:"1881年这个时期,对我来说,乃是从内心上改变我的整个人生观的一段最为紧张炽热的时期",他又在日记中写道:"我弃绝了我那个阶级的生活"。他在《忏悔录》、《我的信仰是什么?》(1882—1884)和《那么我们应当怎么办?》(1886)等论文中阐明了这种转变以及其新的观点。

托尔斯泰的转变是:"乡村俄国一切'旧基础'的急剧破坏,加强了他对周围事物的注意,加深了他对这一切的兴趣,使他的整个世界观发生了变化。就出身和所受的教养来说,托尔斯泰是属于俄国上层地主贵族的,但是他抛弃了这个阶层的一切传统观点"[1],转到宗法制农民的观点上来了。

托尔斯泰在世界观转变以后写了大量作品,著名的如剧本《黑暗的势力》(1886)、《教育的果实》(1891)、《活尸》(1911),中短篇小说《伊凡·伊里奇之死》(1886)、《克莱采奏鸣曲》(1891)、《哈泽—穆拉特》(1904)、《魔鬼》(1911)、《谢尔盖神父》(1912)和《舞会以后》(1911)等。不少作品是用宗法制农民的观点来考察社会生活并对它作了猛烈的批判。如《黑暗的势力》写一个雇工由于贪财而杀死了情妇的丈夫和婴儿,但受到笃信基督的父亲的开导,终于忏悔,并且认了罪。作品意在说明资本主义制度下,金钱是万恶之源,是腐蚀农民纯洁心灵的"黑暗势力",唯有纯朴的农民道德才能克服它,并使农民避免灾难。其他的作品也表明,作者已经用他新的观点来考察社会和人生了。

然而,最集中体现托尔斯泰世界观转变后的思想状况和创作特点的,要算是他后期的代表作长篇小说《复活》(1889—1899)。

《复活》是以一件真人真事为基础写的。检察官科尼告诉托尔斯泰一个案件:一个名叫罗扎丽·奥尼的妓女被指控偷窃醉酒的嫖客一百卢布,判处监禁四个月。一位出庭当陪审员的青年贵族,认出了她就是当年被她诱奸过的亲戚家之养女,那时她才十六岁。他良心发现,要求同女犯结婚以赎回过失,请求科尼帮助解决。这个故事启发了托尔斯泰,起初他想写一本道德教诲的小说。但在十年创作过程中反复思考,六易其稿,终于把主题变成"要讲经济的、政治的、宗教的欺骗","也要讲

---

[1]《列宁全集》第16卷,第330页。

专制制度的可怕"。

成书以后的情节改为：贵族青年聂赫留朵夫诱奸了农奴少女卡秋莎·玛斯洛娃，并加以遗弃，使她备受凌辱，沦落为妓，最后又被诬告犯杀人罪而下狱，判处流放西伯利亚。聂赫留朵夫作为审陪员在法庭上与她重新见面，受到良心谴责，决定为她奔走伸冤，上诉失败后又陪她去流放。此举令她深受感动，但为了不损害他的名誉地位，她还是不同意与他结婚，而嫁给了一位"革命者"。借助于这样的情节，托尔斯泰描写了俄国社会的各个方面，刻画了各个阶级、各个阶层的多种人物。

《复活》对俄国社会的揭露和批判达到了空前激烈的程度。它以主要的篇幅揭露法庭、监狱和政府机关的黑暗，揭露官吏的昏庸残暴和法律的反动。在堂堂的法庭上，一群执法者各有各的心思，随随便便将一个受害的少女玛斯洛娃判刑。上诉过程也暴露沙皇政府从上到下的腐败：国务大臣是贪贿成性的吸血鬼，枢密官是镇压波兰人起义的刽子手，掌管犯人的将军极端残忍，副省长经常以鞭打犯人取乐，狱吏更以折磨犯人为能事。作者据此指出：人吃人的行径并不是从原始森林里开始，而是从政府各部门、各委员会、各司局里开始的。

小说还撕下了官办教会"慈善"的面纱，暴露神父麻醉人民的骗局，让人们看清俄国政府与教会狼狈为奸的实质。小说又指出农民贫困的根源是地主的土地私有制，而资本主义则给农民带来双重的灾难。

这些方面表明，作者反映了农民消灭地主土地占有制、消灭压迫人的沙皇专制制度的强烈愿望。他实际上提出了民主革命和社会革命所要解决的具体问题。从这个角度看，托尔斯泰的确是个伟大的思想家。

但是小说在反对政府及统治者压迫和奴役人民的同时，却呼吁"禁止任何暴力"，否定暴力革命；在反对官办教会的伪善时，小说主张信仰"心中的上帝"，号召人们"向你心中的上帝"祈祷，说"天国就在你们心里"；而反对剥削者时也只是发出软弱无力的怨诉或咒骂。

不但如此，小说还宣扬"爱仇敌、为仇敌效劳"、"永远宽恕一切人"等显得不切实际的主张。

托尔斯泰一方面在晚期的作品里，对现代一切国家制度、教会制度、社会制度和经济制度作了激烈的批判，他是撕下一切假面具的"最清醒的现实主义"，创作了世界文学中第一流作品的艺术家；另一方面，他是狂热地鼓吹"不用暴力抵抗邪恶"

的"托尔斯泰主义者"。

《复活》在艺术上是成功的。它塑造了一个丰满而复杂的形象——聂赫留朵夫公爵,一个"忏悔"贵族的典型。作者运用他的"心灵辩证法",即通过这个人物思考和探索解决社会问题的过程,充分展示人物思想和性格的辩证发展。

聂赫留朵夫出于贵族阔少的劣性,诱奸了农奴少女玛斯洛娃,从此把她推入不幸的深渊。但这不仅仅是他个人的恶行,而且是贵族阶级对他影响的结果。他本来是纯洁、有理想、有真挚爱情的青年,但贵族社会和沙俄军界使他放荡和堕落,促使他去损害她。因而他是贵族阶级罪恶的体现者。

他由于青年时代受过民主主义思想和人道主义思想的影响,个人身上的善良品性还没有完全泯灭,加上有追根究底好思考的性格,使他和别的纨绔子弟多少有些不同。所以十年后在法庭上重新见到玛斯洛娃时,才能被他的悲惨遭遇震惊,产生了忏悔之心。他先是承认自己"犯了罪",决定替被冤枉判刑的玛斯洛娃上诉申冤,借以挽救她,也为自己赎罪。当他奔走于各级政府机关,活动于权贵之门时,看到统治阶级和国家机器的专横无理,逐步意识到本阶级的罪孽深重。他转而愤怒起来,揭露法庭、监狱和政府机关的黑暗。这样,他又成了统治阶级罪恶的揭露者和批判者。

这种揭露和批判是来自旧营垒中的反戈一击,所以就特别有力。不但如此,他还进一步对革命者产生了同情心,决定交出土地,到西伯利亚去,有了投向人民的表示。在整个过程中他的贵族旧性不断死灰复燃,他每定一步都要经过痛苦的思想斗争。这一切都使得这个人物形象显得丰满和真实可信。

同样,女主人公卡秋莎·玛斯洛娃也是成功的人物形象。两个主人公都是现实中的典型,其性格既复杂又完整,其思想性格的发展变化都是合乎逻辑的。

不过,作者把人物转变的原因归结为"人性"和"兽性"的冲突,彷佛人人身上皆有"精神的人"和"兽性的人",即"人性"和"兽性"二者的对抗,并以"人性"的胜负来解释主人公的向善、堕落、忏悔和精神复活等问题。这显然不能自圆其说。

《复活》除了描写主人公形象的艺术成就之外,还有许多特色。它运用单线的情节线索而描绘广阔的社会生活,成功提供了社会全景图;它在描绘艺术画面和人物形象时大量使用了对比手法,如景物对比、人物对比、贫富之间的生活遭遇对比等等,从而突出社会矛盾和加强作品的批判力量;它对人物的心理刻画入微,既深

《隐士》 涅斯捷罗夫 1888—1889年

入各种人物的内心,又抓住其瞬息间的思想感情变化,对于主人公的心理活动,则更加熟练地表现了他们的"心灵辩证法";它很重视细节的描写,包括人的外貌特征和生活环境,都描绘得生动逼真、栩栩如生。

《复活》充满批判的激情。它用鲜明的哲理和道德说教来提出重大的社会问题,表明作者的观点。托尔斯泰采用大声疾呼,直接诉诸读者的形式,所以作品具有宣言式的风格。

托尔斯泰晚期的创作表明其转变后的世界观仍存在着显著的矛盾:他一方面是"强烈的抗议者、激愤的揭发者和伟大的批评家";另一方面又是鼓吹"不以暴力抗恶"、"道德上的自我完善"和"博爱"三要点的"托尔斯泰主义者"。

托尔斯泰到晚年一直致力于"平民化"。他持斋吃素,坚持从事体力劳动,耕地、挑水浇菜、制鞋;并表示希望放弃私有财产和贵族特权。因而和他的夫人意见冲突,家庭关系变得紧张起来。后来,他回避家里的人,秘密离家出走,坐火车从莫斯科向东面进发,途中感冒,十天之后便病逝在一个名为阿斯塔波沃的小火车站上,当时为1910年11月20日(俄历11月7日)。

第五章

走进现代的文化（十九、二十世纪之交）

经过十九世纪九十年代的准备，俄国大体与西欧列强同时于二十世纪初进入帝国主义阶段，它既有其他帝国主义列强的共同特征，又有自己的特点。俄国在农奴制改革以后仍然保存着大量的农奴制残余，沙皇政府既依靠贵族又要照顾资产阶级发展的要求，只好加紧对外侵略。这使得俄国富于反动掠夺性，变成军事封建帝国主义。

同时，社会矛盾的激化，酝酿着巨大的风暴，导致了世纪初发生的两次民主革命和一次无产阶级革命。社会思潮繁复，发展迅猛，也引起了文化的多样化竞争，继续推动着一批高水平文化成果的出现。

第一节 社会大转折

1. 革命运动的兴起

俄国工人和贫民受着沙皇专制制度和新兴的资本主义双重压榨，生活极端困苦，政治上毫无权利可言，形势迫使他们奋起抗争。从十九世纪七十年代开始，每年都有工潮发生，罢工浪潮此起彼落。1875年在敖德萨成立全国第一个工人革命组织："南俄工人协会"，为首的工人查斯拉夫斯基后来被捕入狱而牺牲。事隔三年，在圣彼得堡又成立"俄国北方工人协会"，为首的是奥勃诺尔斯基，但不久也被捕。这个组织从1878年成立，到1880年被宪兵捣毁，实际也只存在了三年，但却反映了工人的觉醒。从1885年到1890年全俄发生罢工的事件高达200次，而工人革命行动则超过450次。

2. 劳动解放社

最有影响的是1880年创立的"劳动解放社"。其意义在于,它是俄国第一个社会主义和民主主义的团体,以宣传社会主义思想为己任。其影响在于靠着领导人格·瓦·普列汉诺夫(Г.В.Плеханов,1856—1918)的威望,开展了马克思主义宣传,影响扩及知识分子和工人中的先进分子。

普列汉诺夫是俄国最早的一位马克思主义者,曾就读于圣彼得堡陆军士官学校和矿业学院,1875年加入民粹派组织,到过农村去宣传革命思想,又在工人中组织罢工,因沙皇政府通缉而流亡国外,才在国外创立"劳动解放社"。

该社的主要贡献是翻译出版了一批马克思和恩格斯的著作,送回俄国秘密散发,其中有:《共产党宣言》、《雇佣劳动和资本》、《社会主义从空想到科学的发展》、《路德维希·费尔巴哈》和《哲学的贫困》。

普列汉诺夫的另一个贡献是运用马克思主义的观点分析和批判民粹派思想的错误,这大大推进了俄国社会思想的进步。其主要论述在于用辩证唯物主义和历史唯物主义的原理去批评民粹派的唯心史观,如《社会主义与政治斗争》、《我们的意见分歧》和《论一元论历史观之发展》等书。

3. 俄国社会民主工党

真正大规模开展马克思主义宣传和组织革命活动的,是1903年成立的"俄国社会民主工党",其前身是1895年由列宁建立的圣彼得堡"工人阶级解放斗争协会"。后来在莫斯科、基辅等地也有类似的"协会"组织。

弗·伊·列宁(В.И.Ленин)原姓乌里扬诺夫(Ульянов,1870—1924),曾就读于喀山大学法律系,早年参加马克思主义小组和革命活动,多次被捕和流放。1900年流放回来后,他创办了《火星报》,系统宣传马克思主义。在《怎么办?》等论文中,提出了宣传革命理论的重要性,说:"没有革命的理论,就不可能有革命的行动"。

列宁

列宁提出建立政党的重要性:"给我们一个革命家组织,我们就能把俄国翻转过来"。从此,他着手建立马克思主义政党的工作,后于1903年召开代表大会通过

成立"俄国社会民主工党",其纲领分为两个部分:

最高纲领是实现社会主义革命,建立无产阶级专政。最低纲领是推翻沙皇专制制度,建立民主共和国,实行八小时工作制,消灭农奴制残余。

但在选举中央领导机构时出现了支持列宁的多数派和反对列宁的少数派,前者被称为"布尔什维克"(Большевик),后者被为"孟什维克"(Меньшевик)(按,系俄文读音的音译,分别意为"多数派"和"少数派"),从此在苏联历史上曾经长期使用这种称呼并习惯用"布尔什维克"来简称俄国社会民主工党。

4. 1905年革命

俄国在二十世纪初连续爆发了两次资产阶级民主革命,一次是1905年革命,一次是1917年二月革命。

1905年革命持续了一年。到二十世纪初,国内社会矛盾空前剧化,无数工厂倒闭,工人生活进一步恶化,罢工和示威游行遍及全国。加之1904年日俄战争中俄国的失败,使得革命风暴更快到来。

1905年1月22日发生的"流血星期日",便成了革命的开端。是日在圣彼得堡有工人示威队伍向冬宫进发,结果遭到沙皇军警的镇压,打死一千多人;受伤两千多人。流血惨剧激起了全俄人民的抗议,经过酝酿,引发了布尔什维克党领导的12月武装起义。首先的战斗12月7日在莫斯科举行,并且发生了起义者和当局武装的街垒战,但到12月15日又被沙皇军警镇压下去了。后来,起义波及外省各地。这倒成了工农武装起义的一次演习。

5. 二月革命

俄国积极参加1914—1918年的第一次世界大战,目的在夺取君士坦丁堡和土耳其海峡,扩大在巴尔干半岛的势力,占领西里西亚等地,因为那次世界大战是帝国主义列强重新瓜分世界和划分势力范围的战争,俄国总想从中得到利益,同时也可转移国内人民的视线,压制内部的革命运动。

不料7月底开战之后,没几个月俄国士兵就损失20多万人,为此便扩大征兵,使得入征的人数达到1400万至1900万之多,占成年男子总人数的40%。从1914年到1916年3年之内俄国用于军费的总开支也达到414亿卢布。

战争使得国民经济处于崩溃的边缘,人民对沙皇政府更加深恶痛绝。此时,布尔什维克党号召工人和农民、兵士掉转枪口去反对本国的压迫者,变帝国主义战争为国内革命战争。他们利用1917年1月9日纪念"流血星期日"的机会组织游行示威,发展到2月27日,圣彼得堡(当时已改为彼得格勒)有六万工人和士兵联合作战,打败了军警的抵抗,逮捕沙皇政府的大臣和将军,当天晚上宣布起义胜利,至此,结束了统治俄国300多年的罗曼诺夫王朝,废除了沙皇政府。

6. 十月革命

二月革命后,俄国并存两个政府,一个是工兵代表苏维埃,另一个是临时政府,后者属于资产阶级。

两个政权尖锐对立,临时政府力图搞垮苏维埃,列宁则针锋相对,提出进行社会主义革命方针,说:"目前俄国的特点是从革命的第一阶段过渡到革命的第二阶段,第一阶段由于无产阶级的觉悟性和组织性不够,政权落到了资产阶级手里,第二阶段则应当使政权转到无产阶级和贫苦农民阶层手里。"

但是临时政府先下手为强,先由外交部长米留可夫向协约国保证,要将第一次世界大战"进行到底",遭到工农群众示威反对后,又出动武装镇压,查封《真理报》、捣毁印刷所、逮捕布尔什维克党成员和干部,解散工农的武装,

在危急之中,布尔什维克党提出了"打倒战争(指第一次世界大战)"、"全部政权归苏维埃"的口号,并且经过充分准备,于1917年10月24日夜晚在圣彼得堡举行武装起义。

当晚,列宁在起义指挥部"斯莫尔尼宫"(在斯莫尔尼修道院近旁)亲自领导,有两万工人赤卫队员和20万革命士兵参加。另外,波罗的海舰队派25艘军舰和数万水兵整装待命,归革命军事委员会调遣。圣彼得堡(当时已改名彼得格勒)外围的革命组织也接到通知:阻止临时政府调集的援军开入首都。

10月25日(俄历,按公历为11月7日)上午,起义队伍按列宁的部署,集中优势兵力,迅速占领首都的火车站、桥梁、发电站、邮电局、国家银行和政府机关等重要据点,通电全国宣告首都起义的消息,号召各地响应起义。下午6时,革命军包围冬宫,临时政府成员龟缩在冬宫,成了瓮中之鳖,但他们拒绝投降。于是,晚9时10分,由涅瓦河上的"阿芙乐尔"巡洋舰打出信号炮,发起了攻打冬宫的战斗。起义者

圣彼得堡　斯莫尔尼修道院

在冬宫1050个房间和大厅内同负隅顽抗的临时政府军短兵相接,激战达6个小时,牺牲了大量人员,终于在深夜2时完全占领冬宫,除了总理克伦斯基男扮女装逃跑之外,临时政府成员全部被擒。

接着,莫斯科也于次日开始起义,获得成功。各地大中城市也在1917年11月到1918年2至3月先后起义,获得胜利。

首都的苏维埃代表大会则于10月25日举行,通过了《告工人、士兵和农民书》,并签发两项法令[1]:①《和平法令》宣告终止参加第一次世界大战;②《土地法令》宣告废止地主土地所有制,土地归农民代表会议支配。大会宣布成立苏维埃政府,列宁当选为人民委员会主席。

从此,俄国历史上新的一页展开了。

7. 社会革命思想与宗教哲学观的对立

"俄国向何处去"这个大问题,在十九、二十世纪之交总算有了解决的办法。俄国社会民主工党(后来的俄共)诉诸马克思主义,主要是其社会革命论,以及现代化思潮。他们在政治思想上宣传无产阶级革命和社会主义改造,在经济和文化上引进现代化思潮,推进俄国现代化进程,以追赶国际上先进国家的步伐。列宁在1921年曾经把这两个方面并进的形势,概括为一个形象化的公式,即**共产主义就是苏维埃政权加全国电气化**。[2]

---

[1] 王守仁:《古米廖夫的诗才和悲剧命运》,《当代苏联文学》,1987年第3期。
[2] 列宁:《关于人民委员会工作的报告(1920年12月22日在全俄苏维埃第八次代表大会上)》,中共中央马思列斯著作编译局编,《列宁选集》第4卷第399页,人民出版社,1960年。

当时，一批宗教哲学家也在为俄国的前途寻找出路，方法主要是从东正教中去找，先后有索洛维约夫、梅列日科夫斯基、罗赞诺夫、舍斯托夫，后继者更以"新宗教意识"为救赎社会的良策，有别尔嘉耶夫、布尔加科夫、弗洛连斯基等。尽管他们曾经影响了一批知识分子，许多文人曾奉"寻神说"为良方，但在无产阶级革命运动如火如荼的形势下，这派人的宗教哲学观便显得无力抗衡甚至遭到批判，有的人还被驱逐出境。

直至二十世纪八十年代末，人们在反思历史的时候，才改变了对东正教全面批判的态度。高校的"无神论与科学教研室"才更名为"宗教哲学与宗教学教研室"。此是后话。

这派学者的代表人物为：

宗教哲学家弗·谢·索洛维约夫（B.C.Соловьёв，1853—1900）系曾任莫斯科大学校长的谢·米·索洛维约夫（于1871—1877年任职）之子。其父为著名史学家，科学院院士，著有《远古迄今的俄国史》29卷（1851—1879年出版）。索洛维约夫显然具有家学渊源，本人又在莫斯科大学这样优良的环境就读，他接连读了两个系：数理系和文史系，成绩优异，学养丰富，1875年毕业即留校任教，历五年获得博士学位。他考虑周详，设想把神学、哲学、科学三者实行"大综合"。其思想要点可归结为二，一曰"世间万象大统一"，二曰"招神术"。

索洛维约夫

他从1877年起发表《神人论讲义》等多部著作，至晚年还有《三次谈话》（1900）。其思想观点对俄国象征主义者中年轻一代人伊万诺夫（ВЯЧ.И.Иванов）、勃洛克（А.А.Блок）等很有影响。对"新宗教意识"哲学家别尔嘉耶夫（Н.А.Бердяев）、布尔加科夫"（С.Н.Бдигаков）、弗洛连斯基（П.А.Флоренский）的影响尤为深刻。

另一位宗教哲学家尼·亚·别尔嘉耶夫（Н.А.Бердяев，1874—1948）早年曾自学康德、叔本华的著作以及黑格尔的《精神哲学》，并把陀思妥耶夫斯基和托尔斯泰视为自己"永远的伙伴"。他既苦读俄罗斯的经典，又接触易卜生、梅特林克、尼采的作品。早期倾向于马克思主义，1900年起转向宗教哲学和寻神说（即"新宗教意识")。他从1899年开始发表作品。

别尔嘉耶夫试图把合法的马克思主义同新康法主义结合起来,并导向寻神说,后又转向基督教的末世论。他于1909年参与编辑出版《路标》文集,1918年创立"宗教文化自由学院"。因公开批判共产主义思想而获罪,于1922年被驱逐出苏联。后寓居巴黎,其一生著作甚丰,多数写于国内时期。晚年著有《俄国共产主义的起源及意义》(1937)和回忆录《自我认识》(1948)。

别尔嘉耶夫

别尔嘉耶夫因创办宗教哲学杂志《道路》(1925—1940)而成为二十世纪最有影响的思想家之一。

第二节 艺 术

在世纪之交,俄国艺术沿着十九世纪繁荣发展的势头继续前进,在音乐、美术和戏剧各个方面都有大的进展。尤其是戏剧方面,出现了著名戏剧艺术家斯坦尼斯拉夫斯基(К.С.Станиславский)和聂米罗维奇—丹钦科(Вл.И.Немирович-Данченко),以及他们创办的莫斯科艺术剧院。此外还有重要剧作家契诃夫和高尔基等。此时期开始有了电影艺术,于1916年拍摄出俄国第一批电影艺术片。此外,在美术界的希什金、列维坦也都有新作面世。

1. 音乐

十九世纪末二十世纪初,俄国艺术界也同文学领域一样呈现出各种流派,而且互相进行剧烈的竞争。音乐界引进了西方现代主义音乐,从音乐手法看有许多新奇之处,但在思想内容方面遭到俄国民族音乐派的抵制,原因是其格调颓废,情绪压抑,气氛悲观,带有神秘色彩。

从民族音乐来看,那批音乐名家诸如柴可夫斯基、里姆斯基—柯萨科夫等人仍在继续创作,而新的音乐作曲家已经出现:

在圣彼得堡,产生了能创作大型交响乐的亚·康·格拉祖诺夫(1865—1936)和安·康·里亚多夫(А.К.Лядов,1855—1914)。格拉祖诺夫身兼作曲家和指挥家,作过大量交响乐、室内乐和舞剧乐曲,如舞剧《雷蒙达》(1898)、《侍女》,交响乐曲八部,器乐协奏曲五部(包括小提琴协奏曲),还有音乐诗《斯金卡·拉辛》(即斯杰潘·拉辛)等。他长期担任圣彼得堡音乐学院教授,培养了大批音乐人才,并从1905年起担任院长(至1928年)。

圣彼得堡音乐学院的第一名教授里亚多夫则擅长于钢琴和交响乐小品,也改编俄罗斯民歌,其作品主要的有交响乐曲《女妖》和《巫婆》等,均取材于童话。

在莫斯科则有谢·伊·塔涅耶夫(С.И.Танеев,1856—1915)、瓦·谢·卡林尼科夫(В.С.Калиников,1866—1900)和阿·谢·阿连斯基(А.С.Аренский,1861—1906)。塔涅耶夫从1881年起任莫斯科音乐学院教授,后来曾任院长(1885—1889)。作有歌剧《奥雷斯塔娅》(1894)等多种,对复调的音乐理论很有研究。

著名作曲家中,还应该提到二十世纪初的谢·瓦·拉赫马尼诺夫(С.В.Рахманинов,1873—1943)。他继承了柴可夫斯基的民族音乐学派,擅于创作宏伟壮阔的乐曲,如《第二钢琴协奏曲》(1901)等。另一位作曲家兼钢琴手亚·尼·斯克里亚宾(А.Н.Скрябин,1872—1915)则致力于创新,力图把音乐发展成一门综合艺术,即包括文学、美术在内,系在日后被称为"神秘和弦"的体系。斯克里亚宾早年受萧邦(Ф.Шопин)、李斯特(Ф.Лист)的影响,创新之作有《神圣之诗》、《第三交响曲》、《狂喜之诗》、《普罗米修斯》等管弦乐曲;还作有钢琴奏鸣曲十首、钢琴音诗、钢琴前奏曲、钢琴练习曲等。他于1898—1903年担任莫斯科音乐学院教授,因有巨大的创作成就而被后人于1922年在莫斯科建立斯克里亚宾纪念馆。

除了作曲家,在两个世纪之交,音乐演奏家也成批出现,而且流派纷呈,令人眼花缭乱,确有"演奏艺术繁荣"之感。这个时期的俄国演奏艺术甚至

拉赫马尼诺夫

斯克里亚宾

享有国际声誉。主要流派有：俄罗斯钢琴学派鲁宾斯坦、叶西波娃(А.Н.Есипова, 1851—1914)、拉赫马尼诺夫等,大提琴学派达维多夫(К.Ю.Давыдов, 1838—1889)、勃兰杜科夫(А.А.Брандуков, 1856—1930)、维尔日比洛维奇(А.В.Вержбилович, 1849—1911)等,小提琴学派德米特里耶夫—斯维钦(Н.Д.Дмитриев-Свичен, 1829—1893)、阿乌埃尔(Л.С.Ауэр, 1845—1930)等,声乐学派夏里亚宾(Ф.И.Шаляпин, 1873—1938)、涅日达诺娃(А.В.Нежданова, 1873—1950)等。

十九世纪末,随着新的社会阶级走上历史舞台,俄国文化上也作出相应的反应,音乐界即出现工人歌曲。开始流行的群众革命歌曲有拉金(Л.П.Радин, 1860—1900)配词的《同志们,勇敢地前进!》和克尔日扎诺夫斯基(Г.М.Кржижановский)配词的《华沙工人歌》及《红旗歌》。同时,法国歌曲《马赛曲》也被引进来,在俄国革命运动中广为传唱。此外,闻名世界的《国际歌》也于此时(1902年)译成俄文,成了俄国群众革命运动必不可少、时常传唱的歌曲。译者为阿·雅·科茨(А.Я.Коц, 1872—1943)。他翻译时为了便于工人更易理解和传唱而对歌词作了某些删改。科茨修改的歌词在十月革命后还广为使用,有一段时间也曾作为苏联的国歌。

2. 美术

在十九世纪末,艺术界呈现流派纷繁,竞相斗艳的局面。正如建筑艺术上有俄罗斯浪漫主义、西方现代主义、新古典主义诸种格调一样,在美术上出现传统美术与现代主义美术相竞争,巡回展览画派已失去昔日的强劲力量,唯美主义的团体走向美术界的前台,主要的如"俄国艺术家协会"、"艺术世界"等。后者是以阿·恩·别努阿为首一批青年画家。

然而这些现代主义的艺术流派尚未站稳脚跟,就被传统的美术家挤出了阵地。民主派的现实主义画家谢·亚·科罗文(С.А.Коровин, 1858—1908)、谢·瓦·伊凡诺夫(С.В.Иванов, 1864—1910)、尼·阿·卡萨特金(Н.А.Касаткин, 1859—1930)等人的新作不断涌现。

最有成就的画家当推瓦·亚·谢罗夫(В.А.Серов, 1865—1911),他属于"巡回展览画派",但在二十世纪初却是俄国油画新水平的标志,在内容和技术上却有明显的变化,从《少女与桃》(1887)、《阳光照耀下的少女》等描绘人与自然的风物画,到《科罗文肖像》(1891)、《高尔基肖像》(1905)等展现著名人士风貌的肖像画,处处显示了画家的才华及其绘画技术上的不断创新。

除此之外,谢罗夫还有不少农村场景的油画,诸如《十月》(1895)、《大车上的农妇》(1899)等,以及为克雷洛夫寓言作的一系列动物插画(1895—1911)。

谢罗夫系"艺术世界"团体的成员,但仍继承现实主义的画风,早期作品就鲜明生动,富于色彩。成熟期的肖像画更富于

《少女与桃》
瓦·亚·谢罗夫　1887年

表现力,而且描绘了各阶层的历史人物,上自沙皇,下至各类知识分子名流,如历史画《彼得大帝》(1907)、《鲍曼的葬礼》(1909)等,甚至有讽刺沙皇专制制度的画幅。到了后来,《伊达·鲁宾斯坦》(1910)等晚期作品已具有现代主义的风格。

3. 风景画

从十九世纪中叶至二十世纪初,俄罗斯风景画在题材的多样性,风格和手法的独特性上均在世界绘画史上占有突出的地位。该时期的画家擅于探索自然的奥秘,捕捉着自然的光色变幻和幽深意境,他们在绘画中寓情于景,情趣谐和,开创了一代新画风。

纵观俄罗斯艺术史,其风景画经过漫长而曲折的途径,才走向辉煌,它自彼得大帝时代诞生起,直到十八世纪末,才在启蒙主义思潮的冲击下,开始摆脱单纯的叙事和装饰的用途,赢得了独立自主的地位,再到十九世纪下半叶,更走向高峰,推出杰出的画家群和成批的名画。因而在欧洲诸多画派中独树一帜,足以同法国巴比松画派连同其他现实主义的风景画派相媲美。画家群中的佼佼者,则有列维坦、萨弗拉索夫、希什金、瓦西里耶夫、科罗温、波列诺夫。

风景画主要画家希什金(1832—1898)善于描绘俄罗斯森林及伏尔加河畔景

《黑麦田》　希什金　1878年

色,如《黑麦田》(1878)、《在平静的原野上……》(1883)、《松林里的早晨》(1889)、《阴暗的日子》(1892)等。

另一位主要画家列维坦(1865—1900)对自然有着异常的感受力和深刻的理解力,并在绘画中将质朴而深沉的美表现得多姿多彩,将蕴藏在每一片俄罗斯风景中朴素内在的魅力揭示得淋漓尽致。他有一系列作品都可作如是观:《湖》(1899)、《林中的蕨类植物》(1895)、《暴雨之前》(1879)、《弗拉基米尔大道》(1892)、《墓地上空》(1894)、《秋天的风景》(1880)、《黄昏中的干草垛》(1899)、《伏尔加河上》(1895)等。列维坦所处的时代是俄罗斯和世界画坛变化纷繁、流派杂陈的时刻,他却是现实主义绘画的中流砥柱,对俄罗斯风景画的发展有深远的影响。

在该时代的绘画中,名作纷繁,不胜枚举。早期如阿·康·萨弗拉索夫(А.К.Саврасов,1830—1897)的《白嘴鸦飞来了》(1879)、《冬日风景》(1871),费·阿·瓦西里耶夫(Ф.А.Васильев,1850—1873)的《暴风之前》和《在圣彼得堡近郊》(1863),列·列·加米涅夫(Л.Л.Каменев)的《小木房》(1859),伊·帕·波希托诺夫(И.П.Похитонов,1850—1923)的《养蜂场》(1882),谢罗夫的《秋天·多莫特康诺沃》(1892),尼·

《湖》　列维坦　1898年

尼·杜博夫斯科伊(Н.Н.Дубовской, 1859—1918)的《海》,尼·阿·卡萨特金(1859—1930)的《电车开来了》(1894),米·康·克洛德(М.К.Клодт, 1832—1902)的《岸边的牛》等。

稍晚出现的名画有阿·阿·雷洛夫(А.А.Рылов)的《鲜花盛开的草场》(1916),列·瓦·图尔然斯基(Л.В.Туржанский, 1875—1945)的《秋天的太阳》(1914),瓦·米·涅斯捷罗夫(В.М.Нестеров, 1862—1942)的《旅行者》(1921),伊·伊·布罗茨基(И.И.Бродский)的《烟花》(1911),伊·谢·奥斯特罗乌霍夫(И.С.Остроухов, 1867—1929)的《秋》,谢·尤·茹科夫斯基(С.Ю.Жуковский, 1873—1944)的《公园里的浴场》(1913),瓦·康·比亚雷尼茨基—比鲁利亚的《带花坛的房子》(1912),尼·尼·克雷莫夫(1884—1958)的《风景》(1907),阿·米·科林(1865—1923)的《亭子·普廖斯》(1917),勃·德·格里戈里耶夫(1886—1936)的《风格化的风景》,伊·阿·涅费多夫(1862—1976)的《清晨》(1912),伊·埃·格拉巴里(1871—1960)的《纳拉河上亚昆奇科夫家的工厂》(1901),科罗温的《夜幕中的雅尔塔》(1905)等。

在十九世纪和二十世纪之交,俄国美术界受西欧画界的影响,也产生了诸多新画派。

法国印象派画家马内、莫奈、雷诺瓦的画风,就能在俄国画家谢·阿·科罗温身上找到明显的反映。虽然也有谢罗夫的早期画品很注重外光色彩,但在俄国,真正的重视印象派外光画技巧的却是科罗温。他实践了印象派竭力完全依照自然、不事雕饰地描绘现实的原则,并且力图表现画家本身的瞬间印象,他的风景画《冬天》(1894)和风俗画《露台边》(1888—1889)使其成为俄国印象派外光画的杰出代表。谢·科罗温还创作了色彩绚丽的舞台布景。他后来迁居国外。其兄康·阿·科罗温(1859—1908)也是俄国著名画家,所作《在村社大会上》(1893)等风俗画对农民的生活作了深刻而真实的反映。

如果说印象派依然恪守现实主义绘画原理,那么象征派就是与现实主义背道而驰了。象征派就是俄国美术界新起的现代主义画派。其代表人物是米·阿·弗鲁别利(1856—1910)。他先后毕业于圣彼得堡大学和圣彼得堡美术学院。他具有丰富想像力,作画努力追求新的表现形式,著名的作品《魔鬼》(1890)和《丁香》(1900)等所用色彩具有装饰性和戏剧性紧张的效果,清晰如"晶体",画面有结构性,形象喜用象征的、富于哲理的概括,且带有悲剧情调,画风已接近现代派。弗鲁别利(M.

А.Врубель)也如欧洲象征派画家一样喜欢选择宗教和文学题材。

除象征派外,现代主义的画派还有抽象画。瓦·瓦·康定斯基(В.В.Кандинский, 1866—1944)即是其代表。他参加"青铜骑士"社与美术研究社,从1909年开始作抽象派绘画,后来又出版《关于艺术中的精神》(1911)一书。另外,属于抽象画派的还有"射线主义"和"至上主义"两个流派。

4. 戏剧

世纪之交的俄国戏剧虽然也面临现代主义的挑战,但由于有莫斯科艺术剧院的创立(1898)及其重要的影响,使得现实主义戏剧依然占据主导的地位。

莫斯科艺术剧院以1898年12月上演契诃夫的《海鸥》成功而开始扬名,此后便连续演出《万尼亚舅舅》《三姊妹》《樱桃园》而逐渐扩大其影响。此中的业绩当然应属于它的两位创始人。他们都是名导演和戏剧理论家。

一位是康·谢·斯坦尼斯拉夫斯基(1863—1938),他出生于商人家庭,父亲是一位喜爱艺术的制造商,母亲是一位法国演员的女儿。他本人14岁就参加业余剧团演出。在1898年与聂米罗维奇—丹钦科共同执导《海鸥》时形成新的共同的风格:注重揭示内心世界,要求演员认真体会作家创造角色的意图,并加以创造和发挥。因而他们要求不能只靠外部的表情去表演角色,而应注重体验剧中的角色,通过表

莫斯科大剧院

斯坦尼斯拉夫斯基

演以再现真实感情。后来,这种戏剧舞台的理论被称为"体验艺术"的理论。

他一生执导的(有时是直接参加演出)话剧和歌剧有120多部,除《海鸥》,还有《在底层》、《叶甫盖尼·奥涅金》等。他所创立的"体验艺术"理论及实践,要求演员的表演(全体演员有共同的创作方法,对剧本思想有共同的理解),同布景、灯光与音响效果一起组成统一的艺术形象。

后来,他所创立的舞台艺术理论、方法和表演技巧,被统一称为"斯坦尼斯拉夫斯基体系"。

另一位创建人是弗·伊·聂米罗维奇—丹钦科(1858—1942),曾写过《新事业》(1890)、《生命的价值》(1896)等11个剧本。他早在1890年任教于莫斯科音乐学校话剧班时,就已经设想要改革皇家剧院采用的旧表演程式,所以在1898年与斯坦尼斯拉夫斯基合作创建新剧院,得以实现其改革的理想。他的理论和艺术思想已被吸收入后者的理论体系之中了。

由莫斯科艺术剧院为核心,团结了一大批俄国的名演员,著名的如奥·列·契诃娃(О.Л.Чехова)、伊·米·莫斯克温(И.М.Москвин,1876—1924)、瓦·伊·卡恰耶夫(В.И.Качаев)、克尼碧尔(О.Л.Книппер)等。

这一时期的著名演员还有圣彼得堡亚历山大剧院的维·费·科米萨尔热夫斯卡娅(В.Ф.Комиссаржевская,1864—1910)。

5. 契诃夫

俄国戏剧在十九世纪有很大进展。剧作家中的代表人物,在世纪初叶出现过果戈理,中叶有奥斯特洛夫斯基,末叶则是契诃夫。他们的贡献是把民族戏剧推向前所未有的高度。

契诃夫从八十年代起写了一些独幕剧,均带有闹剧的性质,很幽默,反映的生活面不广。后转向多幕剧,逐渐形成独特的风格,遂成名家。共写了五部多幕剧。剧中主角多为外省的知识分子,都是正直、敏感、富于幻想。作者既写出他们的苦闷、彷徨、挣扎和追求,又表现其抱负不可能实现的命运,令人同情。

具体说来,早期的轻松喜剧有:《蠢货》(1888)、《求婚》(1889)、《结婚》(1890)、

契诃夫

《纪念日》(1891)。其幽默往往令人捧腹,也嘲笑了庸俗虚伪和矫揉造作。

契诃夫的多幕剧有:

《伊凡诺夫》(1887)。该剧描写一个没有坚定信念和生活目标的知识分子伊凡诺夫,经不起艰难生活的考验,终于开枪自杀。作者说,他要在剧中对他以往所写的灰心和苦闷人的作品"做一个总结"。他认为那些人神经脆弱,没有坚实的立足点,解决不了大问题,反而被问题压倒。这里表明,契诃夫在思想探索中已经认识到,知识分子最重要的是其有坚定的信念和明确的目标。不过,剧本未能摆脱传统戏剧的影响,仍用主人公开枪自杀这类手法来了结矛盾。

《海鸥》(1896)开始革新,表现在剧本的取材和情节上。他从不靠杜撰离奇曲折的情节来追求舞台效果,只靠描写普通人的生活,从平凡的现象中发掘深刻的生活内涵。

他在剧中赞扬一位年轻女演员尼娜·扎列奇娜娅。她以痛苦为代价换得崇高信仰和生活目标,懂得艺术家的使命,从而变得成熟和坚强了。剧中一位作家特里戈林有了较为深厚的艺术造诣,不愿作一个"只会描写自然的风景画家",而要作"有责任谈人民,谈人民的苦难和未来,谈科学和人民的权利"的人。但是另一位作家特里勃列缺乏信仰,没有目标,艺术"革新"又脱离生活,注定要失败。《海鸥》的整个形象体系在于说明:艺术家必须有正确的世界观,而且要与时代一起前进。

《万尼亚舅舅》(1897)描写没有崇高理想和生活目标的知识分子,其命运是可悲的。不无才干的万尼亚舅舅及其外甥女索尼娅辛勤劳动二十多年,最终发觉他们的劳动仅仅是一种无谓的牺牲。原来他们为之劳动而且极为崇敬的偶像谢列布里亚科夫教授不过是一个不学无术的庸人和寄生虫,只会坐享别人的劳动。万尼亚舅舅的可悲也折射着旧俄社会多少贤才被埋没的现实。作者契诃夫明白断言,作寄生虫的人既不曾是"干净的"人,也不能是美的。这里包含了对于徒有美貌却不劳而获的叶林娜·安德列耶夫娜的否定。相反,剧中人阿斯特罗夫医生一生勤劳,为贫苦人治病则得到作家的肯定。作家通过这位医生讲出了对美的看法:

"人应当一切都美:脸啦,服装啦,思想啦———一切都应当美。"

这句话已经成了俄国人教育青年的名言。

不过,在医生看来,人们也许要再过一、二百年,才会找到幸福。这位生活在穷乡僻壤的知识分子,看不到俄国正在酝酿着巨变,看不到生活变革即将来临。

《三姊妹》(1901)描写主人公普洛佐洛娃三位姊妹和韦尔希宁渴望光明的未来,但不懂得如何去争取,只限于泛泛地空论和消极的等待。契诃夫对他们既同情又婉惜。作者由于不熟悉那些正在进行斗争的人们,因而只能在作品中反映这些苦闷、彷徨中而有所追求的人,但终究不能指给他们以创建新生活的出路,这就是为什么剧本中会有那种压抑哀愁的气氛。

《樱桃园》(1903)写一家破落地主在拍卖家园樱桃园,形象地反映贵族即将被资产者所取代,新兴阶级代替另一个旧阶级的故事,因而有比较重要的认识历史之价值。当然两个阶级各有其代表人物来体现,这是看懂这出戏的关键。贵族的代表人物是朗涅夫斯卡娅及其兄长戛耶夫,这家人除了吃喝玩乐,再也无能以自保了,樱桃园只能卖给商人陆伯兴去伐砍。尽管朗涅夫斯卡娅就其个人品性看不无优点,甚至讨人喜欢,她坦然单纯而戛耶夫也颇为善良。可惜他们除了嬉游快乐、玩笑空谈,别无长技。

相比之下,陆伯兴要务实得多,办事认真有效,而且精明能干,敢于当着旧主人的面下令砍伐这个贵族庄园,正体现了新兴资产者走向历史舞台的态势,是一个新兴阶级的动作。难怪剧中人物特罗菲莫夫会说出这样的话:从新陈代谢的意义上来说,像陆伯兴这样的人是必须有的。这也许是契诃夫借角色之口,讲出自己的见解,并且肯定陆这样的人有一定的进步作用。

同时,契诃夫没有把陆伯兴当作俄国的未来,而是寄希望于知识分子的青年一代,即追求民主与光明的特罗菲莫夫和安娜。这一代人敢于弃旧图新,又有能力和抱负;旧的樱桃园让它荒芜好了,他们就要去开辟新的更美的花园,俄罗斯即将成为美好的大花园这是他们所追求,也是努力奋斗的目标。特罗菲莫夫尤其懂得,这美好的生活不会自己到来,而要努力去争取:"要开始新生活,就非清算过去不可。"

这比《三姊妹》中那些空想、等待着的人们要高得多了。与他一年前发表的小说《未婚妻》中沙夏说的"把生活翻一个身"的理想相比,也已具体化了,更有实践性了。

总之,剧本反映作家对现实的认识已经深度化,已经看到社会思潮中新的觉醒、新的趋向。

契诃夫戏剧的总特点是取材于日常生活,情节朴素,剧情进展平缓,没有大起大落。剧中角色也是普普通通的人,既非天使,也非恶棍,角色各有其性格、思想、感情。戏剧情调则抒情味很浓,且有丰富的潜台词,足以让人回味。剧中常有一些意未尽露的用语、暗示含蓄的手法或语言,包括布景、音乐、哑场、间歇等均与角色性格的变化、感情的波澜有关。同时,作品又有浓浓的象征性,如《海鸥》中的海鸥,《樱桃园》中樱桃园,都是艺术象征,可谓契诃夫之独创。即便是万尼亚舅舅的平凡生活,也是一种象征;总之,契诃夫的创作显示出一种独特的"日常生活的现实主义"风格。

6. 贵族庄园

在俄罗斯,那大大小小、星罗棋布的俄式庄园,二三百年来一直妆点着这片广袤的土地,形成赏心悦目的风景,造成一种俄国文化的奇观。庄园不仅是现实存在的文化景观,而且广泛地反映在文学作品、绘画艺术以及建筑艺术等各种文化形态之中。

① 贵族庄园前史

这种俄罗斯贵族庄园,连同它的庄园文化有个逐步形成的过程。据史料,它存在的历史已有三百年左右。在十八世纪之前,庄园尚未在俄国社会生活中形成独特的一面。此前的俄国,城市与农村严格说来并无多大差别,几乎都是由一个个大小不等的家园组成的村落,只不过城市的村落群体要大得多而已。而当年的所谓家园,其组成也很单纯,无非一所主人住的大房舍、几间经营活动或日常事务用的附属房舍,富裕一点的人家还有供佣工和奴仆住的小房子,加上围圈起来的房前屋后附属土地,类似篱笆圈起来的庭院。只因俄国历来地广人稀,房舍周围的地界开阔,有条件允许把庭院扩大,变成花园或园林的规模。

② 十八世纪兴起,至十九世纪末形成全国庄园网

自从彼得大帝(1672—1725)当政从十八世纪初实行改革全盘效法西欧,他便在1703年开始兴建首都圣彼得堡城,广泛延聘西欧各国建筑设计师、工匠前来建造。首都城市即由鳞次栉比的高大坚固的石头楼房所占据。从此引起城市与乡村的分野。同时在首都城郊逐渐出现了上流社会构筑的庄园地带。这类庄园大都仿照皇帝、皇族和宫廷要员在城市郊区设立的行宫或公馆式样,其功能仅为休闲和娱乐的场所。因其主人多为世袭大贵族,身任官职,为履行公务的方便,只能在就近郊区建筑别馆,自然形成了围绕首都周边的贵族庄园带。

初起的贵族庄园相当豪华,数量也日渐增多。1762年彼得二世发布《贵族自由宣言》解除了大贵族担任公职的义务,允许他们可以自由迁居京城以外的地区,兴建贵族庄园的潮流便蓬勃发展起来。女皇叶卡捷琳娜二世更将其推向极致。她在十八世纪下半叶广泛赐赠名门望族大量土地,使得有配套设施的一片片贵族领地像一张密密麻麻的网覆盖了全国。

托尔斯泰故园大门

这些贵族世家招引大批建筑师、能工巧匠、艺术家和各种文化人奔向外省直至穷乡僻壤,选择地盘建起一座又一座的贵族庄园。此时的贵族庄园已具备日常起居、经济事务和文化活动的综合功能,吸引各界文化人前去集会、交流,反过来又促进当地文化的发展。贵族庄园已经不仅是"贵族之家"和文化策源地,而且是俄罗斯传统的生活方式、经济活动方式、民族形式的文化中心和精神活动中心。

经过十八世纪中叶至十九世纪中叶一百多年的施行,贵族庄园遍布全国,在俄罗斯腹地,包括今日欧俄部分的8个州和2个中心区,即别尔哥罗德州、布良斯克州、沃罗涅日州、库尔斯克州、利佩茨克州、奥廖尔州、坦波夫州、图拉州、中央黑土区和中央区。据估计,十九世纪末至少已有8万至10万座贵族庄园。且外省的有些贵族庄园,论规模和豪华程度并不亚于首都城郊的贵族公馆。作家托尔斯泰在图拉州的庄园雅斯纳亚·波良纳和作家屠格涅夫在奥廖尔州的庄园斯巴斯科·卢托维诺沃,至今仍是闻名世界的文化名胜。

③ **庄园建筑风格**

贵族庄园的式样尽管千差万别,花样繁复,但其建筑原则仍然有章可循。大体说来,不外乎两类:一曰遵循正规,一曰崇尚自然。前者起源于法国公园。彼得大帝时代严格遵照法兰西式正规公园的规矩:严谨、简洁和精心雕饰,连空间上的安排都具有按几何图形测算准确的轴心和轴线。不过日久发现,这种风格有违俄罗斯尊崇自然风景的传统,遂被废弃。至十八世纪末,风气陡变,崇尚自然,不事修饰,追求荒野情趣,保持一种无拘无束、逍遥自在的浪漫气氛;依据自然景观因地制宜地设置人文景致,把自然的美与人工技巧相结合,使之相映成趣。

从建筑风格来看,贵族庄园的进展经历了仿照西欧、依样画葫芦的巴洛克时期,严整规范、刻板一律的古典主义时期,自由自在激情奔放的浪漫主义时期;直至融合各种风格的折衷主义。当然,随着时代的发展,到十九、二十世纪之交,也进入了现代和后现主义时期。

④ **二十世纪初的没落与修复**

到了十九世纪末二十世纪初,许多贵族没落,世家衰败。庄园往往由商人、企业家等新起的资产者入住。昔日偌大的庄园如今面临分解、缩小和被改造的命运。就如作家契诃夫(1860—1904)著名剧作《樱桃园》所述说故事的悲伤结局:老庄园主尚未离开,新主人已经挥起斧头砍伐大片樱桃树,即将改建成一栋栋别墅用以出租了。

导致庄园数目锐减的另一个时期是在二十世纪上半叶的社会大变革时代。十月革命引起翻天覆地的变化,俄国社会弃旧图新,革命洪流冲刷一切。然而大江东去,未免泥沙俱下,鱼龙混杂。虽然新政府在翌年,即1918年就发布命令保护文化遗产,开列名单指定最大最有意义的贵族庄园作为保护对象,不准破坏;但在三十年代农业集体化运动中,贵族庄园依旧被视为旧阶级的产物、贵族文化的象征而任意拆毁,改建为疗养院、中小学校,或机关团体的用房。室内的文物、藏品自然就随之失散、湮没。有些庄园在最好的情况下也只能权充它用,辟为州、市、县的各级博物馆。这一过程持续的时间很长。浩劫之后,全国庄园已十去八九,能保留下来的实属硕果仅存,弥足珍贵了。难怪往后的年代里政府一再号召爱护和复建。实际上那么大规模的工程,要谈重建,绝非易事。

屠格涅夫故居　贵族庄园斯巴斯科·卢托维诺沃(初建时照,今已不存)

⑤ **贵族庄园文化**

平心而论,俄罗斯庄园的美实是令人赞叹。它尤其体现了人对于大自然的极度爱护,那顺应环境、精心设置的园林,所有种植只与当地气候相宜的草木,让人在其中驻足的感觉唯有舒适。由森林到田野,到庭前树丛,再到屋前花圃,仿佛很自然地逐渐由一个地带过渡到另一个地带,朴实而单纯。即使是庭前的树丛,唯见白杨夹道,丁香扑鼻。屋后的花圃,绝非只有大红大紫刺入眼帘,一切都在自然朴素之中。河边湖上,三两凉亭点缀其间,偶有游廊相连,大多为曲径通幽,林荫小道,使人流连忘返。那广袤无垠的原野,挺拔傲岸的白桦;波光粼粼的小河,静谧优雅的池塘;还有秋之阳,冬之雪,春天的百合,夏日

屠格涅夫故园(二十世纪修复后)

的紫丁香;无不引人无限的遐想。尤令侨外游子萌发对故国的怀念。布宁(1870—1953)定居国外多年,仍持续不断描绘昔日的旧园,不使挽歌断成绝唱,终以继承和发扬了散文中之"俄罗斯古典传统"而成为第一位获得诺贝尔文学奖的俄国作家。

看那形式各异、风格独具的楼舍,那里面的人家,屠格涅夫和托尔斯泰笔下诸多主人公,他们的起居活动和文化创作,楼内舍下浓浓的乡情、凉台桌上的俄式茶炊,灯下的诚挚夜谈,还是传达出俄罗斯生活古老的传统。作家萨尔蒂科夫—谢德林(1826—1889)曾概括指出屠洛涅夫一系列"贵族之家"小说的"套套":每一部小说都有贵族庄园,每一座庄园都有玫瑰花丛,每一簇花丛下都有一个俏丽的小姐在等待着一个英俊的青年。他还点明,书中主人公们的生活,白天是"什么果子酱啦,奶油啦,晚上就是夜莺!"

这里虽然语含揶揄,却也准确形容了屠氏的创作反映出庄园里生活的温馨,表明了屠氏确系贵族庄园的歌手。那是无可讳言的。

庄园又是俄罗斯社会活动的中心,精神生活和社会舆论的集散地,文化产品的摇篮。那分散在各地的庄园,汇聚了多少文化人,形成过多少思想的中心,聚集过多少时代的和思潮的问题,孕育了多少精神产品,走出了多少文坛巨匠、艺界明星、文化精英和大思想家呀!即以莫斯科以东12俄里的著名庄园阿勃拉姆采沃为例,从十八世纪前半期成为阿克萨科夫父子作家的领地开始,一百多年内曾三易其主。但它作为俄国文化人活动的基地之一,则从未间歇过。先有早期的俄国文艺

界人士前来集会,朗读自己的作品,提请批评,讨论切磋技艺,如作家果戈里、屠格涅夫、丘特切夫、扎戈斯金,批评家波哥廷,演员谢普金;更有社会思潮的代表人物在此初试锋芒,宣示观点,进行剧烈论辩,如斯拉夫派首领基列耶夫、霍米亚科夫,西欧派精神领袖格兰诺夫斯基等辈。继有诗人、画家来这里吟诗作画,学习和推广民间艺术,走出来无数画坛名匠、像列宾、格鲁别尔、苏里科夫、科罗文、涅斯杰罗夫以及俄国历史上最著名的巡回展览画派,凡此种种,不胜枚举。后来这里又是戏剧爱好者的活动场地,同样造就了一代剧坛宿将,如剧作家奥斯特洛夫斯基、导演兼戏剧理论家斯坦尼斯拉夫斯基、女演员叶尔马洛娃、歌唱家夏里亚宾等。总之,代代相续,名家辈出,不少是驰名国际,彪炳史册的人物。而该园如今也成了国家文学艺术史博物馆。

叶尔马洛娃

俄国农舍 十七世纪

我国历来重视俄罗斯文化的推介。自鲁迅1907年发表《摩罗诗力说》以后,此项评介的工作百年不衰,涉及文化的各个方面,尤其文学艺术,包括诗歌、小说、戏剧、音乐、电影、美术、舞蹈、建筑艺术、民间文艺以及历史和哲学思潮流派,直至自然风光、名胜古迹,甚至墓园文化。但是有关俄罗斯庄园,偶有零散文字提及,也仅限于个别的人或园,系统的撰述则暂付厥如。这是一个有待填补的空白。

第三节 文学

十九世纪末到二十世纪初期,俄国文坛上派别林立,各种文艺思潮异常活跃,文学创作五光十色,风格迥异,但总的趋向是向现代文化发展。新出现的主要文学流派是现代主义文学、现代主义与现实主义结合的文学。当然原有的现实主义文学也继续存在。

1. 现代主义文学

十九世纪末二十世纪初的俄国文坛同欧美文学潮流相呼应,兴起了各种现代主义的文学流派。象征派、印象派、阿克梅派、意象派、未来派和先锋派等风靡一时。这些派别以及它们之中每个作家的创作尽管千差万别,但都以反对传统方法,反对"按生活本来面目再现生活的现实主义"为共同特点,都在写作手法上和技巧上刻意求新,甚至不惜流于怪诞。在俄国最活跃的先后为象征派、阿克梅派和未来派三个文学派别。

象征派

第一个风靡俄国文坛,也是最大的现代主义文学派别是象征派。其代表人物有批评家兼小说家梅列日科夫斯基(1866—1941),诗人维亚奇·伊万诺夫(1866—1964),批评家、诗人兼散文家别雷(1880—1934),诗人勃留索夫(1873—1924)、索洛古勃(1863—1927)、巴尔蒙特(1867—1942)、吉皮乌斯(1869—1945)、勃洛克(1880—1921)等。

1893年梅列日科夫斯基发表《论现代俄国文学衰落的原因及新流派》一文,提出"神秘的内容、象征、艺术感染力的扩大"作为"新艺术的三大要素",这成了俄国象征主义的文学宣言。从次年起勃留索夫编辑《俄国象征主义者》文集,1894年至1895年连续编了三本,这是象征派在俄国作为独立的诗派出现的标志。他们创立了出版社和刊物(如《天平》,1904—1909;《金羊毛》,1906—1909),总之象征派成了俄国文学界的一支劲旅。

俄国象征派从西方哲学中接受康德关于存在两个世界(现象世界和隐秘世界)的学说,认为现实世界是丑恶、充满矛盾的,而另一个神秘的世界才是美好的、和谐的,艺术家的使命在于创造象征,以唤起人们对彼岸世界的神秘的幻想。象征派诗人工于诗歌的语言和技巧,讲究节奏和韵律,语言多富有音乐感。他们善于表现主人公的感情世界,如勃洛克。

象征派诗人原来注重以自我为中心,力求表现个人的感受,但在二十世纪初社会阶级矛盾日益尖锐的情况下,社会问题也吸引了一部分象征派诗人的注意,使他们转向描绘贫富悬殊的城市生活现象,或者在作品中增添了现实主义因素,也就是说用的还是象征的手法,但表现的已是社会生活的内容,如:

勃洛克:《十二个》

  这个资本家站着,正像一条饿狗。

  他不声不响地站着,正像一个问号。

  旧世界正像一条丧家之犬,

  夹着尾巴站在他背后

1905年革命失败后,随着俄国形势的变化,象征派诗人出现分化,有些人对革命失去信心,屈服于沙皇政府的高压,后来反对十月革命,逃亡国外,如梅列日科夫斯基、吉皮乌斯、巴尔蒙特。但是也有一些人与旧时代决裂,站到革命方面,热情地迎接十月革命,如勃留索夫、勃洛克等。

早期以象征主义诗歌著称的亚历山大·勃洛克(1850—1921)二十世纪初进入诗坛,1904年发表的《美女诗草》是象征主义的代表作。诗的思想基础是理想主义哲学的学说,即认为在这个不理想的现实世界之外,还存在着另一个理想的世界,应该努力去寻找那个

勃洛克

彼岸世界。

这首诗的语言是象征性的,形象神秘,带有密码性质:某一个人头脑里燃烧着"某种幻想","在十字路口徘徊期待着",还听到一种"并不存在的脚步"的"令人不安的沙沙声"。而"大地上那五条神秘而美好的曲线"就象征圣彼得堡瓦西里耶夫岛上的的五条街。作者本人的形象也是象征性的,他不明说自己是大学生,而说是朴实的"僧人"、"驯服的奴隶"、"漂亮太太的谦恭的歌手"。总之,用抽象的叙述来影射现实中真实存在的现象。

诗的形象体系是比喻性的。不表现被描写对象的外在特点;而是注重表述诗人的内在激情;如河流在"歌唱"、风雪在"呼啸"、鹤唳"消失在云天深处"、爱情"像鲜花一样怒放"。且比喻不时转变为象征,让形象具有了抽象的意义,如:风、雪、暴风雪等等形象就体现出一种精神不安的内在情绪。

值得注意的是一些具有抽象特点的形象也被赋予另一种象征性的意义,而且把这种意义固定下来。如独活草象征光辉的未来,星星象征希望,蓝色象征浪漫主义的理想,红色象征不安等等。

总之,《美女诗草》用的是一些抽象的、朦胧不清的形象,以歌颂永恒的纯洁美丽的女性——实指诗人作者的妻子,即俄国大化学家门捷列夫之女。诗人对她的迷恋被富有诗意地表现出来。但这里"美女"也象征"另一个世界",而"爱"则把现实世界和理想世界联系起来。

瓦列里·勃留索夫(1873—1924)出生于商人家庭,早年受法国象征派的影响,上莫斯科大学时就开始创作象征主义诗歌,1895和1897年分别出版诗集《杰作》和《这是我》,明显地体现了象征主义的特点。在《这是我》中的《致青年诗人》一篇里,诗人说:"对现实人生不必当真,只有未来的天地才属于诗人","对别人无须同情挂念,但对自己却要格外钟爱珍惜",表达了"表现自我"的美学要求;但也明显地表达了自我为中心的个人主义思想。《俄国象征派》诗文集(1894—1895)大部分是他的诗作,其中表现神秘主义和个人主义倾向的居多。

从二十世纪初起,勃留索夫的思想受革命形势的影响,已经不囿于表现自我感受,开始注目于社会现实生活,并写出了《致城市和世界》(1905)和《花环》等诗集,其中的《石匠》和《匕首》就是名篇,体现了他独特的革命情绪,而且诗中也具有完整的形象。但与此同时也流露出一种无政府主义的思想倾向，如在《致亲人》(1905)中写道："破坏——我们和你们一起进行，建设——恕不奉陪"。由于他用这种无政府主义的态度来理解革命，曾被列宁称为"无政府主义诗人"。

十月革命引起诗人的思想和创作发生进一步变化，他写的《一九一七年十月》(1918)就指出十月社会主义的革命的伟大意义，表示要保卫革命，投入战斗，同祖国共患难。诗人自己也在1920年加入了共产党，后来还进一步写诗歌颂十月革命，如《在这样的日子里》(1921)、《瞬间》(1922)、《远方》(1922)、《赶快》(1924)等诗集里的许多诗篇。作为象征派诗人的勃留索夫，其诗歌一方面富有音乐性，语言优美。另一方面由于喜欢使用生僻古怪的比喻，有些诗晦涩难懂。

还有梅列日科夫斯基也是俄国象征派的首创者之一，他毕业于圣彼得堡大学文史系。八十年代开始发表诗作，其所著《论现代俄国文学衰落的原因及新流派》除了宣扬象征主义三要素之外，还指责十九世纪六十年代的俄国革命民主主义文学是"功利主义的庸俗的现实主义"。他的主要作品有长篇小说三部曲《基督和反基督》(1895—1905)，历史剧《保罗一世》(1908)、《阿列克塞之子》(1920)，长篇小说《亚历山大一世》和《十二月十四日》(1918)等。1920年流亡国外，1939—1941年在法国，后死于巴黎。

另一位诗人巴尔蒙特毕业于莫斯科大学法律系。1890年发第一部诗集，后成为早期象征派的代表诗人之一，出版诗集《无边无际》(1895)、《看人的房屋》(1900)、《让我们像太阳一样》(1903)等。他曾同情1905年革命并写诗歌颂它，如诗集《复仇者之歌》(1907)。他的诗强调随意性和音乐性，有的过分追求外表的华丽。十月革命后死于法国。

索洛古勃从1884年开始创作，他写诗的技巧娴熟，深得高尔基赞赏，其诗宣扬以幻想与现实相

梅列日科夫斯基

对立，成了象征派的代表人物之一，如《创造中的传说》(1914)。诗人描绘了一个想像中的世界，采用了某些怪诞的手法，有神秘主义色彩。1905年革命后他情绪转向悲观，对十月革命表示不理解。

阿克梅派

二十世纪第一个十年在俄国出现了一个同象征派很相近的现代主义诗歌流派,即阿克梅派。"阿克梅"一词源出于希腊文,即"高峰"之意。代表人物有尼古拉·古米廖夫(1886—1921)、戈罗杰茨基(1884—1944)、安娜·阿赫玛托娃(1889—1966)、曼德尔施塔姆(1891—1938)、库兹明(1875—1936)、津克维奇·纳尔布特(1888—1944)、萨多夫斯基(1881—1952)等,其中,古米廖夫是主要创始人。他们以《阿波罗》杂志(1909—1917》为核心集结在一起,成立了"诗人车间"小组,为新的文学流派奋斗。阿克梅派企图革新美学与俄国象征派的诗学,他们追求雕塑式的艺术形象和预言式的诗歌语言,他们公开宣布与象征派对立,反对迷恋于神秘的"来世",反对热衷于使用隐喻和象征手法,提倡"返回人世","返回"物质世界;反对朦胧不清的语言和形象,要求赋予诗歌语言以明确的含义。反对象征主义的虚幻、抽象的描写,主张对事物形状、轮廓、重量、色彩、声音等做具体的、清晰的描绘;同时,对人的复杂的内心活动也要做明确的、细微的刻画。但是从创作实践看,他们是抱着唯美主义观点,宣扬"为艺术而艺术",因而对现存社会制度不做批评,实际上也脱离现实。

阿克梅派从1913年古米廖夫打出旗帜起,活动了相当长的时间,十月革命后则以超阶级面目出现,继续活动到1922年。

该派主要成员古米廖夫出生于圣彼得堡喀琅施塔得一海军医生家庭,曾在皇村学校就读,中学毕业时出版第一本诗集《征服者的道路》(1905),不久又出版第二本诗集《浪漫之花》(1908),均带有象征主义的标记,得到勃留索夫的肯定。到1910年出版第三本诗集《珍珠》时,已经以形式的完美而使他成为俄国第一流的诗人。1913年他在《阿波罗》杂志第一期上发表一篇文章,宣称以阿克梅主义代替象征主义。古米廖夫不但在理论上作宣传,在创作中也注意艺术形式和技巧方面的探索,他的诗大多形式精美,形象富有动感,语言凝练,比喻奇特,如"大海竖起白色的发毛"(《原始记忆》,1917)、"海浪像蛇扭动着躯体"(《在海上》,1920)。在第一次世界大战期间,他志愿参战,得到晋升,由列兵升为少尉。

十月革命后的1918年,古米廖夫在高尔基创办的世界文学出版社任编辑,先后出版诗集《篝火》(1918)和《火柱》(1921)。后一本诗集表明,诗人已经逐步接近现实。他后期的诗歌创作,已经非常接近现实主义;所以也有人认为:"从创作主张和实践来看，一向被认为是俄国现代派诗歌中阿克梅派的理论家及其代表人物的古米廖夫，并非完全属于阿克梅派，而是象征主义、阿克梅派、现实主义兼而有之"。此外，他还写了许多诗歌评论，并从事文学翻译。他在1921年由于与所谓的"反革命阴谋"有牵连而被处决。

苏联以往对古米廖夫持否定的评价，认为他是反革命作家，但是，后来有一些变化。在1986年古米廖夫诞生一百周年时，苏联文艺界发出了为他恢复名誉的呼声。著名文艺理论家德·利哈乔夫在第八次苏联作家代表大会上的发言中表明看法说："古米廖夫没有一行诗是反苏的"[1]，而新当选作协理事会第一书记弗·卡尔波夫已经在杂志上公开发表文章《诗人尼古拉·古米廖夫》[2]。

安娜·阿赫马托娃

安娜·阿赫马托娃(1889—1966)以1911年在阿克梅派杂志《阿波罗》上发表一组诗而引人注目，成为阿克梅派早期的代表诗人之一。她出生于敖德萨一个海军工程师家庭，曾就读于圣彼得堡女子大学法律系，自幼喜好文学，1910年与诗人古米廖夫结婚，1912年出版诗集《黄昏》，诗中倾诉少女的失恋、孤独、绝望等情绪和缠绵悱恻的内心活动，写得委婉细腻，颇受当时对形势失望的一部分青年人欢迎，1914年出版诗集《念珠》，曾引起轰动。1917年又出版诗集《白色的云朵》。

她早期的诗歌多为抒发个人感情，描写爱情生活的短小精美的短诗。她大胆地袒露女主人公的胸怀，直率地表现她们对爱情的渴望和追求以及恋爱中复杂的心境。她的技巧娴熟，绝少作晦涩或朦胧的描写，用语都比较明朗、描绘具体、比喻贴切，这是与象征派截然不同的风格，尤其是对女性心理的细致入微的描述，确是别具一格，因而长时间里受到普遍的赞赏，其诗歌也广泛流传，经久不衰。但有若干诗作也偶尔流露出悲观、空虚或病态的情绪，因而引起过非议。

她在1918年与古米廖夫离婚，后来嫁给亚述学家弗·施依科。十月革命后她

---

[1] 苏联《文学报》，1986年7月2日。
[2] 苏联《星火》周刊，1986年第36期。

在彼得格勒农学院图书馆工作,同时为文艺刊物撰稿,先后出版诗集《车前草》(1921)和《耶稣纪元》(1922),这些作品表明她没有接受无产阶级革命。但她并没有离开祖国,后来生活现实促使她思想起了变化,逐步走出个人狭窄的圈子,走向更广阔的社会生活。战前有组诗《安魂曲》(1940),卫国战争时她发表《誓言》(1941)、《勇敢》(1941)、《胜利》(1942—1945)等爱国主义诗篇,深受红军战士的喜爱。

二战后第二年,作家因其发表在列宁格勒的《星》等杂志上的诗而受到批判,并被开除苏联作家协会会籍。但她没有停止创作,直到1956年恢复名誉,她的诗得到再版,很受欢迎。阿赫马托娃诗作因讲究艺术技巧与形式而受到苏联诗界不少人的崇拜。

未来派

另一个有影响的现代派文学潮流是未来主义,它起源于二十世纪初的意大利。未来主义把事物的运动和运动中的各种形态作为艺术表现的主要对象,在文艺创作中使用杂乱无章的线条、不和谐的噪音、没有意义的词组,甚至"颠倒过来的韵脚"等等。

俄国未来主义在十月革命以前十分活跃,1911年谢维里亚宁(1887—1941)在圣彼得堡发表宣言《自我未来主义序幕》(称自我未来主义),这是俄国未来主义最早的一个派别。

马雅可夫斯基

1912年由布尔柳克(1882—1967)、克鲁契内赫(1886—?)、卡缅斯基(1884—1961)、赫列勃尼科夫(1885—1922)、马雅可夫斯基(1893—1930)等一批青年诗人在莫斯科发表宣言《给社会趣味一记耳光》(称立体未来主义),这是俄国未来主义主要的派别。

自我未来主义不满于客观现实,宣扬个人至上,立体未来派是现存秩序的叛逆者,否定文化遗产和资产阶级艺术,未来主义者宣扬绝对的"创作自由",反对文学艺术中的公民精神,他们把形式上的创新放在首位,声称要"把普希金、陀思妥耶夫斯基、托尔斯泰等等从现代轮船上丢下水去"。他们对同时代的作家,不管是属于哪一派都加以蔑视。

马雅可夫斯基开始醉心于未来主义,热衷于探求新词汇和形式方面的实验,故意引进一些粗鄙、庸俗的形象或荒诞古怪的形象。但在诗歌创作上,他是俄国未来主义的积极代表,对诗歌的形式和语言都做出革新,用新奇的词语,生动、夸张的形象来描绘资本主义都市和资产阶级的丑恶,揭露特别有力;同时也表露出对美好未来的向往,包含革命的热情,当然有时也流于形式主义,晦涩难懂。不过,他诗歌中的民主主义倾向还是相当明显,而且有别于其他未来主义者,他在讲到第一次世界大战前自己的创作时就说过这种特点:"我感到了技巧的必要性……提出主题这个问题来,是关于革命的主题。"

十月革命以后,多数俄国未来主义者转到革命方面,参加了苏维埃政权的宣传工作,马雅可夫斯基表现出极大的政治热情,成为革命的歌手。他当时有过重大的影响,作为一个文学流派,未来派一直存在到三十年代后期。

此外,经常和象征主义相提并论的,还有一个自然主义流派。该派作家的作品特点是能对现实生活的外部做逼真的描写,这对于解剖各种生活现象是极为有利的。但是俄国的自然主义作家过分突出生活中的阴暗面,突出人的低下本能,结果对现实的描写往往流于纯客观。

在名目繁多的流派中,也有阿尔志跋绥夫(1878—1927)写的长篇小说《萨宁》(1907)这样的作品,以自然主义手法描写色情,宣扬虚无主义思想,因而受到论界的批评。

2. 现代主义与现实主义结合

在走向现代的潮流中,也有一类作家把现代的新流派方法与传统的创作方法相结合。安德列耶夫便是一例。

以创作中短篇小说和剧本著称的列·安德列耶夫(1871—1919),出生于一个贫困的土地测量员家庭,1897年毕业于莫斯科大学法律系,1895年开始发表作品。

他的创作早期多为短篇,取材于下层社会的生活,

列·安德列耶夫

以现实主义的笔触,描写下级职员、贫苦孩子、流浪汉、小偷甚至妓女等阶层的遭遇,对他们怀着民主主义和人道主义的同情。短篇小说《巴尔加莫特和加特西卡》(1895)讲述一个好心的巡警帮助一个流浪汉的故事,歌颂了"小人物"美好的心灵。小说得到高尔基的好评,两人建立友谊。1898—1906期间他在高尔基的影响下,写了一些优秀短篇小说,1901年结集由知识出版社出版,收入十个短篇(有《大满贯》、《沉默》、《曾经有过》等),是一部少见的畅销书,仅在1907年前就再版了十二次。这期间的作品,有的表达对城市下层居民的同情,如《小天使》(1898)和《在地下室》(1901):后者讲到一位女学生被人引诱,沦落街头,走投无路,只有流浪汉和小偷们帮助她摆脱困境。小说在被凌辱者的身上发掘出人性的火花;有的揭露小市民的庸俗无聊,如《大满贯》(1898)和《标新立异》(1902):前者写四个牌友以打"文特牌"为第一乐趣,对世事漠不关心,其中一人在牌桌旁暴死,才使其余的人感到震惊,这才结束了牌局。作者意在说明,这样的人生不过是一场毫无意义的赌局。

他的另一些作品则从抽象的人道主义出发,或认为社会上人人都同样受苦受难,如《上尉卡勃鲁科生活片断》(1898);或认为恶的根源不在于社会而在于人心,如《深渊》(1902)。他在1903年写的《瓦西里·菲维斯基的一生》则是对官办教会的有力抨击:住在乡下的瓦西里神父接连遭到厄运,先是长子溺水而死,妻子因悲愤酗酒而成酒鬼,次子又是天生的白痴,后来房子被火烧光,妻子也被烧死,而他却一再忍让,仍然坚信上帝,最后信念破灭,发狂而死。作品在民主派阵营引起巨大反响。

但是安德列耶夫之所以出名,原因不仅仅在于他对现实主义的继承,更主要的是他对现实主义以外的即现代主义诸种艺术方法的探索。这从他1905年前后写的作品中看得比较清楚。例如引起很大轰动的《红笑》(1904),是一部揭露日俄战争残酷性的中篇小说。作者采用表现主义的手法,不以描绘客观世界为目的,而以表现自己对客观世界的主观感受和主观感情为主。他从未参加过战争,便以夸张的形象、浓烈的色彩来刺激感官。在《红笑》里,他用一连串梦魔般的怪诞场面来表现战争的恐怖,在描写大规模屠杀场景时突出和夸张人在战争中的可怕形象。作者笔下的人物都失去了理智,身负重伤的人有的自杀、有的神经错乱而发出狂笑。他竭尽心力渲染"疯狂和恐怖"的气氛、人与人之间的互相残杀,甚至有消灭"整个世界"的病态心理,以期震撼读者的心灵,达到反战的目的。作者从纯心理角度来写战争,没有写战争的具体事实和特征。而不写战争的特定社会历史条件,自然只能是宣扬反对一切战争,不可能引导人们去认识这场战争的本质,去憎恨发动战争的社会制度。

又如小说《沉默》(1900)里,老神父夫妇同他们的独养女由于互不理解而造成各人难以言述的孤独和寂寞,因而女儿卧轨自杀、母亲中风、父亲精神失常。这种夸张的手法来表现资本主义社会人际关系的冷酷、人处于绝对孤独状态下的命运,颇为深刻,这也是表现主义的常见手法,特别是对神父在女儿墓地上的描写带有强烈的感情色彩。

引起剧烈争论的剧作《人的一生》(1906),是安德列耶夫自认为艺术革新的一部得意之作,用的是另一种创新方法。剧中"穿灰衣服的某人"手持蜡烛讲述着故事。蜡烛点燃,发出亮光,燃烧到昏暗,最后熄灭。其过程是以黑暗开始,到黑暗结束。这里具有象征意义,象征着人的一生从生到死亡。结论是:人生的归宿是坟墓,死亡不可避免。他把剧本的艺术结构放在他预先定出的人生的几个阶梯上:出生、贫困、富裕、荣耀、厄运、死亡,把具体的东西抽象为本质,让人物缺乏个性特征,其心理感情变成了某种"程式",成为某种思想、某种本质的体现,带有象征意义。

但是安德列耶夫也有采用多种手段、融合各种艺术方法于一体的作品,突出的如《七个绞刑犯的故事》(1908)。它有现实主义的内容和场面,是一部画面广阔的中篇小说:五名恐怖分子打算暗杀部长,因奸细告密而被捕,并被处绞刑。他们在受审过程中,团结友爱,视死如归,部长和狱吏们反而惊魂丧胆。小说描写了革命者的英雄气概,女革命者姆霞唱着歌去迎接死神的场面,具有明显的浪漫主义激情,而表现人民对统治阶级的仇恨心理、革命者在狱中的紧张情绪时又使用了表现主义,甚至用黑夜、严冬、古钟哀鸣等作为象征性手法。这种融合各艺术手法的写法是他后期作品的一个特点。鲁迅称赞道,安德列耶夫的小说"都含着严肃的现实性以及深刻和纤细,使象征印象主义和写实主义相调和,俄国的作家中,没有一个能如他的创作一般,消融了里面世界与外面表象的差别,而出现灵肉一致的境地。"[1]

安德列耶夫究竟属于哪一种流派?对此他自己在1912年给高尔基的信里这样写道:"我是个什么人?在自命不凡的现代主义者眼里,我是不屑一顾的现实主义

---

[1]《鲁迅译文集》第1卷,第331页,1958年。

者,而在传统现实主义者看来,我又是个值得怀疑的象征派。"[1]

安德列耶夫在1905年革命失败后,思想转向消极,第一次世界大战期间陷入沙文主义,十月革命后移居芬兰,在那里去世。他的创作有特色,鲁迅在1906年就指出他为"俄国当世文人之著者。其文神秘幽深,自成一家[2]"。他那独具一格的作品,值得研究和借鉴。

3. 现实主义文学

曾以《铁流》(曹靖华译,1931)为我国广大读者知晓的亚历山大·绥拉菲莫维奇(1863—1949),早在十九世纪八十年代就开始创作。他出生于顿河地区的哥萨克军人家庭,在圣彼得堡大学数理系学习时,结识了列宁的哥哥、民意党人亚历山大·乌里扬诺夫,因起草反对沙皇的宣言而被开除学籍,并被捕和流放。他早期的作品都是短篇,如《在浮冰上》(1883)、《扳道工》(1891)、《小矿工》(1892)等。他继承了俄国批判现实主义的传统,在二十世纪初创作了一系列反映劳动人民困苦生活的作品,语言简朴生动,对俄国文学来说可算是题材新颖,因而引起文坛的注意。

他1902年到莫斯科,用一系列短篇小说支持革命。如《炸弹》(1905)讲述一个普通妇女在工人运动浪潮推动下,由同情开始,最后参加革命的过程。《深夜》(1905)反映普通工人秘密集会的情况。《送葬曲》(1905)则控诉了沙皇政府对人民群众的血腥镇压,表现了工人群众宁死不屈的革命精神。他这时期的创作同早期相比,已有深刻的变化,作者已从同情被压迫被剥削者走向反映他们的觉醒和英勇斗争精神,写出了反抗者身上作为新人的优秀品质。他的艺术风格也不再像早期那样令人感到沉重凄惨,而是洋溢着革命的乐观主义精神。

1905年革命失败以后,俄国旧知识界悲观失望,沉寂了七年,但绥拉菲莫维奇仍有其坚定的革命信心,继续从事进步文学活动。1917年他热情地迎接十月革命,以报纸记者身份参加国内战争,以大量通讯报导工农红军的业绩,揭露白军的凶残罪行。他是旧俄作家转向革命的代表人物。

从1905年革命到1917年十月革命,他创作了一系列小说,著名的有短篇小说《沙原》(1908)、长篇小说《草原上的城市》(1912)和中篇小说《耗子王国》(1912)等。

---

[1]《文学遗产》第72辑,第351页,1972年。
[2]《鲁迅译文集》第1卷,第184页。

《沙原》是绥拉菲莫维奇的优秀短篇之一,小说塑造了具有相当高度的概括性形象。老磨坊主在垂暮之年向一个天真少女许愿,以继承遗产为条件娶了她,但他迟迟不死,少女没能实现继承磨坊的愿望,后来她设法毒死了丈夫,她重演老磨坊主的故伎,以财产为诱饵迫使一个年轻的男工与她姘居,然而彼此间并无爱情和幸福,而是经常吵架、打骂,终于都耗尽了精力,先后死去。作者描写这个天真活泼、心地善良的少女变成坑害别人、令人憎恶的女磨坊主,刻画得维妙维肖、真切动人,着重点是放在她的心理演变过程。它形象地说明没有爱,沉闷的生活就像充满黄沙的荒原吞噬着人的灵魂和幸福。

《草原上的城市》描写草原上的一个城市如何出现,形象地说明在俄国资本主义的兴起和发展过程中激烈的阶级矛盾和斗争。小说中一个主要人物来到草原上新建的火车站附近开饭店,不久又开赌场和妓院,逐渐发展为显赫一时的资本家,为了掩盖其剥削面目,他尽力伪装"文明",捐款修教堂,甚至表示要推动社会慈善事业,但是不堪忍受压迫的工人们还是起来斗争,罢工声势浩大,预示着新的时代必将到来。

《耗子王国》则写到二十世纪初俄国外省城市的生活:统治这里的是沙俄警察专制制度,社会停滞,人们困苦,生活庸庸碌碌,琐屑不堪。

绥拉菲莫维奇在十月革命后一直为建设新的文化而努力工作,直到1924年写出了社会主义文学早期的优秀长篇小说《铁流》。

4. 批判现实主义文学

在两个世纪之交,俄国批判现实主义恰好走上巅峰并面临转折,虽然有现代主义文学诸种流派的挑战和竞争,但是批判现实主义依靠传统的巨大力量,仍然有顽强的生命力。

1905年革命失败后,批判现实主义作家的队伍产生了分化,一部分人在创作手法上转向现代主义,最明显的如安德列耶夫,另一部分人转向现实主义,如绥拉菲莫维奇等。

1905年革命以后,又有阿·托尔斯泰、普里什文(1873—1954)、革拉特科夫(1883—1958)以及后起的叶赛宁(1895—1925)等,补充进批判现实主义作家行列。

无论新老作家的经历和创作个性怎么不同,他们都在致力于用现实主义的笔触暴露社会的痼疾,发挥了文学在揭示社会问题上的威力。

从当时俄国文坛看,作为有重大影响的文学之一,批判现实主义继续发挥着巨大的作用,老一代作家还在创作。重要的作品有:列夫·托尔斯泰的《哈泽—穆拉特》(1904)、《舞会以后》(1911)、《谢尔盖神父》(1912)等小说和剧本《活尸》(1912),契诃夫的剧作《三姊妹》(1901)、《樱桃园》(1903)和小说《新娘》(1903),柯罗连科的小说《我的同时代人的故事》(1905—1921)。这些作品从各个方面揭露和抨击了沙皇专制制度,

托尔斯泰和契诃夫

包括军队、官吏、国家机器以及残酷的民族压迫,如实地描绘了那个时代的社会矛盾和阶级对抗,表现了贫富悬殊、市民的庸俗和精神空虚。在二十世纪初革命形势的感染下,有的作家思想上已经朝着乐观主义的方向发展,像小说《新娘》表现出对未来社会变革的信心,呼唤着新生活即将来临。

同时还涌现出一批新的批判现实主义作家,他们遵循俄国古典文学的传统,恪守现实主义原则,为世纪之交的俄国文学增添了光彩。突出的有参加高尔基主持的文学团体"星期三"和"知识"出版社活动的如下几位作家:库普林、布宁、魏列萨耶夫、安德列耶夫、绥拉菲莫维奇等。

库普林

亚·库普林(1870—1938)出生于奔萨省一个小职员家庭,早年丧父,随母迁居莫斯科,七岁入士官学校,1890年毕业,编入步兵团服役四年,这时开始创作。退役后先在矿区任职员,以亲身的经历为题材,发表了成名作中篇小说《摩洛赫》

第五章 走进现代的文化(十九、二十世纪之交)

(1896)。摩洛赫是古代腓尼基人信奉的太阳神,为了对他表示祈祷,腓尼基人每年都要找来名门望族的儿童活活烧死,作为祭品。作者就以这样的"神"象征资本主义工厂,抨击工厂主的剥削。他后来又当过诵经师、记者、搬运工、演员,积累了丰富的生活经验。他写过讴歌民间少女纯真爱情的《奥列霞》(1898)等短篇小说。

1905年革命酝酿期间,他发表了《决斗》,这是二十世纪初俄国文学中最优秀的长篇之一。小说以主人公罗玛绍夫少尉在边境军队里的一段生活经历为线索,刻画了各种类型的军官形象。有的是专横残暴的恶棍,有的是贪婪狠毒的刽子手,有的则是腐化堕落的色鬼,他们从各个方面体现了沙俄军队内部的腐败和黑暗。同时作者以深刻的人道主义精神表现了士兵遭受非人待遇,对备受凌辱、毫无权利的普通士兵给予深切的同情。俄国军队刚刚在日俄战争中遭到惨败,这部小说的问世更能激起强烈的社会反响,它使公众看到了军队的内幕。

1905年革命失败后,库普林产生悲观情绪,写出了歪曲革命的作品,如小说《晕船》(1908)。但他也继续写出一些歌颂普通人的真挚感情和他们在逆境中保持高尚情操的作品。如《冈布利努斯》(1907)、《绿宝石》(1900)、《石榴石手镯》(1911)等名篇。长篇小说《火坑》(又译《亚玛》,1909—1915)则以某些自然主义的手法描写妓女的悲惨生活。十月革命后,作者流亡国外,作品多带有回忆录的性质,1937年回国,次年病逝。

库普林是位很有艺术造诣的作家,他以中、短篇小说的卓越技巧在俄国文学中占有显著地位。他虽然不写波澜壮阔的社会生活场面,却擅长细腻的心理描写,塑造鲜明的人物性格,揭示出社会矛盾。他的题材广泛,几乎触及社会的各个方面,那些揭露沙俄军队内部种种腐败现象的作品更是俄国文学中不可多得的名篇。他的作品语言凝练、节奏感强,又含有诗意、富于哲理性。

伊凡·布宁(И.Бунин,1870—1935)出生于俄国的贵族世家,中学毕业后,靠自修开始写作,曾当过校对员、统计员、图书管理员、报纸通讯员。他从小喜欢俄国文学,深受普希金、莱蒙托夫等优秀古典作家的影响,十七岁开始发表诗作,1901年曾以诗集《落叶》荣获"普希金"奖。后来转向创作小说,于1897年出版第一部短篇小说集,受

布宁

到批评界的重视。此后的主要成就在于中、短篇小说,同时也兼事文学批评和文学翻译。文学界对他的评价极高。"高尔基无论在书面上还是在口头上一直把布宁的名字归入俄罗斯文坛巨匠之列,而且总是建议青年作家向布宁学习。"[1]

布宁之所以能获得如此高的评价,一个主要原因是他的小说具有独特的艺术风格。他不以结构的严谨和情节的紧凑取胜,而以刻画性格、再现人物形象和描摹人情世态见长。他写景状物非常传神,尤其擅长于渲染气氛和刻画心理,语言简洁优美,而被高尔基誉为当代的"文体学家"和"语言巨匠"。

布宁从事小说创作始于十九世纪九十年代,而创作的极盛时期则在二十世纪初的十六年内。他接连写出了一系列优秀作品:描写农村生活的抒情散文《安东诺夫卡的苹果》,中篇小说《乡村》、《苏霍多尔》、《快乐的农家》,短篇小说《伊格纳特》、《扎哈尔·沃罗比耶夫》、《叶勒米尔》、《约翰·雷达列茨》、《败草》、《童话》、《利尔尼克·拉季昂》、《扎鲍塔》和《牺牲品》等。

布宁　1948年

布宁取材于农村生活的作品,在写到简陋的农舍、贫瘠的土地和苦难的农民生活时,笔端总是带着哀伤和同情。这在其主要作品中篇小说《乡村》(1910)中表现得最为突出。小说经由中心人物季洪·克拉索夫家庭的兴衰,再现了从1861年废除农奴制到1905年革命时期俄国农村的变化。季洪从经商而发迹,真实地再现了俄国农村资本原始积累的过程,展现了农村在地主资本家双重盘剥下衰败的惨状,从而显示了他现实主义的威力。

布宁由于自己所出生的贵族家庭已经家道中落,因而对昔日的荣华不胜怀念,故前期的小说也时常有为旧时代唱挽歌的情调。如《安东诺夫卡的苹果》(1900)缅怀贵族庄园美好的往昔,对过去和谐、安逸的贵族生活仍旧一往情深,而对眼前地主庄园衰败没落的现实则无限惆怅。《松树》(1901)也是这类作品中较为突出的。他对于受资本主义冲击而开始解体的俄国社会感到不安,常常借小说表达对资本主义的不满和憎恨,对资产者的贪婪和残酷做了有力的抨击。同时,他也对地主阶级的没落深表惋惜,如短篇小说《末日》(1913)。

---

[1] 特瓦尔多夫斯基:《论布宁》,《布宁文集九卷·代序》,莫斯科,1965。

涉及殖民主义的作品,则有他出国旅行后有感于西方的"文明"并不美妙而写的短篇小说《弟兄们》。它揭露殖民主义者对待殖民地人民的非人态度,对受欺侮的劳动大众深表同情。在这方面还有还有脍炙人口的名篇《从旧金山来的绅士》(1915)。

《从旧金山来的绅士》描述一个美国大资本家携眷去欧洲旅行的故事。在"大洋洲"号大客轮上,这位绅士占据了头等舱里最豪华的房间,有疲惫不堪、受冻挨饿的侍役、船工、锅炉工专为他们头等舱的乘客服务。船到卡普里岛,绅士又住了上等旅馆。但好景不常,他猝然死去,尸体运回国时已是另一番景像。作者特意描写他的尸体被塞进装苏打水的木箱中,深藏在轮船底舱,"受尽屈辱和怠慢"只能悄悄地运走的情景。

布宁利用一个美国人到卡普里观光而猝然死亡的素材,经过艺术构思,形成了这样一个名篇,其立意在于说明,资本家毕生都在追求金钱,以为富裕便能显赫,就能享尽人生的乐趣,但死亡却使他与别人毫无差别,一生的钻营和幻想都化为乌有。资产者的人生幸福不过是虚幻的。作家引《圣经·启示录》中有关巴比伦城覆亡的话作为题辞,意在说明,巴比伦古城再坚固,终于坍塌,资本主义世界再显赫,难免覆亡。

从艺术成就来说,俄国文学的巨匠大多以长篇小说见长,而布宁却以出色的中短篇小说独树一帜,在这个领域里给俄国现实主义文学做出巨大贡献。

布宁不能接受革命,1918年5月从莫斯科逃亡,大部分时间住在法国,于1933年完成写了七年之久的自传体长篇小说《阿尔谢尼耶夫的一生》。同年,他由于"严谨的艺术才能使俄国古典传统在散文中得到继承"而获得诺尔文学奖。

布宁曾产生回国的念头,因第二次世界大战爆发而未果。战争期间,他曾冒险营救过一位被希特勒匪帮追捕的犹太学者,对被押至当地做苦工的苏联战俘表示关切,并且拒绝为德国占领军办报,他痛恨希特勒法西斯德国,骂他们是一群"发疯的猢狲"。战后,他曾在巴黎的住址先后热情地接待过西蒙诺夫、费定、特瓦尔多夫斯基等苏联作家,同他们倾诉了他对祖国的眷念之情。

5. 无产阶级文学

十九世纪九十年代和二十世纪初已经大量出现无产阶级文学作品,早期的形式是诗歌,如高尔基的《鹰之歌》(1899)、《海燕之歌》(1901)、拉金(1860—1901)的《同志们,勇敢前进》(1896)等。

这一时期,无产阶级文学也从理论和创作两个方面迅速地发展起来。

理论方面,列宁首次提出了要求文学事业成为无产阶级总的事业的一部分,要为"千千万万劳动人民"服务。早期的马克思主义文学评论家普列汉诺夫(1856—1910)、沃罗夫斯基(1871—1923)、卢那察尔斯基(1875—1933)则开始进行许多文艺理论和批评工作。

在创作方面,无产阶级文学的代表当推高尔基,他的长篇小说《母亲》(1906)就是范例。此外,还有诗人杰米扬·别德内依(1883—1945)和绥拉菲莫维奇(1863—1949)以及后来的叶赛宁(1895—1925)等著名的作家。

6. 高尔基

马克西姆·高尔基(Максим Горький, 1868—1936)原名阿列克塞·马克西莫维奇·彼什科夫(Алексей Максимович Пешков)出生于俄国下诺夫哥罗德的一个木匠家里,早年父母双亡,他寄居在开小染坊的外祖父家,共上过两年小学。因外祖父破产,他从十岁开始在"人间"流浪,做杂工、当学徒。1884年到喀山,本想上大学,却未能如愿。结果社会底层便成了他的"大学":他当过码头搬运工、面包师、杂货店伙计等,做工之余,勤奋读书自学,接触到民粹主义和马克思主义思想。他

高尔基

曾于1888—1889年和1891—1892年两次流浪南俄和乌克兰一带,扩大了生活面,积累了丰富的素材。1892年发表处女作《马卡尔·楚德拉》,1889年出版《特写与短篇小说集》,一举成名。

十九世纪九十年代是他的探索时期,共写了中短篇小说、特写、诗文等约七百篇。早期的创作可分为两大类:一类是浪漫主义的作品,有《马卡尔·楚德拉》、《少女与死神》(1892)、《伊则吉尔老婆子》(1895)、《鹰之歌》(1898)等。《伊则吉尔老婆子》以腊拉的极端利己主义和丹柯的舍己为人的英雄主义相对照而显示其革命的新内容。丹柯在族人危难之际抓开自己的胸膛,高举燃烧着的心,为人们照亮走出

森林的道路。这是作者对十九世纪末在一部分知识分子中间流行的利己主义哲学思想的批判。《鹰之歌》则以鹰和蛇两个形象,象征为追求自由和光明而不怕牺牲的英雄以及苟且偷安、不敢斗争的小市民。作者热烈地赞颂了鹰的献身精神:"在勇敢、坚强的人的歌声中,你永远是一个活的榜样,一个追求自由、追求光明的骄傲的号召。"

另一类的现实主义的作品,有短篇小说《叶美良·皮里雅依》(1893)、《切尔卡什》(1895)、《柯诺瓦洛夫》(1897)、《好闹事的人》(1897)、《玛莉娃》(1897)、《因为烦闷无聊》(1898)等。《切尔卡什》以流浪汉切尔卡什和雇佣农民加夫里拉相对照,前者豪爽刚强,不受金钱私利的束缚,酷爱自由而憎恨资产者;后者见利忘义,胆小卑下。小说鲜明地赞扬前者的英勇和叛逆性格,谴责后者的自私和软弱。

在这类作品中,作者鞭挞沙皇制度和资本主义,暴露小私有者小市民的庸俗,肯定劳动者,特别是流浪汉的人格尊严。高尔基以写流浪汉出名,为俄国文学增添了新的人物形象。在十九世纪末大批劳动者沦落为流浪汉。他们过着贫困漂泊的生活,但也因此放荡不羁,敢于反抗。他们便成了高尔基笔下的正面人物。同时,由于作者有丰富的下层生活经历,了解流浪汉的疾苦和心理,能够写得符合实际,真切感人,又不加以理想化。

在现实主义的作品中,有1899年发表的《福马·高尔杰耶夫》。这是高尔基的第一部长篇小说。此时他已经是用广阔而丰富的现代生活画面,来展示不同类型的资产者的活动,反映资本主义在俄国发展的过程以及资产阶级的掠夺本性了。主人公福马由资本家接班人变成了本阶级的浪子,最后进了疯人院。作品的用意仍然是在于形象地说明俄国资产阶级从一开始就既有发展的势头,又已经从内部腐败了。

二十世纪头二十年,是高尔基为社会主义现实主义文学奠定基础的时期。

在二十世纪初,俄国工人运动蓬勃发展,高尔基因积极参加革命运动多次被捕,早在1905年革命的酝酿时期,他便写出了洋溢着革命激情的诗篇《海燕》(1901),用象征手法写了革命力量的化身海燕同风、云、雷、电等反动势力搏斗的情景,同时嘲笑那些胆小蠢笨的海鸥、海鸭和企鹅。"让暴风雨来得更猛烈些吧!"这话便成了呼唤革命的有力号召。

作为革命作家,高尔基看到剧院是一个重要的宣传阵地,便于1905年革命前夕,接连写出了剧本《小市民》(1901)和《在底层》(1902)。《小市民》描写别斯谢苗诺夫父子:一个是守旧无知的宗法式小市民,一个是有自由派思想情调的当代青年小市民。他们虽然思想倾向不同,但都敌视革命,维护旧制度。作者指出只有火车司机尼尔才是未来生活的主人。《在底层》则描写沦落到生活底层的一群人:流浪汉、工匠、苦力、小偷、妓女、游方僧、破落贵族。作品谴责消极等待、空有幻想的人生哲学,宣传人的价值:"一切在乎人,一切为了人!……人!这个字听起来多么令人自豪啊!"所以,"一定得尊重人!"这些话已经成了广为流传的名言。

1905年革命时,高尔基积极投身革命,并于一月九日流血事件之后,以亲眼目睹的事实立即写成特写《一月九日》,愤怒声讨沙皇政府。

1906年,高尔基移居美国,写成《母亲》。

《母亲》

小说定名为《母亲》,绝不是偶然的,因为它的中心人物是一位普通的女工,即革命者的母亲尼洛夫娜·符拉索娃。小说的结构也是由这一点决定的:整个故事情节都是在一位一生都在工人区里度过的四十多岁妇女所能理解的范围内展开。

小说第一部,作家用现实主义的笔触,描绘了外省工人区的落后、愚昧和阴暗的画面。工人区就是当时工人生活的象征:高尔基写到工厂是奴役工人的庞大怪物,是劳动者的苦役营,因为"工厂吞噬了一天的时光,机器从人们的筋肉里榨取了它所需要的精力,日子过得无影无踪,人就一步步走向坟墓"。开头是这样凄惨,所以当工人区里出现一些敢作敢为的人时,大家竟然持怀疑和恐惧的态度,不相信生活有可能变好,这是因为生活把大家压成畸形儿了。

生活在这种环境中的小说主要人物,有老工人符拉索夫夫妇及其儿子巴威尔、巴威尔的同伴菲佳·马琴、尼古拉·维索夫希科夫等。

巴威尔像工人区的青年们一样开始了独立的生活,但母亲很快就发现他"倔强地长向另一边"。他在行为、习惯上的变化,母亲都看在眼里,她发现儿子并不喜欢去参加工人晚上的饮酒、跳舞、寻欢作乐,也不去钓鱼打猎,而是勤勉地工作,平时也不去玩,只有假日才出去到什么地方待一待,但回家来头脑是清醒的。

小说写到,这些变化在母亲身上引起的心情是矛盾的。她对于儿子的表现跟工厂的青年不同这件事,心里感到既高兴又害怕。接着在他们家里出现了禁书,还来了"身份不明的人"。母亲见了他们起初是害怕,后来渐渐地习惯了,最后就接受了儿子的真理。

小说把革命斗争的几个重要阶段都真实地描写出来：第一次发传单、"沼泽戈比事件"、五一游行、巴威尔·符拉索夫在法庭上的演说以及他被捕之后母亲成了他革命事业的参与者等。

小说的第二部则展现了儿子第二次被捕后，母亲尼洛夫娜的独立生活：她到城里去活动，接近女革命家索菲娅，和她一起去农村散发禁书，参加法庭审判。她听到儿子的演说后更坚定了自己跟着真理走的决心。在小说结尾，她发现自己已被宪兵盯梢时，便拿出传单来散发，还高声喊道："昨天审判了一批政治犯，里面有一个叫符拉索夫的，是我的儿子！他在法庭上讲了话，这就是他的演说稿子！我要把它带给大家，让大家看看、想想真理……。"这个结尾是悲剧性的：儿子及女战友被判苦役刑，母亲落入宪兵队的手里。但是小说的基调却是乐观的：巴威尔在法庭上的话"我们工人必胜！"预示着光明的前途，这就是高尔基作品的主题思想。

《母亲》其有史诗式的广阔性。尽管叙事的中心是尼洛夫娜和她的儿子以及一个革命小组的故事，但是在描绘中却达到了高度的艺术概括。它给人的印象是，在它背后概括了整个俄罗斯。如果说在第一部里，故事的情节是在工人区里展开的话，那么在第二部中事件范围已大大扩展了，从尼洛夫娜一个人的眼光中来看事件的进程，它又其有某种编年史的特点。但与编年史也有所不同，即在叙述中又具有动感，特别是五一游行、法庭审判和尼洛夫娜被捕这几个场面。

小说除了尼洛夫娜、巴威尔之外，还成功地塑造了几个重要人物：尼古拉、维索夫希科夫、菲佳·马琴、老人西佐夫和雷宾等革命者，此外，有索菲亚、莎夏、娜塔莎、尼古拉和叶戈尔等向群众宣传革命思想的知识分子。

《母亲》这部小说的几个突出特色在于：

首先，它是一部新型的社会小说，内容新颖，描写俄国生活的手法与众不同，而且通篇洋溢着英雄主义的激情。它的题材和结构不是由个别人物的命运决定的，而是由主人公的积极行动来决定的，而巴威尔和母亲的经历又正是人民逐步觉醒的真实反映。

在以往的俄国文学作品中，进步人物总是同社会环境发生冲突，作家在表现这种冲突的同时也就批判了那个时代的现实生活。但《母亲》里的主人公则不然，他们固然也与旧的社会势力相对立，但同时却与本阶级有着血肉相连、休戚与共的关系。作者既描写了人物与旧的社会环境的矛盾，否定旧社会；同时也表现了人与集体之间新的相互关系以及人民集体意志的成长,肯定新的现实。这样,《母亲》就超出了批判现实主义的框框,成了新型的现实主义作品了。

其次,作家的创作方法遵循的是新的思想艺术原则。突出的特征是,表现人的新概念。他认为人是历史的创造者,因而最先要关心的是人如何对抗环境和反抗社会压迫以及一切不合理的现实。既然革命时代能造就奋发有为的人,那么文学的主要任务也就是描写这种"创建新生活,具有新型心理的人",即小说中的尼洛夫娜和巴威尔等人。

再次,高尔基从现实的发展中正确地再现了具体的现实生活,从而使人相信和联想未来,即新的俄国必将到来。这里,工人第一次成了小说的主要人物,而且他们个人的命运是与历史、与社会生活的发展趋向紧密相联的。这里对人物性格的描写、角度也有了变化,古典作家主要突出人受社会历史的制约,高尔基继承古典文学的传统,仍然注意人与环境、人与社会的复杂关系,但在写人的行动及心理时则特别注意其社会的阶级构成,注意人的性格的阶级本质,把重点放在人的心理、思想、道德观念和言行都受社会阶级的制约。

但是,作家既重视人的社会本质,又不把人简单化,贴上阶级标签;而是同时注意人的内心世界的分析,从而塑造出一批各色各样丰富多彩能反映俄国现实生活的复杂和矛盾的人物形象。

1907年,高尔基到伦敦,此后至1913年,他定居于意大利卡普里岛。

在意大利期间,他创作了反映农村革命斗争的中篇小说《覆灭》(1909),揭露并批判小市民习气的中篇小说《奥库罗夫镇》(1909)和长篇小说《马特维·克日米亚金的一生》(1911),以童话形式、浪漫主义手法描写意大利工人和劳动人民生活的《意大利童话》(1911—1913)等。

1913年他回国参加革命的宣传工作,组织文化活动。他团结了一大批进步作家,同时继续写出《俄罗斯童话》(1912—1917)和《俄罗斯漫游散记》(1912—1917)、自传体三部曲的头两部《童年》(1913)和《在人间》(1915)(第三部《我的大学》后来于1922年写完)。这批作品生动地反映了俄国十九世纪末叶的社会风貌。

第六章

现代文化(二十世纪,上)

俄罗斯从二十世纪初进入革命和建设的年代,社会发生翻天覆地的变化,在不长的历史时期内变成了一个现代化的强国。

在文化领域,这个历史时期都有相应的方针政策严格管控文化活动,对文化产品的要求注重严肃高尚的思想内容和社会主义现实主义的创作方法。包括极为重视文学艺术的教化作用,要求文化为政治服务,为大众服务,包括学校教育、文学、绘画、音乐、舞蹈、戏剧、电影等形成独特的苏联风格,以此与西方的文化相抗衡,尤其严密遏阻西方意识形态侵入。

苏联时代的文化已形成受政府肯定支持的主潮文化和被压制排挤的非主潮文化。不过,后者随着苏联的解体而逐渐"被拾遗",得以回归社会。

第一节 社会主义的历史进程

十月革命胜利后,苏联经历了形成、发展、解冻和解体四个历史阶段。

1. 列宁和苏联的形成

弗拉基米尔·伊里奇·列宁(В.И.Ленин,1870—1924),原姓乌里扬诺夫(Ульянов),1870年4月22日生于辛比尔斯克城,1924年1月21日逝世,是苏联的缔造者,社会主义事业的奠基人。

他早年参加革命,17岁时对其兄亚历山大参加民意党人谋刺沙皇案被判处绞刑一事有深刻省思,认为推翻沙皇专制之度不能靠恐怖手段,而应走革命之路。他提出党的思想原则和组织原则,指导建立了俄国社会民主工党(布尔什维克),提出"帝国主义是资本主义的最高阶段"的理论,制定了从资产阶级民主革命转变为社会主义革命的纲领,领导并取得了十月革命伟大胜利,制定了建设社会主义的计

克里姆林宫墙外红场、列宁陵墓

划,包括实现国家工业化、农业集体化和文化革命等项目,使苏俄政府和国家得以在世界帝国主义的包围中站稳脚跟并得到发展。

① 十月革命后,布尔什维克为巩固苏维埃政权而采取了各项措施:

在政治方面,打碎旧的国家机器,建立新的国家机器:解散立宪会议,成立各级人民委员会代替旧政府各部门;废除旧的司法制度,建立新的人民法院;取消资产阶级民警,建立工农民警;摧毁资产阶级旧军队,建立工农红军和工农红海军。这些措施遭到旧官吏的反对,于是为了同反革命做斗争,又成立了全俄肃清反革命、怠工和投机行为非常委员会(简称肃反委员会、"契卡")。

在经济方面,实行银行、铁路、商船、大工业国有化;成立最高国民经济委员会以管理国有化企业和调整国民经济;对有雇佣工人的企业,在企业的生产和分配方面实行工人监督;实行对外贸易的国家垄断并剥夺一切属于外国资本的商业企业;废除沙皇政府和临时政府所签订的一切债务条约(包括160亿卢布外债);实行8小时工作制;改善工人群众的居住条件。

在社会文化方面,规定男女平等;实行教会与国家、教会与学校分离,宣布

红场上的商行,苏联时为国营百货商店,简称"古姆"
1889—1893年建

信仰自由;宣布各族人民权利平等;封闭一切反动报刊,没收私人出版社,成立统一的国家出版社,出版革命著作和群众读物;开展扫盲运动等。

在农村里开展革命。派干部下乡协助农民没收地主土地和分配土地,建立贫农委员会和农村苏维埃政权。建立工农联盟。

以上措施,大多数是吸取了巴黎公社革命的经验教训而实施的。所以列宁说,在摧毁旧国家机器的道路上,"巴黎公社走了具有全世界历史意义的第一步,苏维埃政权走了第二步"。

但是,国内外敌对势力不甘心于失败,苏俄政府不得不面临三年的内战,为了战胜国外14国联合起来的武装干涉和国内反革命势力的破坏活动,乃从1918年夏至1921年春实行"战时共产主义政策",主要内容是:实行余粮收集制,将全部工业收归国有,对粮食等主要生活必需品实行国家垄断、取消私人贸易、对居民实行有差别的实物配给制、免费定量供应口粮和生活必需品,实行普遍义务劳动制等。这些措施很快奏效,1921年初便改变政策。

②实行"新经济政策"

由列宁提议,政府决定改"战时共产主义政策"为新经济政策,主要内容为:以粮食税代替余粮收集制,允许商品自由贸易,允许农民出租土地和雇工,允许私人占有中、小企业,有条件地将一部分国营企业租让外国资本家经营等。实行新经济政策使得苏俄很快恢复经济,达到或接近战前水平。

③苏维埃社会主义共和国联盟的成立

十月革命胜利的当天,在全俄苏维埃第二次代表大会上成立了第一届苏维埃政府——人民委员会,建立了俄罗斯苏维埃联邦社会主义共和国(简称苏俄)。

1917年底至1919年初,在十月革命影响下,乌克兰、爱沙尼亚、拉脱维亚、立陶宛和白俄罗斯,相继建立起苏维埃政权,成立本民族的、独立的苏维埃社会主义共和国。

1918年上半年,帝国主义开始对苏维埃国家进行公开的武装干涉。列宁提出为了战胜国内外的共同敌人,必须统一。

1919年6月1日,有乌克兰、白俄罗斯、立陶宛和拉脱维亚等共和国代表参加的苏俄中央,决议建立统一的作战指挥部,并把各共和国的国民经济委员会、铁路管理机关、财政机关和劳动机关联合起来。这样,各苏维埃社会主义共和国的军事政治联盟初步形成。

1920年5月20日,乌克兰决定在保持自己独立国家宪法的同时,成为俄罗斯联邦共和国的成员之一,两国合并军事、财政、铁道、国民经济、邮电和劳动等委员部。

1920年8月3日白俄罗斯决定在外交上与俄罗斯一致行动,并着手制定与俄罗斯联邦以及其它苏维埃共和国的统一经济计划。

1920—1921年初相继成立了阿塞拜疆、亚美尼亚和格鲁吉亚三个苏维埃社会主义共和国。1921年11月,这三个共和国联合组成南(外)高加索苏维埃联邦社会主义共和国,简称南(外)高加索联邦。

在1921—1922年各苏维埃共和国又建立了外交联盟,在国际会议上结成统一战线。1922年2月热那亚会议前夕,各苏维埃共和国都与俄罗斯联邦缔结协定,委托俄罗斯联邦代表团在会议上代表并保护它们的利益。正像列宁所说,"没有各苏维埃共和国最紧密的联盟,便不能捍卫被军事方面无比强大的世界帝国主义列强所包围的各苏维埃共和国的生存。"

1922年12月30日,在莫斯科召开苏维埃社会主义共和国联盟第一次苏维埃代表大会。代表大会通过了苏维埃社会主义共和国联盟成立宣言和联盟条约,选出了联盟中央执行委员会作为代表大会休会期间联盟的最高权力机构。在这次代表大会上成立了苏维埃社会主义共和国联盟(简称苏联),加入的有4个加盟共和国:俄罗斯苏维埃联邦社会主义共和国、南(外)高加索苏维埃联邦社会主义共和国(含阿塞拜疆、亚美尼亚、格鲁吉亚三国)、乌克兰苏维埃社会主义共和国和白俄罗斯苏维埃社会主义共和国。

尔后,又有几个共和国加入苏联。1924年乌兹别克苏维埃社会主义共和国和土库曼苏维埃社会主义共和国加入。1925年塔吉克苏维埃社会主义共和国加入。1936年哈萨克和吉尔吉斯由自治共和国升格为苏维埃社会主义共和国。1940年拉脱维亚、立陶宛和爱沙尼亚作为加盟共和国加入苏联。同年,还有摩尔达维亚改组成功的苏维埃社会主义共和国也加入苏联。

至此,拥有15个加盟共和国的苏维埃社会主义共和国联盟(Союз Советских Социалистических Республик)最终确立,简称苏联(СССР或Советский Союз)。

这期间,在1936年制定了新宪法,明确规定"苏联是社会主义国家"。

作为国家的领导力量苏联共产党组织,其名称经历了多次变动。1898年建党时命名为俄国社会民主工党,1917年更名为俄国社会民主工党(布)(即"布尔什维克",意为"多数派"),1918年改为俄国共产党(布)。1925年,在苏联成立之后相应改名为全联盟共产党(布),简称联共(布)。1952年起改名为苏联共产党。

2. 革命与建设

列宁逝世后,斯大林继任为苏联主要领导人(1924—1953)。

约·维·斯大林(И.В.Сталин,原姓朱加施维里——Джугашвили),1879年12月21日生于格鲁吉亚第比利斯省哥里市,卒于1953年3月5日。父为鞋匠,母系农奴之女。他早年参加革命,数次被捕、流放。1922年当选党中央总书记,1924年列宁逝世后即继任为领导人,从此苏联开始了全面社会主义工业化和农业集体化过程,在1928—1942年实施发展国民经济的三个五年计划,成绩巨大,为后来反法西斯卫国战争的胜利奠定了基础。

① 国家工业化

苏俄经历4年第一次世界大战和3年国内战争,国民经济遭到严重破坏。1920年工业总产值约等于战前的3%,农业总产值只相当于战前产量的65%。形势迫使苏俄迅速恢复经济,并加紧发展,尤其实现国家工业化。斯大林在1925年提出:"工业化的中心,就是发展重工业"。

工业化开始的时候,困难很多,首先遇到的一个大问题,是如何筹集资金。苏联不能用资本主义国家的办法筹集资金,只能靠内部积累。它的主要来源是:国营企业的利润、全体农民的"贡赋"和全国人民节衣缩食节省下来的卢布和戈比。

十月革命后,苏联把铁路、矿山、大企业、银行收归国有,垄断了对外贸易,这些企业的利润是工业化资金的主要来源之一。另一个主要来源,是征收农业税。从1925年开始,农业税以货币形式交纳,农民出卖粮食换取货币来纳税。再一个来源,就是压低人们的消费,大量发行国家公债和激励人民储蓄。据统计,1925—1930年五年时间内,公债发行量增加近6倍,1925—1929年四年内银行储蓄增加14倍。

通过上述途径和办法,苏联逐步积累了工业化所需要的资金。

为了保证工业化事业的顺利开展,布尔什维克党中央把党的一些主要领导干部,派到工业化建设的最重要部门工作。

苏联还采取各种措施恢复和扩大了产业工人队伍,以适应工业化的需要,为此开办各类技术学校,培养各级技术人才,也利用国外先进技术,以改造旧企业,建立新工厂。

工业化问题曾遇到党内"反对派"的争议,"托季联盟"——托洛茨基、季诺维也夫等反对"一国建成社会主义"的学说。他们认为苏联经济落后,若得不到其他发达国家的援助,若无"世界革命"的胜利,就不能建成社会主义。

但是工业依旧获得进展,在三个五年计划(1928—1942)建设期间,已建成了一批大型水电站、钢铁联合企业、拖拉机厂、汽车制造厂,以及大型矿产基地、铁路交通设施,基本上把一个农业国变成了实力强大的工业国。

苏联工业的发展速度是惊人的。在第二个五年计划完成的1932年,其工业增长速度已跃居世界第二位(仅次于美国),其工业产值已占世界总产值的10%(据《俄国大百科全书》第1卷,俄文版,2004年)。

这些工业化的初步成果为卫国战争的胜利,甚至日后的"两弹"生产和宇航技术的开拓打下了良好的基础。

② 农业集体化

1927年,苏联出现了粮食收购的危机。其原因既有广大农民生活改善,用粮水平大为提高;也有富农囤积居奇的因素。为了采购到足够的社会用粮,急需责令富农按规定价格出售全部余粮,同时要着手改造小农经济,把它引上集体化道路,以便迅速增产,适应国家工业化对粮食的需求。因为落后分散的小农经济一般不能扩大再生产,而且会自发地产生资本主义。

联共(布)为实现农业集体化,于1927年制定了农村的阶级路线为"依靠贫农,巩固与中农的联盟,坚决反对富农"。但也有党内反对派认为粮食收购危机是由于收购价太低,应该实行市场化,调动农民积极性,使之安心生产,逐渐富裕起来;主张通过税收等经济手段限制富农,达到逐步消灭,而反对用行政手段强行剥夺。不过,在1929年,限制富农的政策转为"消灭富农",推行起"全盘集体化"运动,并且批判了中央的一些领导人如布哈林等。

1930年1月30日,联共(布)中央通过了《关于在全盘集体化地区消灭富农经济的措施》的决议。各地展开了消灭富农的斗争,先是剥夺富农财产归集体所有,然后把富农分成不同类型,区别对待。凡组织恐怖活动和反对苏维埃政权者,予以逮捕法办;大富农迁往西伯利亚和哈萨克斯坦等边远地区;一般富农则被安置在本地区边缘,专门拨给土地,让其劳动和生活。在1930—1931年的两年时间里,共有60万户富农被剥夺财产,24万户被迁往边远地区。

当时全国分为三类地区,第一类地区包括北高加索和伏尔加河下游等重要产粮区;第二类地区包括乌克兰、中央黑土区、西伯利亚、乌拉尔和哈萨克斯坦等产粮区;第三类地区包括粮食消费区各省和边区共和国等地。三类地区完成农业集体化的时间分别规定为1931年春、1932年春和1933年。集体化的基本形式是土地使用权和生产资料公有的农业劳动组合,即集体农庄。在集体化过程中还要求坚持自愿原则。

但有些干部使用行政命令手段,用剥夺财产、剥夺选举权等办法威胁、强迫农民加入集体农庄。许多地区出现过火行为,越过农业劳动组合的基本形式径直组织农业公社,用强迫手段使小牲畜、家禽、自用的产乳牲畜和住宅"公有化",引起农民大肆宰杀奶牛、猪、羊、家禽。

为了纠正过火行为,联共(布)中央于1930年公布了农业劳动组合示范章程,规定宅旁园地、小农具、一定数量的产乳牲畜和小牲畜、家禽均归私有、不实行公有化。同时强调坚持自愿的原则,重申各项方针政策。1930年底到1931年春,再次出现农业集体化高潮,到1932年下半年,全国60%的农户加入了集体农庄,农庄耕地面积占全国耕地总面积的70%以上,基本上实现了农业集体化。

从1932年起苏联开始实行按劳动日计酬制,同时允许庄员在市场上出售自己的余粮。政府拨款帮助建立机器拖拉机站,以提高农业机械化水平。农庄庄员的劳动生产率和劳动报酬有所提高,到1934年底,加入集体农庄的农户占全国农户的3/4,农庄耕地面积占全国耕地面积的90%。

总的来说,农业集体化运动功过参半。它一方面推动了农村的社会主义改造,建立集体农庄,为今后实行大规模的现代农业生产和提高产量打下基础。另一方面也付出高昂的代价,损害了当时的农业生产。斯大林在党的十七大报告中不得不承认:"农业改组达到最高潮的年份,即1931年和1932年,是谷物减产最厉害的年份。"

③ 文化事业的进展

十月革命后至二十年代初期,不少文化机构关闭,部分知识分子流亡国外,文化事业跌入低谷。在革命和内战时期渡过童年的那一代人，有一大部分成了文盲。

战后的文化工作是着手扫除文盲，为尚未有文字的少数民族创造文字，以及发展学校教育、新闻出版、文艺事业，开办民族剧院和剧团等等。这之后不久，在俄罗斯地区，居民中的识字人数已由1928年的58.4%上升到1932年的89.1%。沙俄时代造成的少数民族落后地区文盲充斥，如直到1927年乌兹别克居民中文盲仍占96.2%，而土库曼更高达97.7%。但在1939年进行的人口普查，结果已大为改观。苏联全国六岁以上的居民识字人数已占81.2%（其中男性为90.8%，女性为72.6%）。

至1940年，全苏联有高等学校817所，大学生81.2万人；中等技校学生有877.5万人；科研机构1821所，有研究人员9.83万人。苏联在若干科学领域已居于世界领先地位。

④ 肃反扩大化

苏联在社会主义革命和建设中虽然取得了很大的成绩，但缺点和错误也不少，肃反扩大化就是一个很大的问题。肃反工作，一方面惩办了必须惩办的反革命分子，另一方面却冤枉了许多忠诚的共产主义战士和善良的公民，社会主义法制遭到破坏。斯大林后来也谈过，肃反时所犯错误比原来预料的还多。

肃反的一项是为"巩固新政权"而不断地"清党"。党的高层领导不断清除反对派，从政治上定罪为"反党集团"直到宣布为反革命。有时则排除异己，对持不同意见者撤职、免职、开除党籍；严重的判刑流放，直至处以极刑。重大的如1926年反对"托季反党集团"（托洛茨基、季诺维也夫反党集团〈Троцкистско-Зиновьевский антипартийский блок〉，托洛茨基后来被驱逐出境，死于墨西哥）、1928年反对布哈林"右倾机会主义"（成员有布哈林、李可夫、托姆斯基〈Бухарин, Рыков, Томский〉等人）。据不完全资料，在三十年代遭到迫害的党员高达130万人（1934年统计的党员总数为300万人）。

此外，在农业集体化过程中，也有农民受苦。受迫害的农户估计当在25万到100万之间。宗教界也不好过。90%的东正教教堂被关闭，许多神甫被逮捕法办，送往劳改营。知识界和军队也未能幸免。

1936—1938年的肃反运动主要涉及党政军干部，有约4万名军官获罪，包括有统帅部的高级将领被镇压。虽然其中有1.3万名军官在卫国战争爆发的形势下不得不令其"带罪"归队，但是在战争初期红军已因丧失资深指挥员而大伤元气（以上资料均据《俄国大百科全书》第1卷,俄文版,2004年)。

关于斯大林执政期间的功过,我国的权威舆论认为可作"七三开",即七分功三分过。也有论者把斯大林在位近三十年的事迹简要地概括为一句话:"三化一战"。即实行国家工业化、农业集体化、肃反扩大化和指挥打赢了一场卫国战争。其中头、尾两项造福于苏联,农业集体化功过参半,而肃反扩大化则产生长远的负面影响。

3. 卫国战争的胜利

第二次世界大战时,希特勒的打算是先征服西欧各国,然后利用他们的资源进攻苏联。当德国法西斯控制了西起法国,东到苏联边境,北自挪威,南至地中海的欧洲广大地域,掌握欧洲十四个国家的人力、物力和资源,解除东进的后顾之忧以后,马上开始准备制定代号为"巴巴罗萨"的侵苏计划,要在一个半月到两个月内打到伏尔加河流域,然后同时灭亡英国,称霸欧洲。

卫国战争时期的斯大林

1941年6月22日,德国动用190个师的兵力,兵分三路:北路由东普鲁士出发,攻打波罗的海和列宁格勒;中路从华沙东北地区出发,向明斯克、斯摩棱斯克和莫斯科进犯;南路从卢布林地区出发,攻打基辅、哈尔科夫和顿巴斯。

初期,希特勒依靠其优势兵力,很快占领了波罗的海沿岸各加盟共和国,以及乌克兰、白俄罗斯和俄罗斯欧洲部分的一部分领土,苏维埃社会主义国家面临着十分危险的局面。

战争爆发的第一天,苏联党和政府号召各族人民奋起抗击,开展伟大的卫国战争。6月30日成立以斯大林为首的国防委员会,统一领导各阶层人民为打败德国侵略者而斗争。7月3日,斯大林发表广播讲话,指出苏联所进行的是反对法西斯侵略的正义战争,目的是为了捍卫社会主义祖国,也是为了支援世界各国人民反对法西斯侵略、争取民族解放的斗争,提出了"一切为了前线!一切为了胜利!"的口号。

苏联人民迅速动员起来,到1941年7月11日就有530万人应征和自愿入伍。前方战士英勇作战,创造了许多可歌可泣的英雄事迹。后方的工人、农民和知识分子也不惜劳苦和牺牲,为战胜德国法西斯忘我劳动。在不到三个月的时间里把1300多个工业企业由可能被敌人占领的西部地区转移到内地,并很快投入生产。许多生产民用品的工厂改产军用品,整个国民经济转入战时轨道。

在敌占区的后方,则组织游击队和地下组织,扰乱和打击敌人。全国形成了一个战斗营垒。

① 三大战役

在苏德战争中,最具有战略意义的是莫斯科保卫战、斯大林格勒保卫战和库尔斯克会战三大战役。

莫斯科战役在1941年9—12月进行。9月30日德军调集约80个师的兵力,向莫斯科进攻,战斗在市远郊进行。苏联召集该市和州的10万党员、26万团员奔赴前线,50万居民投入战斗,配合红军坚守,抵住了敌方"闪电战"攻势。11月6日德军再度猛攻。苏方军民誓死抵抗,出现许多可歌可泣的英雄事例:有在离莫斯科30公里守住防御线的潘菲洛夫近卫师28名战士,有潜入敌后英勇就义的女游击队员卓娅,有11月7日十月革命节仍在红场阅兵的壮举展现了军民高昂的气概。经过两个多月的浴血苦战,红军终于在12月6日跨越长约800公里的广阔地域转入反攻,打退顽敌,彻底粉碎德军"不可战胜"的神话。

斯大林格勒战役则是苏德战争的转折点。战役从1942年7月17日开始,德军出动35万人,经过重大伤亡后攻入该市,并在市中心进行激烈的巷战。但斯大林格勒保卫者们坚守每一条街道,每一幢房屋。守军英勇顽强,一直打到全市仅存一片废墟,仍然没有弃守。红军中士巴甫洛夫率一支小分队冒着巷战的炮火,夺回被德军占领的一座四层楼房,坚守58天,使之成了敌人难以攻克的堡垒。至11月19日苏军才由防御转入进攻,1943年1月终于歼灭德军,使希特勒德军遭受致命打击,并从此转入战略防御。

1943年1月,苏军开始战略反攻,先是为被德军围困900天的列宁格勒解围,陆续收复大片失地,后于7月初在库尔斯克地区与德军会战,至8月5日歼灭德军,取得会战的胜利。从此苏军掌握了主动权。1943年成了卫国战争根本转变的一年,共收回2/3的国土,包括乌克兰西部和整个白俄罗斯。

② 攻克柏林

1944年,苏军对敌发动十次歼灭性打击,解放了全部国土,越境进入东德,战

苏军攻克柏林　红旗插上帝国议会大厦　1945年5月2日

斗转到德国领土上。攻打柏林便是第二次世界大战欧洲战场上的最后一次战役。1945年4月16日晨,苏军出动50万兵力发起攻击。18日由朱可夫元帅指挥的一个方面军打开了柏林通道,21日冲进市区,激战数日。27日苏军打进柏林市中心。30日下午帝国国会大厦上空升起胜利的红旗,标志着希特勒德国的灭亡。5月8日德国签署无条件投降书。至此,欧战结束,苏联人民和各国反法西斯力量取得了伟大胜利。

1945年8月8日,苏联根据同盟国协议宣布对日本作战。经过20多天战斗,击溃侵占我国东北的日军精锐关东军22个师团,为打败日本帝国主义作出了伟大贡献。

③战争时期的政治动员和思想教育

苏联从临战到战争全过程中,始终进行强有力的政治动员和思想教育工作,其内容要点有二:民族意识和爱国主义。凡有利于增进民族意识、发扬民族传统、爱祖国爱人民的宣传工作都极力提倡,直到用标语、口号、宣传画大力宣扬,其中包括一系列的宣传鼓动,从1937年纪念普希金百年诞辰大规模活动,到放映彼得大帝、涅瓦王亚历山大、军队统帅库图佐夫、苏沃洛夫这类保卫国家的英雄历史人物之影片,再到开办展示俄国伟大富饶、文化传统悠久的油画精品之特列季亚科夫画廊,上演爱国主义大型歌剧《伊凡·苏萨宁》等等,目标均在激励民众的爱国主义精神。

为动员全民投入抗战,苏联采取的措施相当具体,包括调整若干方面的政策。例如放松对东正教的限制,撤销管制教堂活动的法令。1943年9月4日斯大林亲自接见东正教大主教、主教,表示赞赏宗教动员信众出钱、出力投入抗战的义举,肯定教会在抗战中的重要作用。1941年12月10日专门发布通令:所有军事报刊均撤下刊头标语"全世界无产者,联合起来!"(那是自十月革命后长期以来一切党政报刊都必备的刊头标语),因为那个口号已不符合当时举国一致、不分阶层、不分信仰、全民投入卫国战争的现实,也不利于团结全体人民不分彼此为保家卫国而奋斗和牺牲。

为鼓舞士气、发扬爱国主义英勇善战的精神,每次战役胜利之后都有大批有功人员被颁授奖章、勋章。1942年斯大林格勒战役胜利之后朱可夫和华西列夫斯基两位将军晋升元帅,1944年苏军全面反攻打出国境后罗科索夫斯基等六名将领晋升元帅。反之,怯懦退却、临阵脱逃的军官均受严惩,战争初期就有30名将级军官因未坚守阵线丧失西部边陲大片领土而被处以极刑。在战争最严酷的年代,1942年6月28日国防委员会专门发布命令:"不准后退一步!"凡退却的指挥官均被枪决。至于叛国投敌者,更是遭受民众的唾弃。军司令员弗拉索夫中将被俘后投敌,转向同德军合作,战后立即押解回国枪毙,这是整个卫国战争中唯一变节的高级将领。总之,在这场第二次世界大战中,苏联红军的表现不愧为一支伟大的忠诚的军队。它为战争付出的代价也是巨大的,据战后统计,苏军的损失是1140万人,而苏联人口的损失也在2660万以上(据《俄国大百科全书》第1卷,俄文版,2004年)。

4、从解冻到解体

战争造成的损失巨大。苏联损失了国民财富的近30%(相对比的其他盟国,美国为0.4%,英国为0.9%),1710座城市、7万个村庄、31580个工业企业被毁。战后苏联立即组织恢复和重建,凭借社会主义制度的优越性和苏联人民的主人翁精神,全民动手复建,开展第四个五年计划(1946—1950)建设,很快把国民经济恢复到战前水平。它在科学技术领域的成就尤其令人振奋:在1949年9月试爆第一颗原子弹,1952年又试爆第一颗氢弹。

斯大林1953年去世后,赫鲁晓夫(Н.С.Хрущёв,1894—1971)继任当政的十一年(1953—1964)是以"解冻时期"为代名词载入史册的。他执行了比较宽松、自由的内外政策。1956年赫鲁晓夫在党的二十大上作了《关于个人崇拜及其后果》的报告,列举事例披露斯大林在肃反工作中的错误,批评他搞个人崇拜。因为报告是对代表内部做的,"不供发表",故被称为"秘密报告"。从此掀起了批判斯大林运动,这引起了社会大震荡。批判斯大林搞个人崇拜、压制民主、破坏社会义法制的做法改变了人们对过去国家成就的认识,动摇共产主义信仰,国内思想活跃,讨论比较自由,文学创作被放宽限制,对外开放了文化交流。同时,政府开始为冤假错案平反昭雪,为被不公正对待的人恢复名誉。意识形态领域禁忌破除,思想观念走向多元化,正如爱伦堡的小说《解冻》(«Оттепель»,1954)所宣布的"到解冻时节了"("解冻思潮"由此得名)。

"秘密报告"的要点立即经西方媒体广泛传播(全文迟至三十多年后的1989年才由《苏共中央消息》杂志发展),"个人崇拜"问题根本动摇了人们对苏联的看法,引起国际共产主义运动大分裂,导致反共浪潮一再涌起和一系列东欧民主国家政局不稳。许多国家的共产党同声谴责"赫鲁晓夫修正主义"。国内外因素促使苏联改变方针。

经六十至七十年代的调整,除了思想工作的改进,苏联还尽力推动社会改造,在经济建设、科学技术和文化教育方面都有大发展,尤其军事实力的提高,国力大为增强。1977年通过的宪法在序言中宣告苏联已建成的是"发达的社会主义"和"全民的国家"。

经过半个多世纪的努力,苏联已成为同美国抗衡的超级大国。但苏联强大的背后也存在着诸多问题,政治、经济体制方面的弊端日益显露,社会发展的方向上依然存在着保守和激进两种思潮,而且有"持不同政见者"屡屡散发地下刊物。八十年代戈尔巴乔夫(М.С.Горбачёв)上台后提出了"新思维",断定苏联的社会主义是一种"官僚的"、"行政命令的"体制。他当政期间(1985—1991年)便推行"民主社会主义"的理论和政策,进行"公开性"和"民主化"的政治体制改革。社会上出现了否定十月革命,否定社会主义历史,否定共产党领导的思潮。在这种形势下,联盟很快失去了凝聚力,民族矛盾和冲突时有发生。1990年3月,立陶宛宣布独立,拉开了苏联解体的序幕。其他加盟共和国在1991年内也相继宣布独立。1991年

12月25日戈尔巴乔夫辞去苏联总统职务,苏联正式解体。近七十五年的俄国社会主义历史进程随之终结。

第二节 教育和科学技术

教育为发展科学技术的基础,反过来科技的发展又对教育提出了更高的要求,督促教育要有更大的进步。

1. 教育事业的规模与发展速度

俄国的教育事业在十九世纪末虽然有了较大的发展,但在欧洲,俄国仍是教育事业落后的国家之一。截至1914年第一次世界大战止,全国有小学生800万人,约有3/4以上的农民子弟仍被关在小学校门外。中学在校学生50多万人,占中学适龄青年的2%到3%。高等学校仅有学生12万人。全国识字人数不超过居民总数的30%(男39%,女17%),少数民族地区非俄罗斯族居民的教育程度最低。十九世纪末中亚使用突厥语的居民,识字者甚少,仅占2.6%,塔吉克、土库曼居民中的识字者廖廖无几,还有几十个民族、种族没有文字。

十月革命后,苏俄教育事业以前所未有的规模向前发展,依靠几大步骤让教育彻底改观。

① 对旧体制做根本性改造

苏俄政府1918—1919年颁布法令规定,一切学校归国家所有,废除私立学校,实施免费教育,国家和教会分离,学校和教会分离,取消宗教课,废除体罚,对旧学校教育制度进行了根本性的改造。《关于少数民族学校》的特别法令还规定非俄罗斯民族的学校一律享有完全平等的权利,以民族文字进行教学。

② 扫除文盲

苏俄发展教育的首要任务是在居民中消灭文盲和半文盲。1919年12月人民委员会的扫盲法令规定,凡8—50岁不识字的居民,都必须学习本族语文或俄文,二者任选一种。1920年,在全俄和各地方建立扫盲特别委员会,加强扫盲工作的领导。在全国建立广泛的识字教育网:识字学校、农村图书阅览室、扫盲班等。教师和成千上万的文化人组成大批志愿队,投入扫盲运动。经过努力,到1939年,居

字母		字母名称	字母		字母名称
印刷体	书写体		印刷体	书写体	
А а	*Аа*	а	П п	*Пп*	пэ
Б б	*Бб*	бэ	Р р	*Рр*	эр
В в	*Вв*	вэ	С с	*Сс*	эс
Г г	*Гг*	гэ	Т т	*Тт*	тэ
Д д	*Дд*	дэ	У у	*Уу*	у
Е е	*Ее*	е	Ф ф	*Фф*	эф
Ё ё	*Ёё*	ё	Х х	*Хх*	ха
Ж ж	*Жж*	жэ	Ц ц	*Цц*	цэ
З з	*Зз*	зэ	Ч ч	*Чч*	че
И и	*Ии*	и	Ш ш	*Шш*	ша
Й й	*Йй*	и краткое	Щ щ	*Щщ*	ща
К к	*Кк*	ка	ъ	*ъ*	твёрдый знак
Л л	*Лл*	эль	ы	*ы*	ы
М м	*Мм*	эм	ь	*ь*	мягкий знак
Н н	*Нн*	эн	Э э	*Ээ*	э
О о	*Оо*	о	Ю ю	*Юю*	ю
			Я я	*Яя*	я

现代俄文文字字母
（共33个，其中元音字母10,辅音字母21个，无音字母2个）

民中每千人有812人识字，9—49岁的居民识字的占87.4%。又经过二十年，至1959年识字居民已占全体应识字居民的98.5%,终于基本完成了扫除文盲的任务。

2. 完善教育体系

经过多年教育理论的研究和教育实践的探索，俄罗斯形成了一套完整的教育体系，包括学前教育、普通中小学教育、职业技术教育、中等专业教育、高等教育和校外教育几个部分。职业技术教育是俄罗斯教育制度的重要组成部分，其目的是有计划地培养各种初、中级的专业人才，并且负有普及中等教育的任务。中等专业教育为各部门培养基层干部,有工业技术学校、师范学校、医科学校、农业学校、美术学校等。高等教育的发展也极为迅速,到1988—1989年全苏已有898所高等学校,其中包括69所综合性大学。1925年起,苏联开始培养研究生。

① 学前教育机构是托儿所和幼儿园(接受两个月至上小学前的儿童)。1980年全苏有学前教育机构12万多个,入园儿童达1480万人。

② 普通教育学校分为三年制的小学、八年制的不完全中学和十年制的完全中学三种。例如1979—1980学年度苏联有普通中小学147000所,学生4470万人,教师262万多人。中小学教育网中包括为慢性病儿童设立的林间疗养学校,为生理和智力有缺陷的儿童设立的专门学校和为有特殊天资的青少年设立的特科学校(如数学物理学校)等。普通学校又有延长学日学校和寄宿学校等多种形式。八十年代初有数学物理学校约800所,疗养学校2600所,寄宿学校2000所。

职业技术教育的主要任务是培养熟练的青年工人,同时也负有普及中等教育的任务。例如第九个五年计划(1971—1975)和第十个五年计划(1976—1980)期间,职业技术教育系统分别培养了950万和1100万青年专业工人,充实了工业企业、建筑工地、集体农庄和国营农场的工人队伍。1984年的教改草案中还提出要为普通学校和职业学校的毕业生"创造进入高等学校的同等条件"。

中等专业教育多由工业、建筑、交通、邮电、农业、卫生、体育等部门负责,培养的毕业生可担任技术员、工长、技师以及各部门的中级技术人员。学制有两种:(1) 八年制不完全中学毕业后再学习三至四年;(2) 十年制完全中学毕业后再学习二至三年(中等专业学校也有日校、夜校和函授之分,有脱产和在职之分)。中等专业学校毕业生一般直接就业,工作满三年后方可报考全日制高等学校的相应专业。但学校可推荐不超过10%的优秀生直接报考高等学校。例如1980—1981学年度全苏有4383所中等专业学校,461万多学生。

③ 先后普及七年制和十年制义务教育

三十年代苏联中小学教育有较快的发展。按规定"对17岁以下的男女儿童实行了免费的普及的义务教育和综合技术教育",从1928年苏联发展国民经济的第一个五年计划开始实施,并重视扩大学校教育网和扩大教师队伍。1930年发布的《关于普及初等义务教育的决议》,规定从1930—1931学年度起,对8—10岁的儿童实行初等义务教育,在城市和工矿区实行七年制普及义务教育。为此在前两个五年计划期间建立了大批十年制的完全中学,培养训练了30多万名教师。到1940—1941学年度各类中小学学生总数已达3560万人,已按预定计划在农村普及了初等义务教育,在城市和工矿区普及了七年制义务教育。少数民族共和国教育事业发展特别迅速。与1914—1915学年度相比,土库曼学生人数增到37倍,吉尔吉斯增到47倍,乌兹别克增到75倍,塔吉克增到854倍。有40个民族第一次有了自己的文字,开办了学校。

经过了第二次世界大战的艰难岁月,在卫国战争之后,国家继续关心恢复和发展国民教育,教育经费逐年增加。1950年底,用于学校的经费比战前的1940年增加了1.5倍以上。战后的头十年内,兴建和修复了三万多所学校。从1949年起,各地普遍实现了向七年制义务教育的过渡,到1952年基本上实现了普及七年制义务教育。六十年代中期以后大力发展十年制学校,到1975年苏联基本上实现了十年制义务教育普及。

④ 发展高等教育

工农业建设事业的发展,需要大量的教师、医生、工程技术人员、农艺师和兽医。为此,在头两个五年计划时期,苏联大力发展高等教育,采取特别措施培养了一批工农出身的专业人才。1920年起各大学附设了工农速成中学。工农速成中学先后给高等院校输送学生共232万人。1917年俄国有105所高等学校,12万大学生。1939年高等学校增加到750所,大学生增加到62万。所有的加盟共和国都有了高等学校和中等技术学校。

战后三十年,苏联高等教育也有较快发展。六十年代后半期全国新开办的高等学校达60多所,其中有9所综合大学,基本上做到了每个自治共和国都有自己的综合大学。1981年全苏共有883所高等学校,其中综合大学68所,在校学生共500多万人。

业余教育在高等教育中占很大比重,绝大多数学校都设有夜校和函授部。函授生约占大学生总数的30%,夜校生占13%左右。从1969年起在高等学校设立预科,招收具有一年以上工龄的工人、农庄庄员和复员军人入学,学习8—10个月后考试及格者转入一年级就学。

从1925年开始各高等教育机构开始培养研究生。到七十年代末八十年代初招收研究生的科研机关和高等学校约2000个,其中高等学校近600所。

位于麻雀山上的莫斯科大学及校园全景　1953年

高等学校为国家培养大批高级专门人才。在苏联时期,全国实行高度集中统一的国民教育制度。教学计划、教学大纲、教科书都是统一的。各类学校学生的入学考试和毕业后的工作分配也统一进行。此外,学校实行免费教育,对成绩卓著的大、中学生提供国家奖学金。

由于教育的普及和多种教育形式的发展,全民文化教育水平不断提高。据统计,至八十年代初,全苏具有高等和中等文化程度的人数已达14300万,占总人口的54%。在国民经济各部门工作的人员中有83.3%受到过高等和中等教育。俄罗斯的全民文化教育水平还是比较高的,80年代末,每千名15岁以上的居民中受过中等以上教育的就有806人,其中受过高等教育的有116人。国民经济各部门的人员中,有80%以上受过中等、高等教育。

3. 乡村女教师与"教育诗"

1947年电影导演顿斯科伊(М.С.Донской,1901—1981)把女作家斯米尔诺娃

（М.Н.Смирнова，1905—1993）的电影剧本《乡村女教师》搬上银幕，迅即引起反响，不久该片家喻户晓，于次年获得国家奖金。影片中女主人公瓦尔瓦拉从旧俄时代起献身教育，经历了旧时代的挫折，克服新、旧时代办学条件的困难，坚守农村，终生不渝，辛勤劳作，把穷乡僻壤的孩子一代一代培育成人，过了大半世纪。最后电影映出了一个非常感人的画面：白发苍苍已入晚境的女教师瓦尔瓦拉被人群和鲜花围绕着，庆祝她的寿诞，参加者都是她几代的学生，如今已成为国家有用的人才，有工程师、技术员、国家干部、刚从卫国战争胜利归来的英雄战士、星级将军、教授和各级学校的教师，更有像当年瓦尔瓦拉一样的年轻女教师，今天也来接班，继续女主人公的事业。电影之所以感人，在于它传达了新的信念，反映了新时代教育的本质：教师已不再是受雇佣、在旧社会无足轻重的人，而是新时代"人类灵魂的工程师"。教师受到人人的尊重，教师是光荣的事业。

在苏联时代产生过不少著名的教育家兼教育理论家，例如在中国也知名的凯

莫斯科大学主楼之一侧　　1949—1953年

洛夫(И.А.Кайров, 1893—1998)、赞科夫(Л.В.Занков, 1901—1977)、苏霍姆林斯基(В.А.Сухомлинский, 1918—1970)。而马卡连柯(А.С.Макаренко, 1888—1939)则别具一格,把教育从理论到实践推向了一个前所未有的高度。

马卡连柯出生于一个铁路技工家庭,家庭教育良好,1917年毕业于波尔塔瓦省师范专科学校,旋即任小学校长。他曾连续16年全神贯注于流浪儿童和未成年犯人的教育改造工作,于1920—1928年创办并领导"高尔基工学团"(Трудовая колония им.М.Горького),1927—1935年创办并领导"捷尔仁斯基儿童公社"(Детская коммуна им.Ф.Э.Дзержинского)。二者合共收容三千多名未成年犯和流浪儿童,把他们教育改造成新人,使之成为爱祖国、爱劳动、守纪律的社会公民。其中有不少人成为有名的科学家、工程师、军医、教师,有的成为劳动模范、战斗英雄,有的荣获国家勋章。马卡连柯回首往事,感到无比幸福,乃将丰富的实践经验形之于艺术描绘和理论概括,于1935年和1938年著成纪实小说《教育诗》和《塔上旗》,分别描述那前后两个教育改造未成年者的团体,歌颂了改造个人、养育良善品性的工作,寄寓了他对培育新人的愿景和理念。总之,正是他无限提升了改造和教育人这种工作的意义,点明教育像诗一般的美。

于是"乡村女教师"和"教育诗"就成了苏联时代教育事业中标志性的称号和口号,对那个时代的教育工作者作了最高的形容和概括:教师是光荣的事业,英勇的事业,豪迈的事业,教育工作如诗一样的美好。

4. 基础科学与应用科学并举

俄罗斯的科学研究开始于国内战争时期。十月革命后,苏俄政府十分重视科研工作,增设扩充有关研究机构,并于1925年将俄罗斯科学院改为苏联科学院,成为苏联的最高科研机构。数十年间苏联尽力发展科学研究,培养技术人才,形成了包括所有基本科学部门在内的科研网,并且改变了过去俄国自然科学领域中多有理论少有应用的现象,实行基础科学和应用科学并重的方针。效果非常显著。

苏联时期主要有三大部门进行科学研究:1.各种类别的科学院;2.各高等学校;3.政府各部门及所属生产单位的科研机构。

地理学家三十年代进行了海洋和极地的考察研究。1937年施米特(О.Ю.Шмидт, 1891—1956)率领苏联船队"契留斯金号"(1933—1934)和"格奥尔基·谢多夫号"(1929—1930)在北冰洋进行了科学考察活动。同年,以帕帕宁(И.Д.Папанин,1894—1986)为首的四名科学家完成了在北极地区为期274天的冰上漂动考察。

十月革命前,俄国地质科学的主要成果也在基础理论研究方面。俄国结晶学家和矿物学家费多洛夫(Е.С.Фёдоров,1853—1919)曾深入研究几何结晶学和晶体构造理论,从理论上推导出一切晶体结构所可能有的230种不同的对称要素组合方式。十月革命后,地质科学的任务是把对地球地理构造基础问题、矿床布局问题和矿床形成规律问题的研究同勘探自然资源结合起来,促进国民经济事业的发展,在这方面取得了较显著的成就。

卡尔宾斯基(А.П.Карпинский,1847—1936)是苏联早期地质学家,曾任苏联科学院院长。他在地质构造、古生物学和矿产等方面进行过研究工作,最先编出俄国欧洲部分的地质图和古地理图。古勃金(И.М.Губкин,1871—1939)是著名的石油地质专家。他研究的石油成因理论,导致了伏尔加—乌拉尔之间第二巴库的发现。他同其他科学家一起首先研究了库尔斯克的地磁异常现象,发现了大型铁矿矿床。此外地质学家奥布鲁切夫(В.А.Обручев,1863—1956)对西伯利亚和中部亚细亚地质地理情况的研究、费尔斯曼(А.Е.Ферсман,1883—1945)对地球化学和矿物学的研究都有硕果。有机化学领域列别捷夫(С.В.Лебедев,1874—1934)是合成橡胶的最先研制者之一,他的努力使苏联成为世界上第一个大规模生产合成橡胶的国家。

5. 成批科学家获诺贝尔奖

物理学方面,早在三十年代,物理学家就在研究基本粒子课题方面取得进展。1935年,库尔恰托夫(И.В.Курчатов,1903—1960,被苏联称为"原子弹之父")在人造放射性元素上发现同质异能现象,加深了人们对原子核构造的理解。

发展核物理同研究基本粒子密切相关,而研究基本粒子的成效同建立研究基本粒子及其相互作用的加速装置分不开。在研制基本粒子加速器方面做过奠基性工作的是高能物理学家维克斯列(В.И.

库尔恰托夫

Векслер,1907—1966)和布德凯尔(Г.И.Будкер, 1918—1977)。1944年维克斯列研究了"自动稳相法",根据他的方法,1975年苏联建成了能量为100亿电子伏特的质子同步稳相加速器。七十年代后期苏联在高能粒子物理实验基地的质子同步稳相加速器,最大能量是700亿电子伏特。

卫国战争时期苏联开始有组织的原子能研究工作,由于科学力量和物质资源集中,他们的战后原子能研究得以处于较领先的地位。1946年苏联第一个原子反应堆动工。1954年在莫斯科附近的奥布宁斯克城建立了世界上第一个原子能发电装置。1958年功率为5000千瓦的热中子实验反应堆投入运转。1959年第一艘原子能破冰船"列宁号"建成并下水,开始引导船只通过北海航路。后来建成的黑海沿岸谢甫琴科市的工业反应堆功率是15万千瓦。七十年代后期乌拉尔建设的反应堆功率是它的四倍。从五十年代起,热核反应的研究工作由库尔恰托夫领导。

核物理和原子技术成果运用于国民经济导致放射性同位素、核辐射源和辐射技术的广泛应用。苏联生产的同位素产品已广泛应用于工业企业、科学机关和医疗单位。苏联科学家的一些重要发现和发明都得到了世界公认,如数学家维诺格拉多夫(И.М.Виноградов,1891—1983)研究哥德巴赫问题的成果;化学家谢苗诺夫(Н.Н.Семёнов,1896—1986,因创立链式反应理论于1956年获诺贝尔化学奖)的化学研究;化学家库尔纳科夫(Н.С.Курнаков,1860—1941)创立的物理化学分析方法;激光物理学家瓦维洛夫(С.И.Вавилов,1891—1951)发现的"切连柯夫—瓦维洛夫效应";固体物理学家扎沃伊斯基发现的顺磁共振现象;低温物理学家卡皮察发现的液体氦的超流动性;朗道对热力学理论和量子场论的研究;约飞(А.Ф.Иоффе,1890—1960)对半导体和电介质物理学的研究;巴索夫和普罗霍洛夫发明的微波激射器和激光等。

核物理、原子能和宇宙航天技术是苏联居于世界领先地位的科学领域。苏联科学家在物理学领域的成就是举世公认的,其中有不少科学家得过诺贝尔物理学奖。如切连科夫(П.А.Черенков,1904—1990,1958年与И.Е.塔姆和И.М.弗兰克共获诺贝尔物理学奖)、塔姆(И.Е.Тамм,1895—1971,于1958年获诺贝尔物理学奖)、弗兰克(И.М.Франк,1908—1990,于1958年获诺贝尔物理学奖)、朗道(Л.Д.Ландау,1908—1968,于1962年获诺贝尔物理学奖)、普罗霍洛夫(А.М.Прохоров,1916—2002,于1964年与Н.Г.巴索夫和C.汤斯共获诺贝尔物理学奖)、巴索夫(Н.Г.Басов,1922—2001,于1964年获诺贝尔物理学奖)、卡皮察(П.Л.Капица,1894—1984,于1978年获诺贝尔物理学奖)。

这样一来,如果加上生物学领域的巴甫洛夫(И.П.Павлов,1849—1936,于1904年获诺贝尔生物学奖),那么在二十世纪俄苏科学家中诺贝尔奖得主已超过十人。这从一个侧面说明它具有卓越的科学成就。

6. 加加林开辟航天时代

俄国的航天技术可以追溯到它的奠基人,即被列宁称为"俄罗斯航空之父"的茹科夫斯基(Н.Е.Жуковский,1847—1921)。他提出不可压缩气体环流理论和飞机螺旋桨的涡流理论,在研究现代流体力学和气体力学方面取得了很大成果。他的学生恰普雷金(С.А.Чаплыгин,1869—1942)进一步研究了对航空学中克服"音障"起重要作用的气流理论,得出作用于机翼上的空气动力的计算方法。他们的工作为发展现代航空技术奠定了基础。

齐奥尔科夫斯基

不过真正的火箭技术和宇宙航天事业还应从齐奥尔科夫斯基讲起。齐奥尔科夫斯基(К.Э.Циолковский 1857—1935)原是俄国小城卡卢加的一个普通中学教师。早在十九世纪八十年代他就在很困难的条件下设计了全金属无骨架飞艇,发表了有关气艇理论和构造方面的论文,并进行了关于气艇模型和飞机机翼的研究。1903年他在《利用喷气工具研究宇宙空间》一书中,阐明了火箭飞行理论,论述了将火箭用于星际交通的可能性,并提出了液体燃料火箭的设想和原理图。1929年,他又提出多级火箭结构的设想,即利用多级火箭来克服地球引力获得进入宇宙空间所需的速度。苏联科学家、设计师和工程师以齐奥尔科夫斯基的理论为基础,在五十年代末期解决了运载火箭发动机设计和燃料制备等问题,于1957年10月4日发射了世界上第一颗人造地球卫星。同年,苏联首次制造出洲际多级弹道火箭,1959年苏联发射了宇宙火箭,成为太阳系的第一颗人造行星。

宇航员加加林

1961年4月12日,苏联宇宙飞行员尤·加加林上校(Ю.А.Гагарин,1934—1968)乘坐宇宙飞船"东方号"完成人类史上第一次环绕地球的飞行,开辟了航天新时代。他后来在1968年一次教练飞行试飞时失事遇难。为了纪念他的功绩,其出生地斯摩棱斯克州格扎茨克市(Гжатск)改名为加加林市,并在该地建有加加林纪念馆。

从加加林完成第一次宇航起,苏联宇宙飞船完成了多次向月球、金星、火星的飞行以及沿轨道围绕太阳的飞行,并实现了自动站在月球表面的软着陆。宇行员和随飞船进入宇宙空间的科研人员进行了多方面的星际考察工作。六十年代苏联把对宇宙空间的研究变成为独立的空间物理学科。在发展苏联火箭和宇宙航天技术方面起重要作用的是宇宙火箭设计师谢·巴·科罗廖夫院士(С.П.Королёв,1907—1966)。三十年代,他领导火箭飞行仪器制造部门的工作,写出了关于火箭飞行方面的论著,卫国战争期间领导制造重型火箭装置。战后二十年间,他所领导的集体设计制造了一些宇宙飞船和人造卫星。而在发展宇航理论、实现苏联宇航计划方面做出贡献的是姆·弗·凯尔迪什(М.В.Келдыш,1911—1978)。

科罗廖夫

第三节 文学

二十世纪的苏联,有着由当局支持占主导地位的社会主义现实主义文学和与之对立的长期被压制的非主潮文学,两类文学并存,至八十年代苏联解体前后,才出现两股潮流的文学汇流。

1. 苏联文学历程三阶段

1917年,十月革命的胜利,创建了人类历史上第一个无产阶级专政的国家——苏联。苏联从十月革命时期到八十年代末的发展历程,大致可分为三个阶段:创建新文学、发展社会主义现实主义文学和走向文学多元化。

(1) 创建新文学的15年

十月革命至1934年第一次全苏作家代表大会前的这段时间,完成了新文学的创建。

十月革命后至二十年代初,苏联文学界在国内外阶级斗争形势的影响下存在着各种文艺思想的激烈斗争。文艺团体和派别丛生,诸如未来派、"谢拉皮翁兄弟"派、"列夫"派等等,其中以无产阶级文化协会的影响最为广泛。无产阶级文化协会成立于十月革命前夕。创建初期,它在推动苏维埃文化事业的发展上起过一定的作用。但后来它的一些理论家提出创造所谓"纯无产阶级文化",以"实验室"方法培植"纯"无产阶级作家的主张,粗暴否定古典文化遗产。列宁曾著文批评无产阶级文化协会的这种思想,指出"只有确切地了解人类全部发展过程所创造的文化,只有对这种文化加以改造,才能建设无产阶级文化"。列宁在《无产阶级文化的决议的草稿》中又指出,社会主义文化形成的主要原则"不是臆造新的无产阶级文化,而是根据马克思主义世界观和无产阶级在其专政时代的生活与斗争条件的观点,去发扬现有文化的优秀典范、传统和成果。"1920年12月1日,俄共(布)中央发表了《关于无产阶级文化协会》一信,批判了无产阶级文化派的错误观点。

内战结束后一批红军战士转业到文化岗位。他们与一部分工人和青年知识分子结合,成立了"俄罗斯无产阶级作家协会"(Российская ассоциация пролетарских писателей,又称"拉普")。"拉普"(РАПП)成立初期,曾坚持无产阶级文学的方向,但是后来由于"左"派幼稚病的侵蚀,"拉普"犯了一系列错误。例如把文学艺术与政治相等同,抹煞了文学艺术本身所固有的规律;提出"没有同路人,不是同盟者就是敌人"的错误口号,以"左"的棍棒政策打击知识分子出身的"同路人"作家,从而制造了作家队伍的分裂。俄共(布)中央在1925年6月公布了《关于党在文学方面的政策》,指出一方面要反对资产阶级思想对文艺事业的腐蚀,保持和巩固无产阶级在文艺领域中的领导权;另一方面要反对用行政命令的方法束缚文艺事业的正常发展,反对共产党员对文艺事业的独霸,认为对"同路人"作家只有采取灵活谨慎的态度,充分发挥他们的文艺才华才能有助于革命文艺事业的发展和繁荣。1932年联共中央公布了《关于改组文学艺术团体的决议》,"拉普"随即解散。

二十年代初期在诗歌创作方面,别德内依(Д.Бедный,1883—1945)和马雅可夫斯基(В.В.Маяковский,1893—1930)的创作最为突出。别德内依早在1909年就开始了文学活动。内战年代他写的寓言、鼓动诗、抒情诗和讽刺诗,如《大街》、

《共产主义进行曲》等热情歌颂革命,抨击敌人,充满革命乐观主义精神。他的诗作构思奇巧睿智、语言诙谐而锋利,题材丰富,体裁多样,深得广大工农读者喜爱。马雅可夫斯基力图以革命诗人的姿态跨入新时代。他的政治抒情诗以阶梯式的诗行、鲜明的节奏和雷霆般的气势著称。《向左进行曲》、《苏联护照》、讽刺诗《开会迷》以及长诗《列宁》和《好!》皆属无产阶级诗歌艺术的珍品。诗人勃洛克(A.A.Блок,1880—1921)和叶赛宁(С.А.Есенин,1895—1925)创作了不少独具一格的诗篇。他们各自走过了曲折而不同的道路,终于以各自不同的方式表达了对革命的倾慕。勃洛克的长诗《十二个》(1918)反映十月革命的伟大风暴和新旧世界的尖锐对立。叶赛宁在十月革命后的创作中表达了对苏维埃政权的热爱,如抒情诗《同志》(1917)、《宇宙的鼓手》(1918)等。

富尔曼诺夫

二十年代的小说创作硕果累累,最著名的是几部以国内战争为题材的作品。绥拉菲莫维奇(A.C.Серафимович,1863—1949)的长篇小说《铁流》描述了一批由各种职业的劳动者结成的乌合之众,如何在行军途中经受了战火的洗礼,懂得了要为苏维埃政权而战的道理,终于锻炼成一支钢铁般的队伍。作品中关于群众集会和战斗场面的描绘生动感人,人民群众集体形象的塑造富有独创性,气势宏大,格调庄严。富尔曼诺夫(Д.А.Фурманов,1891—1926)的长篇小说《恰巴耶夫》(1923,拍成的电影中译名为《夏伯阳》)通过主人公恰巴耶夫从一个贫苦的牧童成长为令敌闻风丧胆的红军师长的过程,生动描述革命对人的改造作用,说明人民群众对共产主义的向往必将促进革命事业的发展。作品中的红军政委克雷契柯夫形象属于苏联文学中最早成功的共产党员形象。1927年法捷耶夫(А.А.Фадеев,1901—1956)在长篇小说《毁灭》中继而塑造了有血有肉有艺术说服力的共产党员形象莱奋生,为20年代如何在文学中塑造正面人物问题提供了答案和范例。20年代后期,伴随经济恢复和建设事业的发展,苏联文学中第一部描写工人生活、斗争和劳动的长篇小说是革拉特科夫(Ф.В.Гладков,1883—1958)的《水泥》(1925)。小说中忘我无私、坚忍不拔的工人楚马罗夫形象和"女无产者"达莎形象皆为作者为苏联文学新创造的艺术典型。

三十年代工农业各方面成就,也使得苏联文学事业开始繁荣。题材新颖、有思想艺术性的作品不断涌现。克雷莫夫（Ю.С.Крымов, 1908—1941)创作的小说《油船"德宾特"号》(1938)是第一部反映"斯达汉诺夫"（先进生产者）运动的作品。作品通过一条运油船排除万难胜利地完成运油的故事，歌颂社会主义工业化。以此为题材的作品还有列昂诺夫（Л.М.Леонов, 1899—1985)的《索契河》(1930)、莎吉娘（М.С.Шагинян, 1888—1982)的《中央水电站》(1930—1931)、卡达耶夫（В.П.Катаев,1897—1986)的《时间呀，前进！》(1932)。反映农业集体化的作品有肖洛霍夫的《被开垦的处女地》（第一部）、潘菲罗夫（Ф.И.Пафиров, 1896—1960)的《磨刀石农庄》(1928—1937)等。

在这个时期，阿·托尔斯泰（А.Н.Толстой, 1882—1945)完成了著名的三部曲《苦难的历程》的最后一部《阴暗的早晨》（前两部是《两姊妹》和《一九一八年》）。三部曲以十月革命前夕到国内战争这一时期的历史事件为背景，描写了俄国知识分子走过的革命的艰苦历程。三十年代的作家中还应提及的是共产主义战士奥斯特洛夫斯基（Н.А.Островский, 1904—1936)。作为苏联第一代共青团员的代表、一位坚强的布尔什维克战士，他无论在战场还是在劳动工地都为革命建立了功勋。他在全身瘫痪、双目失明的情况下创作的小说《钢铁是怎样炼成的》(1934)是苏联共青团员、布尔什维克从内战年代到经济恢复时期奋战不息的生动画卷。作品中青年英雄典型保尔·柯察金，深深激励着一代又一代革命青年，对创建共产主义精神文明做出巨大贡献。他的一段名言也曾成为中国几代革命者的座右铭：

"人最宝贵的是生命，它给予我们只有一次。人的一生应当这样度过：当他回首往事时不因虚度年华而悔恨，也不因碌碌无为而羞愧。这样在他临死的时候就能够说：'我已把我整个的生命和全部精力都献给最壮丽的事业——为人类的解放而斗争'。"

三十年代卓有成就的诗人当数伊萨科夫斯基和特瓦尔多夫斯基。伊萨科夫斯基（М.В.Исаковский, 1900—1973)作为一位爱国主义的抒情诗人，他的诗以真挚、深邃、浓烈的感情，歌颂了日新月异的祖国和壮丽的社会主义建设，歌颂了和平、幸福和爱情。他的诗题材丰富，格调高雅，意境深远，响彻着乐观主义基调，诙谐幽默而又委婉亲切。诸如《红莓花儿开》、《有谁知道他》、《卡秋莎》、《我的槲树林绿了》、《沿着带露的草坪》、《候鸟飞走了》等深使读者陶醉，配上曲谱后更广为流传。特瓦尔多夫斯基（А.Т.Твардовский, 1910—1971)的《春草国》(1936)，以长诗的形式反映农业集体化运动,揭示了苏联农民新意识的觉醒。

(2) 发展社会主义现实主义文学的20年

1934年第一次全苏作家代表大会至1954年第二次全苏作家代表大会,20多年间新文学强劲地发展,之后并延续至多元化。

1934年8月,苏联召开第一次作家代表大会,通过作家协会章程草案,提出社会主义现实主义为苏联文学创作和文学批评的基本方法,指出社会主义现实主义"要求艺术家从现实的革命发展中真实地、历史具体地去描写现实;同时,艺术描写的真实性和历史具体性必须与用社会主义精神从思想上改造和教育劳动人民的任务结合起来"。"社会主义现实主义保证艺术创作有特殊的可能性去发挥创造的主动性,去选择各种各样的形式、风格和体裁。"会议还指出革命浪漫主义应该成为社会主义现实主义的一个组成部分。这一草案的精神在当年对苏联文学的发展曾起了指导作用。但在卫国战争胜利后,"社会主义现实主义"的定义则成了苏联文学界长期争论的问题。

三十年代末,日益逼进的帝国主义侵略战争,使苏联作家们的创作构思逐渐转向保卫祖国的主题。内战年代的历史事件成为揭示这一主题丰富的源泉。阿·托尔斯泰的小说《粮食》(1937),描写国内战争时期1918年英勇的察里津保卫战,塑造了一个英勇无畏、机智果断的布尔什维克的形象。

卫国战争文学, 1941年6月22日德国希特勒不宣而战,突然入侵苏联,苏联人民团结一致,同仇敌忾,开展了伟大的反法西斯卫国战争。从战争第一天起,大批苏联作家奔赴前线,亲身参加战斗。其中不少作家在与德寇浴血战斗中英勇牺牲。如鞑靼诗人穆萨·扎里尔(Муса Мустафович Джалиль,1906—1944)在同德寇战斗中重伤被俘,关入柏林的莫阿比特集中营,最后殉难。他在狱中仍然坚持写作,用诗表达了他对社会主义祖国的怀念和热爱,表示了他坚贞不屈、誓同法西斯斗争到底的意志。这本诗稿后经比利时游击队传出来,就是著名的《莫阿比特狱中诗抄》。奔赴前线的作家们一边战斗,一边观察和体验战争生活,写出了大量的作品。

战争初期,作家选择了能最迅速地反映现实的体裁,如抒情诗、短篇小说、政论文章和特写等来表达人民对祖国的热爱和向德寇讨还血债的坚强意志。在长诗中最负盛名的是特瓦尔多夫斯基的《瓦西里·焦尔金》(1941—1945)。诗人塑造了普通一兵的典型,揭示人民必将战胜德寇的力量源泉。全诗诗意浓郁清新。

阿·托尔斯泰和伊里亚·格里高里耶维奇·爱伦堡(И.Г.Эренбург,1891—1967)的政论,激发读者的爱国主义精神,同时又戳穿法西斯主义的反动本质。

在小说创作方面,优秀作品有西蒙诺夫(К.М.Симонов,1915—1980)的《日日夜夜》(1943—1944)、戈尔巴托夫(Б.Л.Горбатов,1908—1954)的《不屈的人们》(1943)、瓦西列夫斯卡娅(В.Л.Василевская,1905—1964)的《虹》(1942)等。这些作品既揭露了德寇制造的这场浩劫的极端残酷性,反映卫国战争的空前规模和悲壮,又深刻地揭示苏联人民爱国主义、革命英雄主义和集体主义的品质。

在戏剧创作方面,柯涅楚克(А.Е.Корнейчук,1905—1972)的剧本《前线》(1942)以立意高、构思巧、戏剧冲突尖锐生动、人物性格鲜明和讽刺性强著称。此外,列昂诺夫的《侵略》(1942)、西蒙诺夫的《俄罗斯人》(1942)也颇得好评。

1945年卫国战争胜利以后,为反对文学界的"唯美主义倾向"和"纯艺术论"等思潮,联共(布)中央作了《关于<星>与<列宁格勒>两杂志》(1946)、《关于剧场上演节目及其改进办法》(1946)、《关于影片<灿烂的生活>》(1946)、《关于穆拉杰里的歌剧<伟大的友谊>》(1948)等决议,强调党性原则,粗暴批评了一些受群众欢迎的作品,致使作家艺术家受到伤害;此后文艺创作中的公式化、概念化倾向和"无冲突论"的滋生、泛滥都与之有关。后来,至五十年代苏共才宣布撤消这几项决议。

战后的苏联文学,小说创作中反映刚刚结束的卫国战争的作品占有重要地位。法捷耶夫以顿巴斯矿区从事地下工作的青年英雄集体的动人事迹为素材创作了长篇小说《青年近卫军》(1943—1945),获得巨大成功。此外,波列伏依(Б.Н.Полевой,1908—1981)的《真正的人》(1946)、布宾诺夫(М.С.Бубинов,1909—1983)的《白桦》(1952)、卡扎凯维奇(Э.Г.Казакевич,1913—1962)的《星》(1947)等长篇小说也受到欢迎。取材于战时和战后年代的劳动生活题材的作品,同样引人注目。如巴甫连科(П.А.Павленко,1899—1951)的《幸福》(1947)、阿扎耶夫(В.Н.Ажаев,1915—1968)的《远离莫斯科的地方》(1948)、尼古拉耶娃(Г.Е.Николаева,1911—1963)的《收获》(1950)、柯切托夫(В.А.Кочетов,1912—1973)的《茹尔宾一家》(1952)等长篇小说。此外还有不少作品取材于革命历史。如革拉特科夫(1883—1958)的自传三部曲《童年的故事》(1949)、《自由人》(1950)和《荒乱的年代》(1954),通过主人公的生活历程,揭示俄国劳动人民在十九世纪末叶的艰难困苦和觉醒的过程。费定(К.А.Федин,1892—1977)的《初欢》(又译《早年的欢乐》,1945)、

《不平凡的夏天》(1947—1948)以及早年的长篇小说《城与年》(1924),均系描写布尔什维克知识分子在十月革命前后的经历,反映了社会的巨大变革。

(3) 文学由解冻走向多元化的35年

1954年第二次全苏作家代表大会至八十年代末,文学多元化进程加速。

1954年苏联第二次作家代表大会开创了文坛的新局面,活跃了理论批评和文学创作。重新提出"写真实",并发展为"积极干预生活"的口号,有针对性地破除了"无冲突论"。这些都促进了文学的发展。

"解冻"文学。1954年发表的爱伦堡中篇小说《解冻》,描写一个官僚主义的厂长由于不关心工人生活而酿成事故因而被解职的故事,同时也反映出社会生活开始出现的宽松气氛。小说从此引发了"解冻文学"思潮,出版了一批比较真实地反映现实的作品。

最早出现的是奥维奇金(В.Овечкин,1904—1968)的农村特写《区里的日常生活》(1952—1956),接着有特罗耶波尔斯基(Г.Троепольский,1905—1995)的特写《一个农艺师的札记》(1953)、田德里亚科夫(В.Тендряков)的小说《女婿》(1954)、《阴雨天》(1954)和《路上的坑洼》(1956),以及尼古拉耶娃(Г.Николаева,1911—1963)的《拖拉机站站长和总农艺师》(1956)等,这些作品大胆冲破禁区,触及农村存在的迫切问题,如影响农业生产的官僚主义、命令主义、瞎指挥风,提出社会主义应该更加关心人的要求。

此外,格拉宁(Д.Гранин,1919—   )取自科技题材的小说《探索者》(1954)、尼古拉耶娃写知识分子题材的小说《征途中的战斗》(1957)都大胆触及生活中的矛盾冲突和官僚主义作风。以农村、工厂、科技为题材的作品,也多少带有道德探索的倾向,即要求树立健康的道德风尚,消除社会主义社会中的"缺德"现象。比较突出的作品有特里丰诺夫(Ю.Трифонов,1925—1981)的《解渴》(1963)、格拉宁的《迎着雷雨》(1962)、田德里亚科夫的《短路》(1960)等。这类作品中,一种是受人道主义思潮的推动,呼吁"信任人"、"尊重人",揭露"不信任人"的问题,如尼林(П.Нилин,1908—1981)的小说《冷酷》(1956)和《试用期》(1956),就是揭露"肃反"工作中不执行政策,违反人道主义原则的问题。另一种是探索人生的意义和人的价值,反映当代人的生活理想和道德观念。如艾特马托夫(1928—2008)以写不顾传统观念和习俗而追求爱情幸福的短篇《查密莉雅》(1958)成名,继而写出有坚强道德信念的老牧民的颂歌,中篇小说《永别了,古利萨雷!》(1966)。

同时,由于肖洛霍夫短篇小说《一个人的遭遇》的发表而开始了战争小说的"第二次浪潮"。它从新的角度提出了"人在战争中的命运",着重表现战争给普通人造成的心灵创伤,即不仅仅是按以往传统的写法(第一次浪潮)写人勇于牺牲而赢得战争;而是更多地写人在战争中忍受的苦难或不幸。这次浪潮尤因一大批亲历过卫国战争的青年作家走上文坛而大为加强。他们以亲历的见闻为素材,用逼真的细节描绘战场,尤其前沿阵地的情景,如实地表现士兵和下级军官在战壕中的心理状态,不但有英勇顽强精神,而且写怯懦和惊慌心理,被视为"**战壕真实派**"。其代表性的作品是巴克兰诺夫(Т.Бакланов)的中篇小说《一寸土》(1959)、贝科夫(В.Быков,1924—2003)的中篇小说《第三颗信号弹》(1959)、邦达列夫(Ю.Бондарев,1924—　)的中篇小说《营请求火力支援》(1957)和《最后的炮轰》(1959)。此外还有阿斯塔菲耶夫(В.Астафьев,1924—2001)、鲍·瓦西里耶夫(Б.Васильев,1924—2013)等人的作品。

文学思潮争论。在此期间,还有一派"解冻文学"思潮大约流行了十年,即因几部有争议的作品出现,导致否定,而逐步终止。其中主要争议之一是围绕着帕斯捷尔纳克的小说《日瓦戈医生》的。作者在"解冻"思潮的推动下,把长期构思的这部小说于1956年投给《新世界》杂志,未得发表。1957年乃在意大利出版,并相继译成十五国文字,1958年作者即被宣告获得诺贝尔文学奖金。小说从十月革命前二十年写到革命后十年,主人公日瓦戈是一个对革命后的现实不满,既厌恶反革命白军的残暴,又不赞成革命暴力的知识分子。西方报刊立刻加以利用,攻击社会主义"不人道",证明知识分子反对革命等。由此导致作者被开除出作家协会,后又让作者公开检讨并宣布拒领诺贝尔奖金。

苏共二十大(1956)和二十二大(1961)先后提出反对斯大林的"个人崇拜"和强调"一切为了人"的口号之后,陆续出现了一批描写劳改营、否定斯大林的作品,如索尔仁尼琴(А.Солженицы,1918—2008)的中篇小说《伊凡·杰尼索维奇的一天》(《День Ивана Денисовича》,1962)和特瓦尔多夫斯基的长诗《焦尔金游地府》(《Тёркин на том свете》,1963)等。前者写苏联劳改营的阴森可怖,后者把社会比作"阴曹地府",影射斯大林是阎王暴君。这

索尔仁尼琴　1998年

类作品引起评论界的争议和批评。

与之相反,有的作家反对全面否定苏联社会,便以作品来为社会主义声辩,突出的如柯切托夫(В.Кочетов,1912—1973)的长篇小说《叶尔绍夫兄弟》(1958)和《州委书记》(1961),歌颂普通工人以及基层干部。争论最后导致了柯切托夫主编的《十月》杂志和特瓦尔多夫斯基主编的《新世界》杂志的长期对立,互不相让。

在诗歌创作领域,与五十年代文学思潮的活跃相呼应,出现了一批青年抒情诗人,他们带着新诗,走向广场和舞台,向公众朗诵,大声疾呼,宣告自己的理想。他们便被称为"响派"诗人,如叶甫图申科(Е.Евтушенко, 1933—2017)、沃兹涅先斯基(А.Вознесенский, 1933—2010)、罗日杰斯特文斯基(Р.Рождественский, 1932— 1994)和阿赫玛杜琳娜(Б.Ахмадулина, 1937—2010)等。另一些诗人却避开麦克风,仍旧用悄声细语以描绘自然,或寄情往事,形成了与前者的风格相迥异的"静派"。著名的有鲁勃佐夫、索科洛夫、日古林等。但有不少诗人处于两派之间,仍依照传统风格写作。各派相辅相成,促成诗坛一个时期内的繁荣景象。此时也有一批长诗问世,如特瓦尔多夫斯基的《山外青山天外天》(1950—1960)、卢戈夫斯果依(В.Луговской, 1901—1957)《世纪的中叶》(1958)以及梅热拉依蒂斯(Э.Межелайтис, 1919—1997)的诗集《人》(1961)、普罗科菲耶夫(А.Прокофьев, 1900—1971)的诗集《邀请旅游》(1960)等。

戏剧创作不如小说和诗歌创作活跃,但受"解冻文学"思潮的影响,也有一些反"无冲突论"、敢于"大胆表现生活矛盾和冲突"的剧作发表。如施泰因(А.Штейн, 1906—1993)暴露人事处长以权谋私的剧作《人事案件》(1954),柯涅楚克揭露州执委会主席思想僵化、不关心百姓疾苦的《翅膀》(1954),罗佐夫(В.Розов, 1913—2004)批评升学就业中不正之风的《祝你顺利!》(1954)等。反映当代人建设社会、美化人生的则有阿尔布卓夫(А.Арбузов, 1908—1986)的《伊尔库茨克的故事》(1959)。同时,有些剧作家继续在歌颂卫国战争时期的英雄主义和爱国主义。罗佐夫写的《永远活着的人》(1957)揭示了青年一代在战争中经受的严峻考验,已被改编为电影《雁南飞》(1958)。萨伦斯基(А.Салынский, 1920—1993)的《女鼓手》(1959)歌颂了从事敌后地下斗争的苏联女英雄。包戈廷(Н.Погодин, 1900—1962)的新作《悲壮的颂歌》(1958)恰好与他已发表的《带枪的人》(1937)和《克里姆林宫的钟声》(1940)组成歌颂列宁的戏剧三部曲。

六十年代中期以后,苏联文艺界的方针是"反对两个极端",既反对抹黑,也反对粉饰;同时,要求写正面人物,塑造"当代英雄"形象。

围绕"解冻文学"的争议平息下去之后,文学创作转向反映重大事件的长篇巨著。出现一批"全景图"或"史诗性"的作品,如西蒙诺夫在70年代最终完成的战争题材三部曲《生者与死者》、《军人不是天生的》、《最后一个夏天》(1957—1971)。它描写1941年5月德军突然袭击,入侵苏联,到1944年夏天苏军最终把德国侵略军赶出国境的全过程。这已不是四十年代描写为争夺一条街、一幢楼战役的"日日夜夜",也不是五六十年代表现前沿阵地为争夺"一寸土"而进行的白刃战。而是从"战壕真实"发展到与"司令部真实"相结合的"全景图"。它不但从时间上看包括事件的全过程,而且从空间上看包含了从前沿到司令部、从士兵到统帅活动的全景。这类长篇小说还有恰科夫斯基(А.Чаковский, 1913—1994)写列宁格勒抗击德军包围的《围困》(五卷,1969—1975)以及斯塔德纽克(И.Стаднюк, 1920—1994)的《战争》(1970—1980)等。反映历史和现实社会的也有"全景图"式的长篇小说。普罗斯库林(П.Проскурин, 1928—2001)的两部曲《命运》(1972)和《你的名字》(1977)写一家贫农从三十年代到七十年代的悲欢离合、兴衰际遇。阿勃拉莫夫(Ф.Абрамов, 1920—1983)的《普里雅斯林一家》四部曲(1958—1978),写北部一个偏僻小村几十年中人们的生活经历及变化。马尔科夫(Г.Марков, 1911—1991)的《西伯利亚》(1973)、伊凡诺夫的《永恒的召唤》(1970)、阿列克谢耶夫(М.Алексеев, 1918—2007)的《不屈的伊芙什卡》(1975)、阿纳尼耶夫(А.Ананьев, 1925—2001)的《没有战争的年代》(三卷,1975—1980)、邦达列夫(Ю.Бондарев, 1924—　)的《岸》(1975)等均属于这类作品。

塑造正面人物形象的作品比"解冻文学"时期有明显的增多。鲍·瓦西里耶夫(Б.Васильев, 1924—2013)的中篇小说《这里的黎明静悄悄……》(1969)描写五个感人至深的女兵形象,贝科夫(В.Быков, 1924—2003)六部战争题材的中篇小说——《索特尼科夫》(1970)、《方尖碑》(1973)、《活到黎明》(1973)、《狼群》(1975)、《他的营》(1976)、《一去不返》(1978)里的英雄人物,邦达列夫中篇小说《热的雪》(1969)里的炮兵排长库兹涅佐夫中尉,既具有英勇顽强、情操高尚、责任感强的英雄精神,又"富有人性",充满"人情味",显然与以往的英雄有所差别。

阿勃拉莫夫

同时,有的小说则表现"科技革命时代"的"当代英雄"。利帕托夫(В.Липатов)(1927—1979)的中篇小说《普隆恰托夫经理的故事》(1969)写了注重管理和提高效率的"现代企业的新型领导人",还有塑造"实干家"形象的一批小说,如柯列斯尼科夫(М.Колесников,1918—)的三部曲《阿尔图宁的同位素》(1974)、《阿尔图宁作出决定》(1976)、《培养部长的学校》(1978)等。此外描绘一生勤勉,为事业而献身的知识分子优秀人物的作品,则有格拉宁的纪实小说《奇特的一生》(1974)。它叙写的昆虫学家柳比歇夫平凡而伟大的一生,事迹极为感人。

特里丰诺夫

进入七十年代,几乎所有题材的作品都贯穿着**道德主题**,它们提出社会问题,暴露痼疾,在于引起"疗救的注意"。比较突出的道德题材作品如特里丰诺夫(Ю.Трифонов,1925—1981)的中篇小说《滨河街公寓》(1976),揭露新产生的野心家和两面派是如何钻营和向上爬的。利帕托夫的长篇小说《伊戈尔·萨沃维奇》(1977)触及尖锐的社会问题:特权造成了新时代的"多余人"。同时有大批作品暴露人们自私贪婪、不择手段地追求钱财、破坏法制、践踏公共遵德准则。如特里丰诺夫的中篇《交换》(1969)、拉斯普京(В.Распутин,1937—2015)的短篇《为玛娅借钱》(1967)和《最后的期限》(1970)、尼林(П.Нилин,1908—1981)的短篇《初嫁》(1972)、艾特马托夫的《白轮船》(1970)、顿巴泽(Н.Думбадзе,1928—1984)的长篇《白旗》(1971)、阿斯塔菲耶夫的《鱼王》(1976)和特罗耶波尔斯基(Г.Троепольский,1905—1995)的《白比姆黑耳朵》(1971)等。拉斯普京的《活着,可要记住》(1974)则直接涉及战时人的道德问题。舒克申(В.Шукшен,1929—1974)则以写农村道德题材短篇小说著名。

诗歌创作同小说一样,在六七十年代出现了许多篇幅巨大的长诗。著名的有伊萨耶夫(Е.Исаев)的《记忆的审判》(1966)和《记忆的远方》(1977)、罗日杰斯特文斯基(Р.Рождественский,1932—1994)的《二百一十步》(1978)和叶甫图申科的(Е.Евтушенко,1933—2017)《勃拉茨克水电站》(1965)。

戏剧创作则在生产题材和道德题材两方面有着较大的进展。德沃列茨基(И.Дворецкий,1919—1987)写"实干家"的《外来人》(1972)、鲍卡列夫(Г.Бокарев,1934—2012)写当代有高度教养的工人的《炼钢工人》(1973),影响较大。道德题材

的剧作,重要的有万比洛夫(А.Вампилов, 1937—1972)
的系列作品:《六月的别离》(1965)、《长子》(1967)、《打野
鸭》(1967)、《外省轶事》(1970)和《去年夏天在丘里姆斯
克》(1972),多为反映家庭、社会生活中存在的道德问题。

邦达列夫

总的看来,苏联当代文学在七十年代有了明显的进
展,作品数量和种类繁多,作家队伍扩大,新人辈出,文学
呈现发展的势头。

八十年代初还出现了诸如邦达列夫的《选择》(1980)
和《人生舞台》(1985)、冈察尔(О.Гончар, 1918—1995)的《你的霞光》(1980)等有影
响的作品,文学发展的势头仍保持了几年。八十年代中、后期,由于实行"公开性"
和"民主化",文坛纷争迭起,派别林立,多数人各持己见,极想在对历史问题和社会
现实的评价上一决高下。又因社会动荡,作家们无心笔耕,新作寥寥。而发表以往
遭禁的作品并予以重新评价则成为一个热点。

1991年12月苏联宣告解体,苏联文学的历史进程随之终止。

2. 肖洛霍夫

肖洛霍夫(М.А.Шолохов, 1905—1984)
曾被文学界尊为苏联社会主义现实主义文学
的杰出代表,其创作活动延续了60年之久。

他出生于顿河地区维辛斯卡亚镇。母亲
曾是地主家的女仆,生父为哥萨克下级军官,
继父是平民知识分子,所谓"外乡人"。肖本
人青年时代参加了建立红色政权的斗争,亲
眼目睹顿河地区革命风云的变幻,1922年短
暂外出后,1925年底便回到顿河地区定居,从
此未离开故乡的大地,日后成为顿河地区伟
大变革的歌手。

他早期的创作是一批短篇小说和小品
文,于1926年结集为《顿河故事》和《浅蓝色的

《静静的顿河》中的哥萨克村落

原野》两本书出版。内容都是描写国内战争和创建苏维埃政权时期哥萨克社会急剧的阶级分化和尖锐的斗争。代表作品是中期的《静静的顿河》(Тихий Дон)和《被开垦的处女地》(Поднятая целина),晚期的《一个人的遭遇》(Судьба человека)。

二十年代末、三十年代初,正当苏联开展农业集体化运动的时候,肖洛霍夫适时地写出了长篇小说《被开垦的处女地》,在苏联文学史上第一次反映这场大变革。

小说分两部,第一部发表于1932年。第二部在卫国战争前已写成初稿,1942年作家的住房被敌军炮弹击中,书稿也被焚毁。他只好在五十年代初重写,1960年才定稿出版。

第一部描写农村实现集体化的经过,塑造了一个共产党员典型形象达维多夫。

小说第二部描写集体农庄的巩固过程。达维多夫领导群众同暗藏的敌人作斗争,终于消除了隐患,巩固了农庄。第二部的基调变化较大,不再是以社会事件为重点,转向着重描写日常生活,注重人物的内心活动和劳动人民丰富的精神世界。

在卫国战争期间和战后,肖洛霍夫写了不少反映战争时期生活的作品:短篇小说、通讯特写、政论杂文等等,种类繁多。其中短篇小说《一个人的遭遇》(1956)尤其有名。

《一个人的遭遇》的主人公索科洛夫战前是工人,有个美满的小家庭。战争爆发时,他强忍悲痛告别妻子儿女上了前线。他战斗、负伤,被俘后受尽德国法西斯的折磨和侮辱,好不容易才从集中营里逃了出来。回到家一看,房子变成了一个很深的弹坑。妻子和两个儿女已在敌机空袭时被炸死,后来儿子又在胜利前夕为国牺牲。战争虽然胜利了,他却成了孤身一人,无家可归。战后不久他才收养了一个孤儿,两人相依为命,顽强地生活下去。索科洛夫是个普通苏联人的形象,朴素、真实、感人至深。

这篇小说被视为苏联军事题材文学中的别开生面之作。以往作品的特点是充满革命英雄主义和革命乐观主义激情,故事情节悲壮,人物形象高大,格调高昂。那类作品的着重点是描写卫国战争的重大事件和英雄业绩,反映人如何以自己的行动影响着战争的进程。现在《一个人的遭遇》则把普通人的命运置于战争文学描写的中心,致力于写人在战争中遭受的种种苦难,借以表现人的刚毅以及战争给人造成的悲剧命运(所以小说的篇名也有译为"人的命运")。苏联的军事文学从此开始了新的浪潮:作品的重点更多地放在关注普通人在战争中的遭遇和表现战争如何影响人的命运上。

肖洛霍夫作品繁多,技法新异,有许多方面都在苏联文学中独树一帜。1965年由于"他在对顿河流域的史诗般的描写中,以艺术力量和真正的创造性反映了俄罗斯人民的一个历史阶段"而获得诺贝尔文学奖,作品亦被译成世界各种主要文字。

《静静的顿河》

长篇史诗《静静的顿河》规模庞大,计八卷,分为四部,于1928、1929、1933、1940年陆续出版(第一部包括第一、二、三卷,第二部包括第四、五卷,第三部包括第六卷,第四部为第七、八卷),这是震动二三十年代苏联文坛的一件大事。小说被评论界誉为史诗性的作品,它以宏伟的场景、众多的人物反映了顿河地区从

《静静的顿河》中的男女主人公

第一次世界大战起中经十月革命直至国内战争结束这段时期的巨大变化,既真实地描写了重大的历史事件、哥萨克的社会风貌和心理变化,又成功地塑造了葛利高里·麦列霍夫等悲剧性的人物。这是苏联文学史上前所未有的鸿篇巨制,它使作者跻身于世界文学巨擘之列。

小说描写的对象主要是顿河地区的哥萨克,故事涉及的是1912至1922年近十年的历史阶段。

第一、二卷从介绍主人公葛利高里·麦列霍夫一家开始,将读者引入一个具有独特风貌的哥萨克社会。麦列霍夫一家中,父亲潘台莱固守哥萨克传统,当过沙皇的兵,勤劳、富裕;长子彼得罗已婚,娶了妲丽亚为妻;父亲想让次子葛利高里与同村的首富柯尔叔诺夫之女娜塔利亚结婚,但葛利高里却与有夫之妇阿克西妮亚偷情,被参加哥萨克集中军训后回来的丈夫斯捷潘发现,后者大闹了一场。葛利高里只好遵从父命与娜塔利亚结婚,但他不久之后又携阿克西妮亚私奔,同她生了一个女儿。

第三、四卷写的是第一次世界大战、俄国二月革命和十月社会主义革命时期。葛利高里应征入伍,作战勇敢,得了勋章,负伤回来后见女儿已死,阿克西妮亚又受了地主少爷的勾引。他非常气愤,乃回家同妻子娜塔利亚团聚。他们于1916年生

了双胞胎(一男一女)。他虽受布尔什维克宣传的启发,认为这场战争是"荒谬的",但又"忠于哥萨克的传统"重返前线。二月革命推翻了沙皇,同时引起顿河地区大动荡。革命和战争加剧了哥萨克社会的分化。

　　第五至第八卷写到十月革命之后的国内战争时期。大约从1918年春至1922年,苏维埃政权在顿河地区经受了革命与反革命力量的反复较量,付出了重大的代价才得以立足,哥萨克群众也是经受了血的洗礼才觉悟过来。葛利高里则由沙皇军队少尉排长转过来投奔红军,任过连长,但在目睹了红军指挥员枪毙俘虏后,产生反感,又因当过红军而挨了父亲的骂,见到哥哥彼得罗担任村里哥萨克叛乱的头目之后,他也参加了与红军作战的叛军。后来,彼得罗被红军杀死,而葛利高里却担任了叛军的团长,后升师长,统率三千人马与红军作对。1919年10月,白军被打垮,葛利高里带着阿克西妮亚只好回到村里。但这时家里已大变样,父母先后病故,妻子娜塔利亚死于难产,嫂子妲丽亚在游泳中自溺。而妹妹杜尼娅则嫁了现任村苏维埃主席珂晒沃依。后者一见面就命令葛利高里去登记自首,但葛利高里在登记完毕后轻信匪首佛明的话,怕遭逮捕,就又带着阿克西妮亚跟佛明跑了。不料途中阿克西妮亚中弹身亡,葛利高里悲伤绝望,乃把随身所带枪支、弹药全扔进顿河,只身回到村里来。然而,女儿已病死,在门口迎接他的只有小儿子一人,"这就是在他的生活上所残留的全部东西了"。他最后的结局是一个悲剧性的下场。

　　《静静的顿河》的成就是多方面的。首先,它是广泛地表现社会主义革命导致哥萨克乃至整个俄国命运大变化的杰作,这在苏联文学史上还是第一部。关于这一点作品是通过两条主要情节线索来显示的。一条以葛利高里·麦列霍夫一家的生活经历为中心,反映了哥萨克的古老传统、日常生活、社会习俗和风土人情以及这些传统的变革;一条以布尔什维克党在顿河地区的革命活动及其同反革命势力的反复较量为重点,全面涉及社会各个阶层,甚至各个地区,即从哥萨克村镇到顿河地区,以至两个首都彼得堡和莫斯科的社会情况。两条线索交叉进行,互为补充,恰好提供了变动的全貌。

　　其二是塑造了众多性格鲜明的人物形象,上自将军统帅,下至士兵普通百姓,许多形象生动突出,有血有肉,真实可信。既有敌对阶级的代表地主、富农和资本家,又有革命方面的优秀分子、地下党员、红军指挥员和村镇各级干部。阿克西妮亚和娜塔利亚则是文学史上两个优美动人的妇女形象。

其中最为突出的典型人物应当算是葛利高里。这是一个复杂而又有个性的人物,按照作者的说法,葛利高里是"顿河哥萨克中农的一种独特的象征"、"一个摇摆不定的人物"。小说多方面地描写了他的"摇摆不定"。从思想品质和性格特点来看,他热爱劳动,有同情心,待人真诚,勇于追求美好的生活,具有劳动者的美好品质;但他又受哥萨克传统观念的熏陶,满怀偏见,思想保守而且自私,具有小生产者的弱点。在爱情上,他同阿克西妮亚倾心相爱,感情真挚,敢于冲破阻力,甚至携她私奔;但是他受传统的观念影响,又不敢违抗家庭,还是与娜塔利亚结婚,实际上他不爱也不忠于自己的妻子,所以就在妻子与情妇之间来回摇摆,反复无常,几度悲欢离合,严格地说他给这两个妇女都带来了不幸,甚至造成了她们的悲剧结局。在政治立场上他的摇摆更加明显。第一次世界大战时,他由于作战英勇而得了勋章,但旧俄军官的残暴和腐败却使他反感,加上布尔什维克党员的启发,他开始觉醒,认识到这场战争的荒谬性。然而受伤回家后,只因为哥萨克父老对他的夸赞,他便想要"保护哥萨克的光荣",伤愈就重返前线。十月革命后,他在军中接受革命者的影响,曾一度转向红军方面,后来仅仅因为听信谣言,便又倒戈同红军作战,如此反复再三,一会儿投向红军,一会儿参加叛乱。两次站在红军一边,三次投向白军阵营,最后只能走到毁灭的下场。葛利高里的摇摆有他的社会根源,这就是"哥萨克中农"的特性,这个形象既体现了当时中农的本质特点,同时又具有鲜明的个性。

其三是该作品宏大的结构和严整的布局。肖洛霍夫从21岁开始创作《静静的顿河》,由于驾驭如此宏大结构的作家是这么年轻,以至于有人竟怀疑其可能性,甚至对作品的所有权发生争论。其实,这里除了作者的才能,显然还受了托尔斯泰的影响,无论是作品浩瀚的内容、广阔的场面、宏大的结构、精湛的艺术手法,还是对主人公的心理刻画等方面,都使人想起《战争与和平》。肖洛霍夫师承托尔斯泰,把传记与历史、战争场景与家庭生活、群众运动与个人情感的波动交织在一起,使得小说气势磅礴又富有情趣,特别是展现了社会动乱如何改变个人的命运、阶级的政治斗争如何决定各种人物的祸福。但是肖洛霍夫又有所创新,他创造了一种新的艺术体裁,即把史诗与悲剧的因素相结合。因而同是史诗,《战争与和平》是歌颂全民抗敌的伟大胜利,格调昂扬;而《静静的顿河》则是着重描写普通劳动者在革命发展过程中的悲剧命运和产生这悲剧命运的复杂原因以及他们不得不归顺苏维埃政权的最后出路,格调是压抑悲壮的。此外,作品中生动丰富的语言、幽默风趣的哥萨克口语、奇异的顿河大草原壮丽风光、浓烈的抒情气氛等等,都增强了艺术的感染力。

3. 非主潮文学

进入二十世纪下半期,除受到肯定的现实主义(社会主义现实主义)在继续发展外,受政治氛围和西方文艺思潮的影响,文坛也显现出更加多元化的倾向。对这多元的现象,我们拟统称为"非主潮文学"。非主潮文学自然是一个笼统而宽泛的概念,包括批判现实主义、回归文学、侨民文学、"异样文学"(现代主义及后现代主义)等形态。若论出现的时间,前二者当更早,它们和侨民文学多数均属于现实主义的创作方法。

(1) 批判现实主义和回归文学

属于"非主潮文学"中的一类作品,大致从二十年代末陆续出现,表现为批判现实主义倾向。其一出现便遭受批判和压制,甚至被长期搁置,直到五十年代解冻文学思潮产生以后,才逐渐被允许公开发表,恰似重新回到读者手中,故亦称"回归文学"。

十月革命后经历四年内战,随后开始实行"新经济政策",使得20年代的苏联社会生活渐趋活跃,政策也支持文艺的自由发展,文学创作开始多样化。普拉东诺夫的小说《切文古尔》(1929)是对意识流手法的初步探索,其中多少有着弗洛伊德精神分析理论的影响,同时带有"反乌托邦"的色彩。费定的《城与年》(1924)和列昂诺夫的《獾》(1924)企图以冒险传奇情节代替平直的因果关系情节模式,但仍属于现实主义文学的结构框架之内。而左琴科(М.Зощенко,1895—1958)、布尔加科夫(М.Булгаков,1891—1940)和普拉东诺夫(А.Пулатонов,1899—1951)三位讽刺文学高手则大量采用了夸张怪诞的手法。皮里尼亚克(Б.Пильняк,1894—1938)的《裸年》(1921)偏向于对阴暗面作自然主义的描写。扎米亚京(Е.Замятин,1884—1937)的小说带有强烈的主观色彩,强调超阶级的人道主义。巴别尔(И.Бабель,1894—1940)则以《骑兵军》(1926)观照了战争的惨烈,论者认为它"极奇异的浪漫成分掩盖了历史的本质"。帕斯捷尔纳克的诗做出语言上的革新,成为先锋派的前导。沃洛申(М.Волошин,1877—1932)追求诗歌的新形式,使之带上了浓厚的神秘象征主义色彩。

三十年代苏共对异己分子的"大清洗"使一批非主潮作家丧生,卫国战争中又有许多人为国捐躯。至四十年代才有导演爱森斯坦、作曲家肖斯塔科维奇、作家左琴科、诗人阿赫马托娃稍做主潮外的探索,但很快就先后受到批判。四十年代末,不少作家甚至被扣上"世界主义者"的帽子,于此可见反对西方思潮入侵的运动多么强劲。

下面仅以比较突出的四位作家为例,介绍这一类非主潮文学的大致情况。

巴别尔

巴别尔的《骑兵军》(«Конармия»)由34篇描写第一骑兵军的短篇小说组成,从1924年起连续发表。该作真实地表现了国内战争的残酷和纷乱,写出来自农民的红军骑兵战士的复杂性格,崇高与卑微、宽厚与残忍并存。作者名声大振,而骑兵军的将领却极为恼火,从而引发了"元帅与文豪"之争。骑兵元帅布琼尼指责作者写的"哪像是骑兵军,简直是匪帮",说作者企图证明"我们的革命是由一小撮匪徒和无耻的篡权者搞出来的"。高尔基著文驳斥布琼尼的指责,说布琼尼喜欢从外表上美化自己的战士,而巴别尔想美化的则是战士的内心:"人在很多方面还是野兽,而且在文化上还处于少年时代"。可惜,巴别尔到1939年还是被捕入狱致死。

扎米亚京

扎米亚京的长篇小说《我们》(«Мы»)从1921年一脱稿即被查禁,被认为是"一本敌视苏维埃政府的小册子"。小说讲述三十世纪地球上的"统一王国",用最坚固的永世长存玻璃大墙与外边的世界隔绝。王国里的居民没有姓名,只有统一的编号,人们守时戒律地作息,过着"数学般完美的生活",甚至凭"粉红色的票子"在规定的时间与选定的伴侣过性生活。王国的统治者"救世主"拥有可怕的机器,任何号码如果有了灵魂,有了幻想,或违背现存的生活规则,便会被处死。后来,终归有人策划叛离,准备飞向太空。《我们》在世界"反乌托邦"小说史上占有重要地位,其特点是用科幻小说的形式来抨击专制的社会,表现其中个人的悲剧命运。自然,小说也被引申出作者是对十月革命所持的怀疑态度。

布尔加科夫是二三十年代一位极为重要的作家,早就以五幕话剧《屠尔宾一家的日子》(«Дни Турбиных», 1926)和长篇小说《白卫军》(«Белая гвардия», 1923)蜚声文坛。但使他扬名国内外的则是两部中篇小说《不祥的蛋》(«Роковые яйца», 1925) 和《狗心》(«Собачье сердце», 1926)，尤其是长篇小说《大师与玛格丽特》(«Мастер и Маргарита», 1940)。这三部小说以荒诞的故事融讽刺和寓言为一体，因而独具特色。

布尔加科夫

《不祥的蛋》写一位教授发现用一种"神奇的红光"照射某种生物会使该生物神速繁殖。此项成果被国营农场主席强行拿走，去用于振兴全国养鸡业。哪知道错用到从国外运来的种蛋上面，竟孵出大批巨型爬虫，先吞吃了农场主席的妻子，又迅速繁殖，蔓延全国，吞噬一切。正当大难临头时，幸亏来了一场特大寒流，把所有这些怪物统统冻死，才使得人免于灾难。作者批判的锋芒直指违背科学规律的急功近利的官僚主义分子。

《狗心》是另一个荒诞不经的故事：医学教授为一条狗移植了人的脑垂体，使得狗"完全人化"，能口吐人言，直立行走，甚至担任公职，并利用职权威逼少女与他结婚。但他狗性不改，仍然偷食东西，袭击别人，调戏妇女，无法无天。教授不得已再施手术，把他又变回狗。作者对"狗性难移"的讽刺，触动了滥施淫威者的疑心，故而被视为"异端"。

布尔加科夫最著名的作品是《大师与玛格丽特》。小说具有多线索、多层次，神话与现实相结合等特点，色彩斑斓而又深具哲理性。主线是法力无边的魔王到莫斯科巡行，探测人心，暴露了现实生活中形形色色的伪君子。其他线索还有魔王找到"大师"的情人玛格丽特使两位有情人结合，以及耶稣被犹大出卖遭到罗马总督彼拉多处死而后者又永世后悔等情节。书中各种人物接续登场：有魔王、神猫、总督、圣徒等古城圣地耶路撒冷的众多角色，还有现代都会及摩登女郎。小说依然是寓讽刺于怪诞的故事情节之中。

普拉东诺夫

普拉东诺夫的长篇小说《切文古尔》(«Чевенгур», 1929)、中篇小说《地槽》(«Котлован», 1930) 和《初生海》(1934) 同样以罕见的故事情节引人注意。《切文古尔》写半夜里集体枪杀资产者好让无产者第二天一早就进入共产主义,而无产者则以拆除暖和的房子、露宿草原、不从事物质生产等为荣。《地槽》情节是说一个地方在挖地槽以便建起一座统一的大厦,好让全体无产阶级都搬进去住;而另一个地方在实行农业集体化和消灭富农。贫农奉命"整队进入社会主义",富农则集合到大木筏上流放到海洋里。《初生海》则写人们为了完成国家规定的肉乳交售计划便在畜牧场大量增养牲畜,但严重缺水便想起动用地层深处的岩浆水(即初生海水)结果酿成了灾祸。凡此种种荒谬绝伦的故事都把矛头指向了极"左"的、"空想的"思潮,自然难以为当时的社会所接纳,因而使普拉东诺夫的小说接二连三地遭禁。

(2) 侨民文学

侨民文学来自流亡国外的作家,人数多,作品亦不少,从二十世纪初至八十年代绵延不断,既有现实主义的也有现代主义的。一般认为,俄国作家侨居国外的行动,出现过三次浪潮。三次浪潮的作家作品从俄国八十年代改革前后,纷纷被收回国内,用俄文重新出版或首次公开发表,故在二十世纪下半期形成一股"侨民文学热"。

第一浪潮在十月革命后至第二次世界大战前,时间长,人数多,在西方先后形成一个个侨民文学中心,二三十年代先在柏林后到巴黎落脚,四十年代中心移至纽约,出版了数量可观的俄文报刊。在东方则有另一个中心,即哈尔滨(后逐渐减弱,分散至上海等地)。俄国首次获诺贝尔文学奖的伊凡·布宁(И.Бунин, 1870—1953)、著名女诗人茨维塔耶娃(М.Цветаева, 1893—1939)、反乌托邦文学的代表扎米亚京(1884—1937),以及创作出象征主义硕果、长篇小说《彼得堡》(1914)的安德烈·别雷(А.Белый, 1880—1934)等一批驰名当时的作家,都是那次浪潮突出的代表人物。

第二次浪潮在第二次世界大战期间和战后,人员的数量和水平都远不及上次浪潮。但也有近年来屡次被文学史籍所提及的谢尔盖·马克西莫夫(С.Максимов)、鲍·希里亚耶夫等,均写过一系列短篇小说,此外还有诗人伊凡·叶拉金等。

第三次浪潮在七八十年代,多为持不同政见而被驱逐出境的人士。像曾三次入狱的索尔仁尼琴(А.Солженицын, 1918—2008)、持不同政见者的"代言人"约瑟夫·布罗茨基(И.Бродкий, 1940—1994),是分别在1974年和1972年被逐的。前者写过暴露劳改营状况的长篇小说《古拉格群岛》(«Архипелаг ГУЛАГ», 1972),后者写的是一系列怀乡和表述流亡境遇的诗歌和小说。两人先后于1970年和1987年被授予诺贝尔文学奖。如若说阿克肖诺夫(В.Аксёнов,1932—2009)以虚幻讽喻的长篇小说《克里米亚岛》(1979)进入现代主义潮流,那么纳博科夫(В.Набоков,1899—1977)的长篇小说《洛丽塔》(1954)则早被奉为后现代主义的"美文"而在西方广泛流行了。

(3) 异样文学

"异样文学"是借鉴西欧现代主义表现手法,包括意识流等而在当时的苏联文坛显出的"异样",被视为文学的另类。从其出现就引人注意的有维·叶罗菲耶夫(В.Ерофеев, 1938—1990)的小说《莫斯科—别图什基》(1970)、塔·托尔斯泰娅(Т.Толстая, 1951—)的小说《彼得斯》(1986)、皮耶楚赫(В.Пьецух, 1946—)的小说《彩票》(1987)等。其实,考察这类具有现代主义特征的小说,还可追溯到六十年代早就闻名的阿克肖诺夫的长篇小说《带星星的火车票》(1961)。它当年被认为是苏联出现"垮掉的一代"的标志。

到七八十年代这类作品日见增多。著名的如安·比托夫(А.Битов)所创作的长篇小说《普希金之家》(1971)和萨沙·索科洛夫的长篇小说《傻瓜学校》(1971)。前者写了知识分子对当代社会生活的失望,后者反映青年人对周围世界的感知,犹如身处于封闭落后的社会里。

这类作品往往以冷漠的态度、平静的笔调来调侃人生,反映平庸琐碎的生活百态和孤独厌世的"小人物",被认为是对西方现代主义和后现代主义的模仿之作。它们在苏联解体之前被文坛视为"异样",受到压抑。在解体之后,便大大地发展起来,成了现代主义文学的主要体现。近期有如九十年代的哈里托诺夫的长篇小说《命运线,或米拉舍维奇的小箱子》(1991)。这类文学作品,无论就反映的生活内容、考察社会所选取的视角,还是所采用的写作模式、创作方法,与现代主义、后现代主义文学相比,已经别无二致了。

4. 帕斯捷尔纳克

俄苏作家帕斯捷尔纳克(Б.Л.Пастернак, 1890—1960)出生于莫斯科一个犹太知识分子家庭。父亲是教授、画家,曾为托尔斯泰的小说画插图。母亲擅长音乐。家庭给予他以良好的影响。他曾接触过当代文学艺术界的多位名家,包括大作家托尔斯泰、著名音乐家斯克里亚宾和奥地利著名诗人里尔克。这促使他日后努力学习和写作,成就为诗人和作家,同时在文学翻译上有所建树。

他1909年考入莫斯科大学法律系,后转入历史语文系哲学班。1912年赴法国马尔堡大学攻读德国哲学,注重研习新康德主义学说,不久之后回国。1914年爆发第一次世界大战,他因腿部有残疾而免服兵役,暂在乌拉尔一家工厂任职。1917年二月革命后回到莫斯科,在十月革命后到人民教育委员会图书馆任职。苏联卫国战争期间,他曾于1943年奔赴奥廖尔战场,采访和报导战事,写有不少战地特写和报告文学作品。

帕斯捷尔纳克的《日瓦戈医生》俄文版封面

帕斯捷尔纳克早期深受俄国象征派和未来派诗歌的影响,曾加入当时的诗歌小组,写了不少诗作。1914年和1917年先后出版诗集《云雾中的双子星座》和《超越障碍》,两部诗集主要抒发了个人对生死、爱恨、天人之间关系的思考和感情。第三部诗集《生活——我的姐妹》(1932)主要抒发诗人对待生活的看法,表露内心感情,歌颂自然与人生,从中可以看出象征派和未来派的意蕴,一方面是有别于传统诗歌,别开生面,不落俗套,另一方面令人感到比喻奇特,文字晦涩,主题模糊。

此后,他又陆续出版诗集《主题与变奏》(1923)、《崇高的疾病》(1923)和长诗《施密特中尉》(1927)等。由于诗歌写法和风格与众不同,他在三四十年代初曾受到批判,被斥为缺乏思想性和人民性、严重脱离生活。诗人只好放下写作,改行去翻译诗歌,包括译出莎士比亚、歌德、席勒等人的诗作,还译过格鲁吉亚的诗歌,在俄国翻译界颇有影响。

在四十年代写出的诗集《在早班列车上》(1943)和《大地的延伸》(1945)已经改变了风格,不再过于雕琢语言,而趋向于用语明朗简洁、形象具体鲜明了。此外,他还写有诗集《雨霁》(1956—1959)、小说《故事集》(1925)、《空中路》,但最重要的作品还是晚年写成的长篇小说《日瓦戈医生》(1948—1956)。

这是作者一生诗歌与小说创作的总结。全书包括小说和诗两部分,小说又分上下部,共十七章,而(小说)尾声之后的第十七章名为主人公的二十多首诗,实是作者长期写下的诗作。

小说头绪繁复,主要以日瓦戈和情人拉拉为线索,串联出一批人物,意在展现其社会和家庭两个主题。日瓦戈在父母双亡后,10岁时被托给一位教授家抚养,与教授之女冬尼娅自幼相伴,二人长大后分别学了医学和法律,大学毕业即结婚生子。

另一位主要人物拉拉,在16岁时曾被母亲的情夫、卑鄙的律师科马罗夫斯基奸污,后与工人家庭出身的优秀知识分子帕沙结婚。但帕沙在听过美丽妻子关于失身的自白后,精神上深受打击。第一次世界大战开始,他参加了军队,实为弃家出走。十月革命后,他参加了红军,当了部队指挥员,忠心耿耿,战功显赫,却因不被信任遭到清洗,绝望中举枪自杀。一战中,日瓦戈作为军医在前线邂逅了拉拉,两人相恋,曾数度同居,几经聚散。他曾在红军游击队中充当军医,系出于被迫,他对红白双方均感厌恶,又在战乱中身不由己,后辗转回到莫斯科,终因妻子与情人双双音讯杳然,未满40岁即心脏病发作而猝死于莫斯科街头。

作者通过十月革命和内战前后十年的经历,塑造的是一位诚实、正直,但思想极为矛盾的俄国旧知识分子形象。日瓦戈医生熟谙旧俄的腐败,所以由衷地欢迎十月革命,称之为"从未有过的壮举,历史上的奇迹"。但他对革命后的战乱和困境颇感迷惘,对于无论白军还是红军的暴力都表示反对,反映了旧知识分子的内心矛盾和曲折经历。作品描写了革命暴力的失误和造成的惨相,较为深入和多方面地表现错综复杂的社会关系以及革命时期社会付出的沉重代价。写法与以往的这类作品不同,别具一格。

回顾苏联反映十月革命这段历史的长篇小说,显著者有三部。如果说阿·托尔斯泰的《苦难的历程》属于颂歌,肖洛霍夫的《静静的顿河》属于悲歌,那么帕斯捷尔纳克的《日瓦戈医生》则是哀歌了。三者的写法不同,格调各异,共同组成了那个时代的完整画面。无论评价如何不同,却各有明显的价值。

然而,当时正处于东西方"冷战"时期,小说一出版立刻被双方作为政治对抗和互相攻击的一个焦点而加以利用。他们从各自的政治需要出发,无论西方,还是苏联都把它解读为否定十月革命之作。作者写了8年,到1956年解冻的形势下拿出来发表,在苏联国内却遭到《新世界》杂志退稿,被斥为:"小说的精神是仇恨社会主义革命"。手稿传到西方,则被大加宣扬,极力"炒作",1957年在意大利用意文出版,迅即译成15国文字印行。作家在1958年被宣布授予诺贝尔文学奖。这更激怒了苏联,《真理报》1958年10月26日发表署名文章谴责作者为"社会主义革命的诬蔑者和苏联人民的诽谤者"。苏联作家协会宣布将其开除,直到帕斯捷尔纳克公开表示拒绝领奖才作罢。而在西方仍不断掀起抗议苏联的声浪,弄得作者倍感尴尬,左右为难。

小说除了很好地表现社会主题外,还细腻地表达了家庭情感问题。书中更为震撼人心的,是日瓦戈和拉拉曲折的爱情故事。其中,日瓦戈不但在社会动荡之中无法掌握自己的命运、事业、家庭直至个人生活都无能自立,更谈不上实现理想。拉拉尽管美貌出众,异常真诚,但在少女时被诱骗,婚后又被弃,并因为帕沙的政治"问题"而受牵连,竭力逃避被抓捕。这样两个具有敏感心灵的人遭遇在一起,两情相悦,互相理解。一个是理想幻灭、有才华却不得施展而厌倦革命和战乱;一个是美丽善良,私生活上却屡遭厄运,为避免受政治株连而躲避革命,恰似"红颜薄命"。所以两个乱世情人碰在一起,演发出一幕幕激荡人心、引人同情的爱情场景。小说的这一部分也是历来为论者所称道的爱情"悲喜诗"。

作者的写作方法虽然仍是现实主义,但已不局限于此了,而是加入了许多非现实主义的成分,例如象征、意象、浪漫主义,等等。这也是本书在理解上的一个难点,读者须要转换角度,方能体会其中的新意。

帕斯捷尔纳克由于发表此书而走红国际,也因此书而备受精神折磨,从此心情郁闷,两年后(1960年)便去世了。死因也是心脏病,与小说的主人公日瓦戈居然同此命运。好在日后他已被恢复名誉,其作品俄文版1988年在苏联国内发行,作家纪念馆也开办起来。人们广泛纪念他,作家备享哀荣。

5. 两股文学潮流汇合

二十世纪末期,占主导地位的文学和非主潮文学汇流,为俄国文学史提供了丰富、全面的资料,新版的文学史已吸纳了各流派,从中选出各自的代表为重点作家,立起专章,加以评述。以莫斯科大学1998年出版的《二十世纪俄罗斯文学史》为例,除仍以高尔基为首外,还有勃洛克、阿赫马托娃、叶赛宁、马雅可夫斯基、什梅廖夫、曼德尔施塔姆、茨维塔耶娃、阿·托尔斯泰、布尔加科夫、普拉东诺夫、纳博科夫、特瓦尔多夫斯基、维索茨基、艾特马托夫等各派的杰出人物，更有在本世纪内获诺贝尔文学奖的五位作家：布宁(1933)、肖洛霍夫(1965)、帕斯捷尔纳克(1958)、索尔仁尼琴(1970)、布罗茨基(1987)。

艾特马托夫

汇流的另一种表现是：在一个作家身上，可能融合了多种文学思潮的创作方法，使之变成不是纯粹的"现实主义文学"了。最鲜明的例子是艾特马托夫。

6. 艾特马托夫

钦吉斯·托列库洛维奇·艾特马托夫(Ч.Т.Айтматов, 1928—2008)原是苏联时代吉尔吉斯民族作家，后为吉尔吉斯斯坦人，能用本族文字和俄文两种文字写作。他出生在农村，世代贫穷。其父早年是共产党员，担任过领导工作，不幸1937年遭到清洗而冤死。母亲抚养四个孩子，在农村艰难度日。艾特马托夫14岁时德军入侵苏联，迫使他中断学习，直至战后才进入兽医中专和农学院就读。大学毕业后，先在畜牧研究所实验站工作，1958年以中篇小说《查密莉雅》成名，接着便调入《吉尔吉斯文学》杂志，之后转往莫斯科《真理报》驻吉尔吉斯特派记者。其创作可分为三个阶段：

第一阶段，从探索走向成熟(五十至六十年代)。

作家五十年代初曾以若干短篇小说反映吉尔吉斯的山村生活而引起注意；1956年被选送莫斯科苏联作家协会的文学进修班培训，1958年发表成名作《查密莉雅》(《Джамилия》)。小说写反法西斯侵略的卫国战争期间，一个已婚少妇查密莉雅爱上退伍军人丹尼亚尔而私奔的故事。女主人公虽然家境殷实，生活安稳，但退伍军人却因伤跛脚，家中一无所有。为了爱情，她不顾传统的观念和习俗，毅然跟他一起出走，作品用诗意的笔调描写了山村的美景，衬托女主人公的浪漫情怀，突出她对爱情和理想生活的追求以及她那不落俗套的带点野性的美丽。作家创作艺术手法清新优美，使得小说别有一番情趣，这在吉尔吉斯文学中实属罕见，因而引起哈萨克族老作家阿乌埃左夫的兴趣，并加以推荐。

此后,他继续写出《我的包着红头巾的小白杨》(1961)、《骆驼眼》(1962)、《第一位老师》(1962)三个中篇,均以吉尔吉斯鲜明的民族风情和优美的山村景色为特点,一再显示了作者是位别具一格的民族作家。三个中篇和《查密莉雅》一起结成小说集《群山和草原的故事》(«Повести гор и степей»),荣获1963年的苏联最高文学奖——列宁奖。

其后,作者继续表现和颂扬吉尔吉斯劳动人民,创作出《母亲——大地》:(1963)、《红苹果》(1964)等小说,《永别了,古利萨雷!》(«Прощай Гульсары!», 1966),成了艾特马托夫六十年代创作的顶点。

古利萨雷是吉尔吉斯老牧民塔纳巴伊的一匹爱马的名字,他牵着这匹心爱的老马回家,一边走着夜路,一边回忆着自己悲剧的人生:从血气方刚、锐气十足的"急性子",嫉恶如仇、敢于斗争的"犟骡子",到遭致横祸、被冤屈开除出党的"坏分子",再变成"缩手缩脚"、不敢反抗的怯懦者。回想着心酸往事,塔纳巴依对于迫使他落到如此悲惨境地的社会环境极端痛恨,义愤填膺,竟至发心脏病去世。

古利萨雷这匹马是个独立的艺术形象。"马通人性",它也有像主人一样的辛酸际遇。早年它是膘肥体壮、英姿勃发的千里驹,主人心爱的伴侣,既能为他在赛马中争得头彩,又曾在风灾中替他去寻回失散的马群;失意时它成了一匹暴烈的马,绝不让坏心眼的新主人靠近它,继续忠实依恋老主人;但在晚年已经体弱力衰,被塔纳巴伊牵着回家时,走在路上已近乎奄奄一息,瘦弱不堪。老牧人看着它,想着自己的身世,百感交集。最后老马只能拉着破车,在途中倒毙,走完它劳苦而不幸的一生。老马和老牧人一生相似,互相衬托,使他们的悲剧性更加彰显。老马在小说中起着举足轻重的作用,难怪作者特意用它来为小说命名。

这篇小说标志着艾特马托夫的创作已经从探索走向成熟。它更为鲜明地表现了吉尔吉斯山村的现代生活,扩大了题材范围,深入揭示了现实中的矛盾,加强了典型环境和细节的描写,塑造了一个吉尔吉斯的民族典型性格——成功的老牧民形象。

塔纳巴伊体现了老牧民的优良品质。他一生勤劳,性格耿直,不被贫穷困难的环境所吓倒,更不怕强权压迫,区委特派员的威胁也不能令他弯腰,即便被开除出党,也没失去普通劳动者的本色。他虽然有缺点,也软弱过,曾经考虑过妥协。但是面对当权者的颠倒黑白,他据理抗争,以至忍无可忍,顺手操起一把草杈,追击特派员——"穿着皮大衣的新牧主",终于惹下大祸,以致按法律被追究刑事责任和开除党籍。

一群顶着官员的招牌随便奴役群众的"新牧主",实在与过去骑在穷人头上的老牧主没有什么本质的差别。这足见这篇小说的暴露性和批判力,也表现了作者目光的敏锐和艺术的胆识。

第二阶段,艺术探索的新趋向(七十年代)。

七十年代始,艾特马托夫开始进行新的艺术探索,由现实主义向写实性与假定性两种手法相结合发展。反映这个倾向的代表作是《白轮船》(«Белый пароход», 1970)。

小说《白轮船》的写实部分,是描述西伯利亚偏远地区的一个护林所三户居民的生活情景。在这里,人和大自然相处,森林、各种动物和人之间关系和谐。但是这里却存在着人与人之间的冲突,而这个冲突的焦点在于如何对待大自然。护林员莫蒙善良、温顺,把他们所喜爱的长角母鹿视为圣物,予以细心的呵护。而护林所的小头目阿洛斯古尔却是恶的化身,有着掠夺自然、占为私有的本性。他像土霸王似的主宰着那里的人和事,硬是逼着莫蒙杀长角鹿,否则就要对莫蒙的女儿和外孙下手。莫蒙为了女儿和外孙的安全,不得不屈服于淫威,亲手杀了长角母鹿,恶势力终于得逞。莫蒙悲痛万分,精神彻底崩溃,"像死人一般"躺在地上。善屈服于恶,他虽生犹死。现实的人生善与恶不能两立,表现得如此鲜明。

小说的假定性部分是引进了神话。吉尔吉斯民间传说中本来就有关于民族起源长角鹿妈妈的神话,体现了游牧民族崇敬大自然的心理和感情。艾特马托夫拿来稍加改造,引入小说,并且通过一个七岁孩童的想象,编织成完整的现代神话。

那个孩子自己想象出了白轮船的故事。他幼小的年纪当然对现实的事变无能为力,只能凭着他纯洁的心灵,抗议阿洛斯古尔迫害莫蒙及其实际上也杀害了长角鹿"妈妈"的罪行。但是他别无办法,只能用死来抗议,而这个死亡抗议也来得更剧烈:孩童不能容忍现实中如此残忍的恶,不能和残杀长角母鹿的暴行妥协,自己"宁愿变成一条鱼",游到他梦幻的世界里去。孩童死了,但虽死犹生,因为他的善比莫蒙更高、更纯粹,他的抗议使得善的精神得以永生。这是作者想借助神话故事表达出来的意思。"我在《白轮船》里揭示孩子的死,绝非要使'恶'凌驾于'善'之上,我的本意是要用最不可调和的形式来否定恶,通过主人公的死来肯定生活。"

这部虚实结合、真假相伴、半是小说半是童话的作品,意在更为深刻地暴露现实。因为孩童的爷爷所讲长角母鹿的故事,只是"善"、"恶"观念之所寄。而土霸王阿洛斯古尔为非作歹的行径,才是社会的一些真实反映。

这个在西伯利亚叶尼塞河边上的小护林所,简直是一个微型社会。当了小头头的阿洛斯古尔竟拥有生杀予夺的权力,敢于口出大言而不惭:"凡是我们领地上跑的、爬的、飞的,从苍蝇到骆驼都是我们的,我们自己知道如何对待自己的东西。"他还说:"唉,可我没有更大的权力,否则我也能使他们服从……叫他们在地上爬"。果然,匍匐在他脚下的有莫蒙爷爷、别盖依姨妈、护林工人谢赫马脱等等,他可以用皮鞭抽打80多岁的老岳父莫蒙,对妻子任意作践,容不得半点违逆,活像是个新时代的"领主"。

艾特马托夫代表了当时苏联的一代作家,在创作上虽离开传统的现实主义,转向复杂多样的艺术形式。但他们写尽了社会的弊病和罪恶,却找不出病因,自然也没有疗救痼疾的良方,结果还是复归批判现实主义。

作家的另一部小说《花狗崖》(«Пегий пёс, бегуший краем моря», 1977)也是大量运用想象、梦幻、神话等多种艺术手法,写了远东一个少数民族尼福赫人的生活。它淡化时代背景、淡化情节,写了巫师、鬼魂、恶魔、水妖、美人鱼,并将主人公死后神化。作家类似的作品此外还有《早来的仙鹤》(1975)、未完成的长篇《候鸟在哭泣》(1972)等。这个时期的倾向是加强主题思想的哲理性和寓意性,加强对现实的批判性,注重写实性与假定性的写作手法相结合,使作品的艺术方法显得复杂和多样。

第三阶段,向多情节、多线索、多种艺术手法的综合型发展(八十至九十年代)。

八九十年代起,艾特马托夫创作有了新变化,代表作品为《一日长于百年》(«И дольше века длится день»,1980)和《断头台》(«Плаха», 1986)。

《一日长于百年》又名《布兰内小站》。小说背景是哈萨克荒漠里的一个错车小站。铁路工人叶吉盖带着六七个人组成的小队伍为老工人卡赞加普送葬,情节就是他在这一天途中所作的回忆和随想。而这种思绪则是穿越了时代的风雨,复活了许许多多的人和事,重现了历史的烟云,来往于天上和人间,所以小说的容量极大,一日胜似百年。

类似这样创作方法产生的综合型作品,还有《断头台》。它是一部多主题、多线索的长篇小说。主要的情节为报纸编辑阿夫季·卡利斯特拉托夫为了披露贩毒集团的罪行和拯救吸毒青年的灵魂,两下中亚草原,混入贩毒团伙之中,最终被发现而被吊在十字架上毒打致死。小说揭露了恶势力的猖狂,即便是主人公诉诸耶稣的神灵,也不能铲除人间的罪恶。

　　小说更为震撼人心的是描写一对草原狼在连续遭到不幸之后,疯狂向人类报复的故事。中亚草原本来人迹罕见,是羚羊、狼和各种野生动物出没的地方。但大规模围猎、筑铁路、开矿等活动一再破坏草原生态的平衡,还有人专门以猎狼贩卖发财。那对草原狼从草原流落到湖畔,再躲进山谷里,还是未能逃脱厄运。母狼三次下崽,所有狼崽均先后被围猎者打死。母狼陷入深深的悲痛之中,无意中碰上一个两岁的婴儿,孩子的气息引发了狼的母性,误把婴儿当狼崽叼回去。孩子的父亲为了追索而开枪,误射死自己的孩子。母狼万念俱焚,便带动狼群向人类报复,展开了狼与人的厮杀,从而把"人与自然"矛盾的主题引向极端的深化。作家呼吁消除人间的罪恶,达到"人与自然"的和谐相处,共同发展。

　　艾特马托夫的创作视野开阔,取材广泛,方式和手法多样,很少雷同,尤因其民族特色而受到普遍赞誉。他的中篇作品无一例外被拍成了电影、电视片,有的还改编成歌剧、小歌剧或芭蕾舞剧。他的很多作品迄今已译成多种外文。

第七章

现代文化（二十世纪，下）

第一节 音乐

1. 形成群众歌曲运动

二十世纪初，随着革命运动的发展，群众传唱革命歌曲渐成风尚。十月革命后新政权保持并发扬了这一传统。列宁在1918年7月12日和12月19日分别签署两项命令，前者规定莫斯科和彼得格勒两所音乐学院均转为国立的音乐学院，后者宣布音乐出版事业收归国有。此等措施旨在保障音乐事业归劳动群众所有，音乐为工农和战士享用。

其时，曾大量出版歌曲小册子、活页歌篇选，组织各种业余乐团和乐队，请专业乐师予以指导，推行和传唱群众歌曲，不仅有《马赛曲》、《华沙曲》、《国际歌》，而且有沙皇政府的禁歌和历史上歌颂普加乔夫、拉辛等农民起义领袖的老歌。还有古老的士兵歌和市井歌谣，不过已填上了新词。此外，反映新时代新的生活、歌唱新的人物和民间英雄的民歌以及新创作的歌曲层出不穷。

群众歌咏已蔚为风气。这在俄国历史上是空前的，在随后的苏联时代更持续成传统。凡有群众集会，或游行庆祝活动，均有集体歌咏。这种风气不但广泛传开，而且影响到了当年社会主义阵营的许多国家。而群众歌曲运动已成为二十世纪上半叶苏联社会生活的特色，尤其在革命后的二十至三十年代和举国一致奋起反抗德国法西斯侵略的四十年代曾一再达到高潮。

群众歌曲咏唱的内容，包括新生活新人物、爱祖国爱人民、远大崇高的理想、积极进取的人生观、纯朴真挚的友情和爱情。歌曲形式既有雄壮昂扬的进行曲、热烈激越的颂歌、幽美清新的抒情歌曲，也有时尚的行军歌和快乐的对口曲。

群众歌曲运动有一个发展的过程。可分为二十至三十年代、四十年代和五十年代以后三个阶段。

在十月革命后,音乐成了教育人民和动员人民的有力武器。新歌不断出现,以反映国内战争英雄人物的歌曲居多,如《跨过高山,越过平原》(«По долинам и по загорьям»)和《英雄夏伯阳走遍了乌拉尔》(«Гулял по Уралу Чапаев-герой»)等。民众欢迎更多的反映革命斗争热情和英雄气概,反映劳动中创造丰功伟绩和表现其思想感情的音乐形式和音乐作品。

2. 爱国歌曲和战斗歌曲

三十年代涌现了许多歌唱新社会、反映爱国爱乡、表达赞美理想和赞美生活的歌曲。其中最有名的是《祖国进行曲》。

《祖国进行曲》(«Песня о Родине»),列别杰夫—库马奇作词,杜纳耶夫斯基作曲。这原是1936年放映的音乐故事片《大马戏团》的一首插曲。影片叙述一位西方国家的女演员,因生育了黑人孩子而不见容于社会,饱受歧视,最后来到了苏联社会主义国家才受到尊重,并可以施展演艺才华。歌曲负有宣扬影片的主题思想,用明朗的音乐形象来表达苏联人对社会主义祖国的自豪感:"我们没有见过别的国家,可以这样自由呼吸"。作曲家潜心于创作足有半年时间,曾36次改写其稿,终获成功。它果然成了影片的压轴好歌,放映后立即广泛流传,而且经久不衰,几乎成了苏联的"第二国歌"。

我们祖国多么辽阔广大,它有无数田野和森林,我们没有见过别的国家,可以这样自由呼吸。

打从莫斯科走到遥远的边地,打从南俄走到北冰洋,人们可以自由走来走去,就是自己祖国的主人,各处生活都很宽广自由,像那伏尔加直泻奔流,这儿青年都有远大前程,这儿老人到处受尊敬。

我们田野你再不能辨认,我们城市你再记不清,我们骄傲的称呼是"同志",它比一切尊称都光荣。有这称呼各处都是家庭,不分人种黑白棕黄红,这个称呼无论谁都熟悉,凭着它就彼此更亲密。

……

(姜椿芳译词,吕骥配歌)

原歌词有三段,这里仅摘引两段。这首歌后来在五十年代批评斯大林问题时,曾被作为"好大喜功"和"粉饰太平"之作而遭到质疑。虽然如此,它在反映社会主义社会光明的一面和获得翻身解放的人民的自豪感情,却也是不争的事实,也是一段音乐史上的记忆。

曲作者杜纳耶夫斯基后来成了苏联歌曲界的大师,他创作的重要时期是二十年代末三十年代初。他把三十年代人民对生活十分珍视的朴素而欢快的心情,用音乐表现出来,给人以真实感。抒情歌曲《快乐的人们》(«Марш весёлых ребят»,1934)是他的成名作,而爱国歌曲《祖国进行曲》(«Песня о Родине»)使他举世闻名,接着还有他的创作《三个坦克手》(«Три танкиста»)等。

另一位有名的作曲家是从1932年起领导皮亚特尼茨基俄罗斯人民合唱团的扎哈罗夫,他的许多歌曲是歌唱集体农庄生活的,如《沿着村庄》(«Вдоль деревни»)、《小路》(«Дорожка»)、《绿色的原野》(«Зелёное поле»)等。还有他的抒情曲《送别》(«Провожанье»)、《有谁知道他》(«И кто его знает»),柔美而幽默,至今经久不衰。

当代流行的歌曲还有穆拉杰利(В.И.Мурадели,1908—1970)的《莫斯科颂》(«Гимн Москве»)等。

此时还有一首流行久远的歌曲《卡秋莎》(«Катюша»),同样是表达爱家乡的一首柔美的抒情歌曲,系由伊萨科夫斯基(1900—1973)作词、布兰特(1903—1990)作曲,1938年开始传唱。它紧紧抓住群众的内心深处,极受人们的喜爱,以至卫国战争爆发后的1941年7月14日苏军首次投入使用的一种新型火箭炮,竟被战士们昵称之为"卡秋莎"。不但如此,战后在词作者伊萨科夫斯基的家乡乌格拉河畔建起一座以它命名的"卡秋莎纪念馆"。这座俄式传统的木屋建筑里,陈列的是《卡秋莎》各种文字的歌篇和各种语言的唱片,各种有关这首歌事迹的剪报和回忆文章,各种《卡秋莎》旋律的电铃。这样一种为一首歌曲建立的纪念馆,在世界上恐怕也是绝无仅有。

总之,三十年代就已著名的作曲家有亚历山德罗夫(А.В.Александров,1883—1946)、杜纳耶夫斯基(И.О.Дунаевский,1900—1955)、扎哈罗夫(В.Г.Захаров,1901—1956)等。其中,亚历山德罗夫还是一位著名的歌舞团团长。他1928年创立红军歌舞团,因其功劳卓著,后来该团以他的名字命名,改为苏军亚历山德罗夫红旗歌舞团。苏联解体后现称俄军红旗歌舞团。

四十年代最流行的是战争歌曲。最早流传的有波克拉斯兄弟(С.Я.Покрасс,

1897—1939；Д.Я.Покрасс,1899—1978；Д.Я.Покрасс,1905—1954)创作的《假如明天战争》(«Если завтра война», 1941)。接着又有一些成就突出的作曲家,如扎哈罗夫、诺维科夫(А.Г.Новиков, 1896—1970)、索洛维约夫—谢多伊(В.П.Соловьёв-Седой, 1901—1979)等,有些歌曲是在前线,在废墟和破坏的阴影下,凭着勇气和决心写成的,如布兰特(М.И.Блантер, 1903—1990)的抒情歌曲《在巴尔干的星星下》(«Под звёздами Балканскими»)、《走上那遥远的道路》(«В дальнюю дорогу»)、《我亲爱的》(«Моя любимая»)、《在靠近前线的森林里》(«В лесу прифронтовом»)》《候鸟飞去了》(«Летят перелётные птицы»),索罗维约夫—谢多伊的《海港之夜》(«Вечер на рейде»)、《拉吧,我的手风琴》(«Играй, мой баян»)、《夜莺》(«Соловьи»)以及赫连尼科夫(Т.Н.Хренников, 1913—2007)的《北方有座可爱的城》(«Любимый город на севере»)等,还有四十年代末阿鲁丘尼扬(А.Г.Арутюнян, 1920—2012)的《祖国大合唱》(«Кантата о Родине», 1948)、穆拉杰利(В.И.Мурадели, 1908—1970)的《莫斯科—北京》(«Москва-Пекин», 1950)、诺维科夫的《民主青年进行曲》(«Гимн демократической молодёжи», 1947)。

当年,第二次世界大战阴云密布的时候,人们早有预感,就用心唱出了《假如明天战争》一类的歌曲。他们怀着对敌仇恨、对家园眷恋之情传唱爱国歌曲,表达准备为国献身心声。当希特勒军队突然入侵苏联时,民众便爆发出抗战到底、矢志不移的决心。在诸多抗战歌曲中,有两首最为突出,即最早流行的《神圣的战争》和流行最久的《共青团员之歌》。

《神圣的战争》(«Священная война»)正是四十年代优秀群众歌曲的代表。当1941年6月22日德国侵略军突然袭击苏联的时候,《消息报》和《红星报》就同时发表列别杰夫—库马奇新作的鼓动诗《神圣的战争》,翌日,苏联红军歌舞团的领导人亚历山德罗夫便为之谱上了曲,由该团在莫斯科火车站演唱,为开赴前线的战士送行。歌中唱道:

起来，巨大的国家， 全国人民奋起战斗，
作决死斗争 回击那刽子手，
要消灭法西斯恶势力， 回击暴虐的掠夺者，
消灭万恶匪帮！ 和吃人的野兽！
让最高尚的愤怒， 让最高尚的愤怒，
像波浪翻滚， 像波浪翻滚，
进行人民的战争， 进行人民的战争，
神圣的战争。 神圣的战争。
　　　　　　　　　　　　……

（钱仁康译配，原曲歌词有七段，此处仅录两段）

大战伊始，国难当头。这首雄壮的歌曲立即抓住了千百万人的心灵，鼓动关心祖国命运的同胞奋起投入全民抗敌的斗争，其意义异常重大，后来也一直成为战士们的行军歌曲。它被视为战时歌曲中最为杰出的，是"伟大战争的象征"，当作用音符号召入伍参战的动员令和讨伐敌寇的檄文。它成了苏联卫国战争的音乐纪念碑。

《共青团员之歌》（«Комсомольская прощальная»）作于1943年，系加里奇词，索洛维约夫—谢多伊曲，原为话剧《路途的起点》插曲。演出后此歌被看作抗战青年响应号召奔赴前线的号角，受到普遍的传颂。歌词唱道：

听吧，战斗的号角发出警报！ 我们再见了亲爱的妈妈，
穿好军装拿起武器。 请你吻别你的儿子吧，
共青团们集合起来 再见吧，妈妈，别难过，莫悲伤
踏上征途万众一心保卫国家。 祝福我们一路平安吧！

我们自幼所心爱的一切 再见了，亲爱的故乡，
宁死也不能让给敌人。 胜利的星会照耀着我们！
共青团员们武装起来 再见吧，妈妈，别难过，莫悲伤，
踏上征途万众一心保卫国家。 祝福我们一路平安吧！

（赵枫译配）

从三十年代到五十年代初期的苏联群众歌曲是二十世纪各类独特音乐风格的总汇。它和日常生活密切相连。它来自日常生活,反过来又美化生活。这些年代的群众歌曲是反映一些重大事件的编年史,是鼓舞人心的号召,是人民群众抒发情怀的表现,因而已经成为苏俄人民独特的抒情史诗。

3. 抒情歌曲

五十年代以后,歌曲流行的重点由战斗歌曲逐渐转到轻缓的抒情歌曲,歌词的题材也更加多样化,像哈恰图良作的《友谊圆舞曲》(1951年)、布兰特作的《侯鸟飞去了》(1949年)、赫连尼科夫作的《忠实的朋友》(1954)。有的电影歌曲借由电影的放映更易迅速走红,而且能够流传国外,成为国际名曲,例如曾在中国也广泛流传的苏联影片《幸福的生活》的插曲《从前你这样》(伊萨科夫斯基词,杜纳耶夫斯基曲,1949年)、电影《心儿在歌唱》的同名主题歌(涅吉斯坦词,阿鲁久良、奥尔别良曲,1957年)。其中,最为突出而且享誉世界的是《莫斯科郊外的晚上》。

《莫斯科郊外的晚上》(«Подмосковные вечера»),马都索夫斯基词,索洛维约夫—谢多伊曲,系1956年上映的全苏运动会文献片《在运动大会的日子里》的插曲。经1957年7月在莫斯科举行的第六届世界青年联欢节上表演后,便在各国流行开来。歌词以抒情优美的曲调唱道:

深夜花园里,四处静悄悄, 树叶儿也不再沙沙响, 夜色多美好,令我心神往, 在这美丽的晚上。	小河静静流,微微泛波浪, 明月照水面闪银光, 依稀听得到,有人轻声唱, 多么幽静的晚上。
我的心上人坐在我身旁, 偷偷看着我不声响, 我想开口讲,不知怎么讲, 多少话儿留在心上。	长夜快过去,天色蒙蒙亮, 衷心祝福你,好姑娘, 但愿从今后,你我永不忘, 莫斯科郊外的晚上。

(薛范译配)

歌曲当然是咏赞莫斯科近郊夜晚的景色,咏唱美好的爱情,但是经过青年们的传唱,它的内涵已被大大地延伸了,融入了人们对祖国、对亲友、对恋人以及一切美好事物的爱。

  这首歌可以说是五十年代以后群众歌曲最优秀的代表。

  在五十年代以后创作的一些成功的歌曲,主要也是抒情歌曲。像索洛维约夫—谢多伊、诺维科夫、扎哈罗夫、杜纳耶夫斯基等人的优秀歌曲丰富了群众的音乐生活。和抒情主题并列的,还有回忆抗击法西斯战争时日的浪漫主题。另外,还出现了许多轻松乐观,在游行中广泛演唱的歌曲,以及一批有名的电影插曲,像莫尔恰诺夫作的《寻找》(电影《这里的黎明静悄悄……》插曲,1975年)等。《歌唱动荡的青春》(影片《在那一边》插曲,1958年)则使曲作者阿·巴赫慕托娃(1929—　)迅速成名,日后她成为继杜纳耶夫斯和索洛维约夫—谢多夫之后最杰出的作曲家。而到了八十年代,名诗人沃兹涅先斯基作词、帕乌尔斯作曲的《百万朵玫瑰》,由于当代女歌王阿拉·布加乔娃于1982年演唱而风靡全国。从此这首歌的曲作者和女歌手成为全国青年崇拜的全俄流行音乐大师。

  这里特别提出一首由维尔什宁作词、穆拉杰里作曲,我国著名诗人朱子奇、周巍峙译词的《莫斯科—北京》(1950年)。这是五十年代凡有两国人民友好交往的活动场合都会演唱的。

中苏(俄)的人民是永久的弟兄,
两大民族的友谊团结紧。
纯朴的人民并肩站起来,
纯朴的人民欢唱向前进,
友谊永存在我们心中,我们心中,我们心中!

莫斯科北京! 莫斯科北京!
人民在前进,前进,前进,
为光辉劳动,为持久和平,
在自由旗帜下前进!

(朱子奇　周巍峙译配)

  回顾俄罗斯与苏联歌曲的流传历史,一向致力于译介俄苏歌曲的翻译家薛范(他以此功绩而于1997年荣获俄罗斯联邦政府颁授的"友谊勋章")曾简要地概括俄苏歌曲的特点:

  1.它赞美创造性的劳动,把普通劳动者作为歌曲的主人公,讴歌他们的业绩、生活和爱情;2.它体现了对远大理想的追求,对崇高事业的奉献精神,对公民责任感的认定,对社会、国家、人类命运的关注;3.它以最真挚纯朴的诗意语言和音乐语汇来抒发对情爱和幸福的体验,对人性真善美的弘扬;4.它所有作品中都跃动着积极的人生态度,喷落出一般使人奋发向上的青春力量。1

4. 推广古典音乐艺术

除了抒情群众歌曲之外,苏俄在二十世纪音乐史上开展的另一项工作,就是推广古典音乐,使之让工农民众有缘接触。为此举办了无数次通俗讲座和古典音乐会,大量出版音乐小册子,进行音乐普及工作。

二十年代,在革命现实的教育和影响下,作曲家纷纷采用现代的题材进行创作。流行较广的有波克拉斯(Д.Я.Покрасс,1899—1978)的《布琼尼进行曲》(«Марш Будённого»,1920)、瓦西里耶夫—布格莱(Д.С.Васильев-Буглай,1888—1956)的《亲爱的妈妈给我送行》(«Проводы»)。老一代作曲家转向新题材的,如米亚斯科夫斯基的《第五交响曲》(1918),格利埃尔(Р.М.Глиар,1875—1956)的交响诗《扎波罗日人》(«Запорожцы»,1921),格拉祖诺夫的第六弦乐四重奏,伊波利托夫—伊凡诺夫(М.М.Ипполитов-Иванов,1859—1936)的管弦乐组曲等。还有一些合唱曲和用历史革命题材及国内战争题材写的具有现实主义倾向的歌剧。重要的交响乐则有肖斯塔科维奇的第一交响曲及表现农民领袖斯捷潘·拉辛形象的米亚斯科夫斯基的第八交响曲。

此外,哈恰图良(А.И.Хачатурян,1903—1978)把外高加索几个民族的民歌和民间舞曲的节奏和曲调巧妙地运用进来,写出美妙动人、热情洋溢的作品,成为交响乐曲的优秀代表作。如《第一交响曲》(1934)、《钢琴协奏曲》(1936)和《小提琴协奏曲》(1940)等。哈恰图良正是把欧洲与非欧洲音乐结合起来的典范。

米亚斯科夫斯基三十年代的作品有明显的现实主义倾向。交响乐风格明朗,一改旧时的阴郁色彩。1931年创作的《第十二交响曲》是其转折点。以后的《第十六交响曲》(1936)、《第十八交响曲》(1937)、《第二十一交响曲》(1940)都是很好的现实主义作品。

四十年代卫国战争中,政府以保持音乐文化机构和人才为已任,曾向后方疏散了部分资源。但是留下来的艺术家不顾个人安危,不怕饥饿和寒冷,继续在城里和前线演出。作曲家在赶写乐曲,仅仅在1942年2月1日这一个星期天,列宁格勒就

---

1 薛范编:《重访俄罗斯音乐故乡——俄罗斯名歌100首》,中国国际广播出版社,2001年,第1页。

有一万六千名音乐爱好者参加了十六个不同的音乐演奏会,这说明音乐对于为遭受灾难人民鼓劲是何等重要。

1942年8月9日在列宁格勒演出了肖斯塔科维奇的《列宁格勒交响曲》(«Ленинградская симфония»)。这对当时列宁格勒还在被围困之中的人们意义重大,起了振奋人心,鼓舞斗志的作用。这个交响曲后来曾在英、美等国演出,展示了苏联人民的爱国主义激情和勇气,对团结各国反法西斯力量有积极意义。总之,这时音乐的作用,在于安定民心、鼓舞士气和激发斗志。

在战争的环境中写交响乐、歌剧、大合唱或清唱剧是一项艰巨的任务。当时写成的歌剧就有普罗科菲耶夫的《战争与和平》(«Война и мир»)。

卫国战争时期,肖斯塔科维奇创作的《第八交响曲》(1943)、哈恰图良的庄严的第二交响曲《钟声交响曲》(«Симфония о колоколах»,1943)、波波夫的第二交响曲《祖国》(«Родина»,1943)、普罗科菲耶夫的《第五交响曲》(1944)都取得了很大成就。还有捷尔仁斯基(И.И.Дзержинский,1909—1978)的《静静的顿河》(«Тихий Дон»,1943)与卡西亚诺夫(А.А.Касьянов,1891—1982)的《斯捷潘·拉辛》两部歌剧均得到好评。

五十年代也出现了一些现实主义的歌剧:梅图斯(Ю.С.Мейтус,1903—1997)的歌剧《青年近卫军》(«Молодая гвардия»,1930)表现了与德国法西斯作殊死斗争的、英勇的人民的形象。沙波林(Ю.А.Шапорин,1887—1966)的《十二月党人》(«Декабристы»,1953)则展示了历史革命题材。

那些年优秀的歌唱家有男歌唱家沃尔武列夫(Н.Д.Волвулев,1917—1967)、女歌唱家加斯帕梁(Г.М.Гаспарян,1924—2007)、男低音歌手彼特罗夫(И.И.Петров,1920—2003)等。

5. 肖斯塔科维奇、普罗科菲耶夫、斯特拉文斯基

俄罗斯公认的二十世纪最杰出的作曲家是肖斯塔科维奇和普罗科菲耶夫,以及六十年代之后才给予足评的斯特拉文斯基。

肖斯塔科维奇

德米特里·德米特里耶维奇·肖斯塔科维奇(Дмитрий Дмитриевич Шостакович,1906—1975)是二十世纪苏联时期最著名的作曲家,长期担任苏联作曲家协会主

席,他的创作以交响乐为主,被誉为二十世纪音乐高峰之一。他1906年出生在一个知识分子的家庭。1923年毕业于列宁格勒音乐学院钢琴班,两年后又在作曲班毕业。不久他在华沙举行的第一次国际肖邦音乐节的钢琴比赛会上获荣誉奖。三十年代中期,其创作迅速拓展,有各种体裁的音乐作品。1937年的第五交响曲标志着作曲家的创作开始成熟。这是一部抒情的交响曲,表达了作者已克服悲剧性心理,开始乐观地对待生活,这部交响曲是当时苏联交响乐艺术的最高成就之一。

肖氏的创作多反映重大社会主题,以战争与和平、反法西斯斗争为主要题材。作品的特色是强烈的激情和细腻隐秘的抒情相结合,风格接近他的俄国前辈穆索尔斯基或国外的巴赫和贝多芬。他的创作体裁和题材多样,一生写过15部交响曲,还有歌剧如历史题材的《卡捷琳娜·伊兹麦洛娃》,清唱剧如社会主义建设题材的《森林之歌》,以及小提琴协作曲等,此外还为电影《马克辛三部曲》、《带枪的人》、《青年近卫军》等数十部影片或戏剧作过配乐。给他带来声誉的作品是第一、第五、第七、第十一交响曲。其中第七交响曲(列宁格勒交响曲)是在列宁格勒被德国侵略军围困期间写的,以悲壮著称,是卫国战争年代纪念碑式的作品。

歌剧《卡捷琳娜·伊兹麦洛娃》(«Катерина Исмайлова»)是肖斯塔科维奇根据俄国作家列斯科夫(Н.С.Лесков,1831—1895)的小说改编的,于1932年写成,随即在苏联及欧美的许多城市上演。仅在莫斯科市就演了94场,在列宁格勒上演了93场。但是,1936年1月,苏联《真理报》却发表专论:"混乱代替了音乐",开始对该剧进行公开批判,因此在首演后两年即被禁演。《卡捷琳娜·伊兹麦洛娃》是描写商人家的媳妇卡捷琳娜不堪忍受商人家阴森的环境,以她火热的天性不顾一切地去追求初次体验到的爱情,即使犯罪也在所不惜的故事。她为了维护人的尊严而最后献出了生命。这是一部捍卫个性、揭露愚昧无知的讽刺悲剧。后来,1958年苏共发表决议纠正了过去对肖斯塔科维奇等人的错误批判。此后,肖斯塔科维奇着手修改该剧。1963年1月,莫斯科音乐剧院重新上演该剧,多年来,它已成为俄国和西方各国经常演出的剧目。目前流行的是他1962年完成的该剧修改版。

肖斯塔科维奇长期担任列宁格勒音乐学院(1939年起)和莫斯科音乐学院(1943年起)两所大学的教授,直至去世。他为俄国(苏联)培养了大批优秀音乐人才。

普罗科菲耶夫

谢尔盖·谢尔盖耶维奇·普罗科菲耶夫(Сергей Сергеевич Прокофьев,1891—1953)是苏俄当代的另一位音乐大师,他一生作有一百三十多部作品,其中歌剧八部,大合唱七部,交响乐七首,奏鸣曲十四首,组成了一个瑰丽的音乐宝库。1932年至1953年是他创作的丰硕期。卫国战争前的舞台名作《罗密欧与朱丽叶》(«Ромео и Джульетта», 1936)、儿童管弦乐《彼得和狼》(«Петя и волк», 1936),以及根据作家卡塔耶夫(В.П.Катаев,1897—1986)的小说《我是劳动人民的儿子》写的歌剧《谢苗·科特科》(«Семён Котко», 1939)已成了传世名作。

卫国战争期间创作的大合唱《亚历山大·涅夫斯基》(Кантата «Александр Невский», 1946)歌颂的是俄国历史上的英雄,但体现的是当代爱国主义情操,把歌颂性的史诗风格发挥到了极致。

战后写的色彩斑斓的《宝石花》(«Сказка о каменном цветке», 1949)、史诗性的歌剧《战争与和平》(«Война и мир», 1952)以及《冬日的篝火》(«Зимний костёр», 1949)均系流传久远的名篇。

此外,普氏还在不同时期作过歌剧《竞技者》(1916)、《三个橙子的爱》(1919)、《修道院里的订婚》(1940),舞剧《灰姑娘》(1944),清唱剧《保卫和平》等。

普罗科菲耶夫的创作体裁多样,新颖独创,艺术水平高。在声乐作品中,他继承的是达尔戈梅斯基和穆索尔斯基的传统。其作品以饱含纯真的生活激情和乐观主义的精神而为听众所喜爱。他1933年起长期在莫斯科柴可夫斯基音乐学院担任教授。

斯特拉文斯基

伊戈尔·费多罗维奇·斯特拉文斯基(Игорь Федорович Стравинский,1882—1971)享有世界声誉。他出生于俄罗斯音乐之家,系俄罗斯男低音歌唱家费多尔·斯特拉文斯基(Фёдор Игнатьевич Стравинский,1843—1902)之子。其父在玛丽亚剧院任职,是现实主义表演艺术的代表人物。但他却走上了现代主义音乐之路。他从受印象派影响到新古典主义和十二音系,走过了复杂的演变道路。

斯特拉文斯基从小热爱音乐。启蒙老师为里姆斯基—柯萨科夫。他早期作品受里姆斯基、柴可夫斯基、穆索尔斯基的影响。从1901年起斯特拉文斯基侨居巴黎,写了芭蕾舞剧《火鸟》(«Жар-птица»),1911年又写了芭蕾舞剧《彼得鲁什卡》(«Петрушка»),两部优美而新颖的作品给他带来了世界荣誉。他从此走上了独创的道路,在西方被誉为现代音乐大师。斯特拉文斯基在1913年写成的《春之祭》(«Весна священная»),确定了他后来的道路。1939年起,他定居美国。除了歌剧、芭蕾舞剧和交响乐外,他对钢琴文献,也有重要贡献。

他的中期创作转向新古典主义,提倡抽象化的"绝对音乐",采用各种古老的形式和风格,以歌剧—清唱剧《俄狄甫斯王》(《Царь Эдип》,1927)和合唱—乐队曲《诗篇交响曲》为代表;后期作品杂用各种现代派手法,以《黑色协奏曲》(«Чёрный концерт»,1945)、《浪子的历程》为代表。

苏联时期对斯特拉文斯基的评价也有一个变化的过程,早期在二十年代给予赞赏,三四十年趋于严峻、质疑,五十年代已予以全盘否定,主要是不认可其现代派的音乐创作。至六十年代才开始重新评价,并于1962年邀他回国访问,促进了国内对现代音乐的研究。

6. 歌剧与芭蕾舞剧

苏联的钢琴演奏自成一个学派并闻名世界。学派的创始人是钢琴家兼艺术教育家康·尼·伊古姆诺夫(1873—1948)和根·古·涅依高乌兹(1888—1964)。后来的著名钢琴家列·尼·奥保林(1907—1974)是伊古姆诺夫的学生。当代著名钢琴家则有涅依高乌兹的学生斯·切·李赫特尔(1915—1997)和艾·格·吉列利斯(1916—1985)。

苏联的小提琴演奏也自成一个学派。达·费·奥依斯特拉赫(1908—1974)是苏联小提琴学派的主要代表,驰名世界的小提琴大师。他以演奏西欧乐曲、俄罗斯古典乐曲和苏联当代作品为主,风格严谨,表达深刻,曾在1937年"伊萨伊国际小提琴比赛会"上获得第一名。

俄国和苏联都有一批著名歌剧演员。费·伊·夏里亚宾(Ф.И.Шаляпин,1873—1938)是俄国著名男低音歌唱家、歌剧演员。他擅长演唱《伏尔加船夫曲》,扮演过苏萨宁、鲍里斯等形象。他于1922年出国,再未返回苏联。

夏里亚宾扮演过的歌剧中优秀的角色可以组成一系列人物画廊,这些形象让人久久不忘,而且已载入歌剧史册。如鲍里斯(穆索尔斯基的《鲍里斯·戈都诺夫》

中人物)、梅菲斯托(古诺《浮士德》和博多托的《梅菲斯托》中人物)、磨坊主(达尔戈梅斯基的《水仙女》中人物)、伊凡雷帝(里姆斯基—柯萨科夫的《普斯科文姑娘》中人物)、苏萨宁(格林卡的《伊凡·苏萨宁》中人物)、奥洛芬(谢罗夫的《犹滴》中人物)、唐·吉诃德(马斯涅的《唐·吉诃德》中人物)等。

夏里亚宾

二十世纪五十年代以前为苏联观众所熟悉的歌剧演员,有抒情男高音歌唱家谢·雅·列梅舍夫(1902—1977),女中音歌唱家纳·安·奥布霍娃(1886—1961)和抒情花腔女高音歌唱家瓦·弗·巴尔索娃(1892—1967)。当代最著名的女歌唱家是伊·康·阿尔希波娃(1925—2010)。

所唱的《伏尔加船夫曲》已成经典

俄国芭蕾舞在十九世纪末二十世纪初,经过戈尔斯基(А.А.Горский,1871—1924)、佳吉列夫(С.П.Дягилев,1872—1929)、福金(М.М.Фокин,1880—1942)等芭蕾舞大师的努力,已逐渐形成新的风格,自成一个学派。二十世纪早期俄国著名芭蕾舞演员安·帕·巴甫洛娃(А.П.Павлова,1881—1931),主演过《天鹅之死》、《埃及之夜》、《阿尔米达宫》等传统剧目,1913年离开俄国旅居欧美各地演出,使俄罗斯芭蕾舞在欧洲得到传播。

二十世纪中期以来驰名世界的俄国芭蕾舞演员有加·谢·乌兰诺娃(Г.С.Уланова,1910—1998),稍后是玛·米·普莉谢茨卡娅(М.М.Плисецкая,1925—2015)。年轻一代的著名芭蕾舞女演员有乌兰诺娃的学生叶·谢·马克西莫娃(И.С.Максимова,1939—2009)。

俄国的音乐组织机构也是比较齐全的。在苏联时期1948年成立作曲家协会,1979年有会员2100多名。协会经常在各地举行音乐节和音乐会演。1958年在莫斯科举行第一届国际柴可夫斯基音乐比赛,之后每四年举行一次。1969年起每四年在莫斯科举行一届芭蕾舞国际比赛。

乌兰诺娃

全苏1980年有44家歌剧舞剧院,44个交响乐团,20所音乐学院和18所芭蕾舞舞蹈学校。著名剧院有莫斯科大剧院、列宁格勒的基洛夫歌舞剧院、莫斯科的斯坦尼斯拉夫斯基和聂米罗维奇—丹钦科音乐剧院、基辅的谢甫琴科歌舞剧院等。最大的音乐学院是国立莫斯科柴可夫斯基音乐学院和国立列宁格勒里姆斯基—柯萨科夫音乐学院。

第二节 美术

十月革命后,美术进入了一个新的发展时期。

苏俄绘画艺术的发展始于国内战争时期的大型画和舞台布景艺术。当时这类艺术形式用来装饰节日的城市、宣传车和宣传船。于是宣传画便大行其道,同时还有讽刺画和诗画配。

这一时期的美术主要反映革命和内战的历史以及苏俄政权诞生后的新人新事。在革命年代,宣传画起了很大的政治鼓动作用,成为教育人民、动员群众、打击敌人的有力武器。

1. 宣传画与"罗斯塔之窗"

宣传画、讽刺画和诗配画在战争年代发挥了特殊的作用。国内战争时期最富革命激情的宣传画是莫尔的《你报名参加志愿军了吗?》和《救命》。画家切列姆内赫等人在国内战争期间创办了《罗斯塔之窗》,以诗配画揭露敌人。主要的画家有:

莫尔(Д.С.Моор,1883—1946),宣传画的创始人之一,在革命前以杂志讽刺画闻名。他创作了许多政治宣传画和漫画。《你报名参加志愿军了吗?》(«Ты записался добровольцем?», 1920)特别富有表现力,它号召人们履行对革命的义务,将对敌斗争进行到底。《救命!》(«Помоги!», 1921—1922)以非常简练的表现手法打动人心。莫尔宣传画的特点是政治思想性强,艺术形象突出、生动。

另一位宣传画家杰尼(В.Н.Дени,1893—1946),创作了许多政治宣传画,有:《如果不消灭资本家,就要被资本家消灭!》(«Или смерть капиталу, или смерть под пятой капитала!», 1919)、《在和平的假面具下》(«Под маской мира», 1920)等。创作由诗人马雅可夫斯基等配诗,从而成为非常犀利的揭露苏维埃政权的敌人伪善面目的武器。

1919年至1921年出现了"罗斯塔讽刺之窗"(«Окна сатиры Роста»)这种特殊的艺术宣传形式,或通称之为"罗斯塔之窗"。它是苏联国家通讯社罗斯塔(塔斯社的前身)印行的一种政治宣传画,系依照通讯社的电讯稿内容绘成画,配上通俗的诗文,张贴到通讯社的宣传橱窗里、街道的阅报栏上,或者商店的大玻璃橱窗里,具有快捷、准确和通俗易懂的效果,能起到迅速传递信息、及时向群众宣传的作用。所以这种宣传画具有鲜明的"电讯风格"。

"罗斯塔之窗"的主办人是切列姆内赫(М.М.Черемных, 1890—1962)、莫尔、马雅可夫斯基等人。马雅可夫斯基(В.В.Маяковский, 1893—1930)在三年内完成了近1100幅"罗斯塔之窗"的作品,占总量的一半以上,如《农民这样来迎接弗兰格尔》(«Крестьянин, так встречай Врангеля», 1921)等。他的画具体生动,有动势,明白易懂。马雅可夫斯基的创作一般是由他定主题,分任务,交各人去创作。他本人每天要写8—9首诗,配以画面,曾把自己创作的90首诗,提供别人参考作画。

2. 漫画、政治讽刺画与库克雷尼克塞

"罗斯塔之窗"的传统到了四十年代进一步发展,为"塔斯之窗"所继承。后者就是1941—1945年卫国战争时期苏联国家通讯社,简称"塔斯社"。主要创作人员即以前的切列姆内赫等人,并加入了一批新人。切列姆内赫及其战友重新拿起政治宣传画这一战斗武器,建立了《塔斯之窗》(«Окна ТАСС»),迅即创作了一批战斗性很强的宣传画,如切列姆内赫的《希特勒想要什么和他将得到什么》(«Чего Гитлер хочет и что он получит», 1941)以讽刺的手法嘲笑敌人狂妄冒险计划的破产。这期间共创作了1500多幅《塔斯之窗》。

此时在政治宣传画上"声震文坛"的是"库克雷尼克塞"等人。库克雷尼克塞是三个共同创作的画家所使用的一个笔名。他们是库普里亚诺夫(М.В.Куприянов, 1903—1991)、克雷洛夫(П.Н.Крылов, 1902—1990)、索科洛夫(Н.А.Соколов, 1903—2000)。卫国战争一开始,美术就成了动员群众的有力武器。在战争爆发的第二天,莫斯科和其他城市的街道上就贴出了库克雷尼克塞(Кукрыниксы)的宣传画《无情地打击和消灭敌人!》(«Беспощадно разгромим и уничтожим врага!»,

1941）。它揭露了法西斯的狰狞面目,并表现出人民决战的必胜的信心。

这个创作集体从学生时代就开始画讽刺画,善于抓住日常生活中足够讽刺的事物入画,在《共青团》、《接班人》、《探照灯》等报刊上发表,起到匡正时弊的效果。后来他们举办画展,被聘任为《真理报》记者,广泛介入时政,干预生活。为其发表作品的杂志——专登讽刺作品的画刊《鳄鱼》,从1934年起直到五六十年代经久不衰。库克雷尼克塞的作品,既有反映国内和国际应时题材、怪诞可笑的漫画,如《运输》组画(1933—1934)、《战争贩子》(1953—1957),又有政治思想题材的宣传画,如战争期间一系列讽刺揭露希特勒匪邦的画幅;此外还有为作家的名著作的插图,如为萨尔蒂科夫—谢德林、契诃夫、高尔基等人的作品画的插图。

四十年代表现卫国战争的其他著名宣传画家还有科科列金（А.А.Кокорекин, 1906—1959）。他画的《为了祖国！》（«За Родину!»1942）描写火线上英雄的形象,在宣传画中表现英雄的主题。伊凡诺夫（В.С. Иванов, 1909—1968）创作的《畅饮祖国第聂伯河水……！》（«Пьём воду родного Днепра...»1943）、《你给我们夺回了生命》（«Ты вернул нам жизнь!», 1943）等宣传画描绘年轻士兵的形象。科列茨基（В.Б. Корецкий, 1909—1998）作的《红军战士,救救我们！》（«Воин Красной Армии,

《无情地打击和消灭敌人》
库克雷尼克塞　1941年宣传画

红军战士,救救我们！　科列斯基　1942年宣传画

спаси!»,1942)动人心弦,震惊世界。茹科夫(Н.Н.Жуков,1908—1973)的宣传画《狠狠地打！》(«Бей насмерть!»,1942)则洋溢着爱国激情。还有托伊泽(И.И.Тойдзе,1902—1985)的《祖国——母亲在召唤》(«Родина—мать зовёт»,1941)、莫尔的《你用什么帮助了前线？》(«Ты чем помог фронту?»,1941)等。

有的宣传画狠狠地嘲弄了敌人,如画家叶菲莫夫(Б.Е.Ефимов,1900—2008)的《出发时——兴高采烈！总结时——痛哭流涕！》(«Выступали—веселились! Подсчитали—прослезились!»,1942)辛辣地嘲笑了希特勒臭名昭著的"闪电战"的破产。

卫国战争期间,总计发行了1000多种宣传画,印量达数百万份。其间多次举行全苏美术展览会,甚至在被围困的列宁格勒城还举办了美术展览会。

3. 风俗画、风景画和革命战争油画

战后描绘现实生活和自然风貌的风俗画与风景画日渐增多,取代宣传画成为主流。油画取得了不少成就。

风俗画方面,著名油画有尤·米·涅普林采夫的《战斗后的休息》、乌克兰女画家达·尼·雅勃伦斯卡娅的《粮食》、普拉斯托夫的《拖拉机手的晚餐》、列舍特尼柯夫的《又是一个两分》、列维金和图林合作画的《新出刊的车间墙报》等。

涅普林采夫(Ю.М.Непринцев,1909—1996)的《战斗后的休息》(«Отдых после боя»,1951)构图生动,富于生活气息,系对于战争年代的回忆:冬天的森林,积雪的林中空地,短暂的战斗休息,战士们正在听讲故事。画中情景生动而朴实。普拉斯托夫(А.А.Пластов,1893—1972)的《拖拉机手的晚餐》(«Ужин трактористов»,1951)描绘农村收获时热烈场景,反映集体农民的生活,表达一个劳动日后的愉快心情,富有诗意。雅勃隆斯卡娅(Т.Н.Яблонская,1917—2005)的《粮食》(«Хлеб»,1949)和《春》(«Весна»,1950)表现的是自觉的社会主义劳动态度和美好幸福的和平生活。还有拉克季昂诺夫(А.И.Лактионов,1910—1972)的《前方来信》(«Письмо от фронта»,1947)和崔科夫(С.А.Чуйков,1902—1980)的《吉尔吉斯集体农庄组画》,(«Киргизская колхозная сюита»,1939—1948)都很吸引人。

列舍特尼科夫(Ф.П.Решетников,1906—1988)的《又是一个两分!》(«Опять двойка»,1952)和《回家度假期》(«Прибыл на каникулы»,1948)两幅画,刻画人物心理特别有力。他的《保卫和平!》(«За мир!»,1950)描绘一群勇敢的法国儿童,帮助父兄争取和平的行为,给人的印象深刻。尤其是那幅《又是一个两分》,描绘一个小学生由于学习成绩不好受到家庭责备的故事。画家通过家庭成员不同的面部表情和真实的生活细节揭示人物的心理状态,表明人物的关系,很富于表现力。

苏联时期成长起来一批风景画家,谢·瓦·格拉西莫夫(С.В.Герасимов,1885—1964)的《冬》、《秋》、《冰流过去了》,罗曼金的《伏尔加——俄罗斯的河流》、《被淹没的森林》,萨里扬的《阿拉拉特盆地》等都是优秀的风景画。

同样,风景画家尼斯基(Г.Г.Нисский,1903—1987)的《白俄罗斯风景》(«Белорусский пейзаж»,1947)也是一幅优秀的风景画,作者把大自然同工业主题结合起来,画面上既生动地描绘了蒸蒸日上的生活,又显示出大自然的美丽景色。里亚乌佐夫(Б.Я.Ряузов,1919—1994)风景画的主题也是现代生活。他画的《叶尼塞河》(«Река Енисей»,1951)反映了边区的社会主义新生活。

此外,肖像画在画坛也占有一席之地,肖像画的范围扩大了,画家纷纷走向工厂、集体农庄和国营农场,把人物放在特定的环境中描绘。如涅斯捷罗夫的《沙德尔肖像》(«Портрет И.Д.Шадра»,1934)和《穆希娜肖像》(«Портрет В.И.Мухина»,1940)。工人画像中,戈列洛夫(Г.Н.Горелов,1880—1966)的作品《炼钢工人苏鲍京肖像》(«Портрет А.С.Суботина»)也很成功。在这幅画里,生产革新者的内心刻画得细腻,颇具工人的个性特点。

革命和战争题材的油画方面,二十至三十年代,军事题材画家格列科夫(М.Б.Греков,1882—1934)画的《加入布琼尼的队伍》(«В отряд к Будённому»,1923)、《机关枪马车》、《骑兵第一军军号手》是表现红军英雄主义的。格·格·里亚日斯基(1895—1952)以描绘妇女形象为专长。他画的《女代表》和《女主席》鲜明地表现了新式妇女的个性特质。鲍·弗·约甘松(Б.В.Иогансон,1893—1973)的油画《苏维埃法庭》画的是乡人民法庭审判的情景。油画《共产党员受审》(«Допрос коммунистов»,1933),表现了国内战争期间受审讯的男女共产党员的坚贞不屈。三十年代末期约甘松创作了优秀名画《在旧时的乌拉尔工厂里》(«На старом уральском заводе», 1937)表现了上世纪工人阶级同压迫者进行斗争的主题。三十年代绘画中出现了大量的革命领袖题材的作品，如布罗茨基(И.И.Бродский, 1883—1939)的油画《列宁在斯莫尔尼宫》(«В.И.Ленин в Смольном», 1930)、格拉西莫夫(А.М.Герасимов, 1881—1963)的油画《列宁在讲台上》(«В.И.Ленин на трибуне», 1929—1930)、弗·亚·谢罗夫(В.А.Серов, 1910—1968)《列宁宣布苏维埃政权成立》(«В.И.Ленин провозглашает Советскую власть», 1947)等。

4. 当代绘画和雕塑艺术

二十世纪，苏俄绘画在形式和艺术风格上有一定的发展和创新。当代大型绘画的领域则更宽广，绘画语言更丰富，发展了多种技术手段(镶嵌、壁画、玻璃画等)，出现了与建筑艺术相结合的综合形式。在这些方面取得探索成果的有捷涅克、科林、梅里尼科夫等人。此外，皮缅诺夫(Ю.И.Пименов, 1903—1977)在舞台布景方面为描写现代生活的许多戏剧做过布景设计。

五十年代以来，各民族美术流派在创作上实现了相互融合，共同发展。各种形式和各个门类的美术创作，从工艺美术到造型艺术的各种形式，组成和谐的整体，这是当代美术的一个显著特点。著名画家和艺术教育家杰伊涅卡(А.А.Дейнека, 1899—1969)创作了不少以人民的劳动、体育运动、幸福生活为题材的优秀作品，还有大量纪念装饰壁画和镶嵌画。《拖拉机手》(«Тракторист», 1956)是他最成功的油画之一。杰伊涅卡从事艺术教育三十余年，培养了大批有成就的画家。

皮缅诺夫则以日常生活为题材创作了一批优秀的画作，例如一组静物画《每天的什物》(«Вещи каждого дня», 1959)和《新住宅区》(«Новые кварталы», 1963—1967)等。

莫伊谢延科(Е.Е.Моисеенко, 1916—1988)风格独特，主要从事军事题材的创作。《第一骑兵队》(«Первая конная», 1957)显示出他的艺术才华。表现国内战争的《红军来了》(«Красные пришли», 1961)使莫伊谢延科一举成名。而他最成功的作品是七十年代画的《胜利》(«Победа», 1970—1972)和《五月九日》(«Девятое Мая», 1975)。这两幅画都是以战胜德国法西斯为题材的，给观众留下了难忘的印象。

波诺马廖夫(Н.А.Пономарёв, 1918—1997)的代表作有：《北越》(«Северный

Вьетнам», 1957)、在《印度各地》(«По Индии», 1961)《苏维埃俄罗斯人, 渔民》(«О людях Советской Росии. Рыбаки», 1964) 等。萨拉霍夫 (Т.Т.Салахов, 1928—)从事风俗画的创作，也画肖像和风景画。代表作有《修理工》(«Ремонтники», 1961)等。科尔热夫 (Г.М.Коржев, 1925—2012) 以《共产党人》(«Коммунисты», 1957—1960) 闻名。格拉祖诺夫 (И.С.Глазунов, 1936—)为十九世纪几十位作家的几十部文学名著作了数百幅插图。什马里诺夫 (Д.А.Шмаринов, 1907—1999) 为高尔基的《阿尔达莫诺夫家的事业》作插图 (1950—1951)，为托尔斯泰《战争与和平》作插图 (1953—1955)，作品自然、生动和真实。

当代雕塑艺术的发展是从实行列宁提出的"纪念碑宣传计划"开始的。1918年4月人民委员会公布了《关于拆除为歌颂沙皇及其仆从而建立的纪念碑和拟定俄罗斯社会主义革命纪念碑方案的法令》。1918—1921年仅在莫斯科和彼得格勒就建立了40多座纪念碑，在莫斯科建立了许多带有革命标语和浮雕像的纪念區。从那时起，建立纪念碑成为苏联美术家活动的主要内容，并作为传统被继承下来。

在二十年代纪念碑艺术中，革命领袖形象占有显著地位，著名雕塑家安德列耶夫 (Н.А.Андреев, 1873—1932) 的一组列宁像 («Лениниана», 1919—1932) 和他的纪念雕像《列宁—领袖》(«Ленин-вождь», 1932)，反映了列宁各个时期的革命活动。

《化剑为犁》 武切季奇 1958年

《工人与集体农庄女庄员》
穆希娜 1937年

穆希娜（В.И.Мухина，1889—1953）的群像雕塑《工人与集体农庄女庄员》（«Рабочий и колхозница»，1937）用不锈钢制成，曾用于装饰巴黎博览会中的苏联馆。雕塑气势雄伟，泛着银光，与整个陈列馆融为一体。这座别开生面的塑像象征着苏联是工农结成的联盟。

沙德尔（И.Д.Шадр，1887—1941）以革命历史为题材制成的园雕《鹅蛋石——无产阶级的武器》（«Булыжник-оружие пролетариата»，1927），以及雕刻《工人》、《播种者》也都表现了新时代无产者的形象。

著名的纪念碑还有：1939年在克里姆林宫会议厅塑的列宁塑像（«Статуя Ленина»），作者是麦尔库罗夫（С.Д.Меркуров，1881—1952）；1940年在乌里扬诺夫斯克建立的列宁纪念碑（«Памятник Ленину в Ульяновске»），作者是马尼泽尔（М.Г.Манизер，1891—1966）。

战后的雕塑艺术，同样着重歌颂英雄主义精神。武切季奇（Е.В.Вучетич）是这方面的艺术大师。他在纪念碑雕刻方面，才华卓越。1946年至1949年他和建筑家别洛波利斯基（Я.Б.Белопольский，1916—1993）等人合作的《苏军战士纪念碑》（«Памятник воинам Советской Армии»）竖立在柏林的特列普托夫公园。在这个作品总体中，雕刻、建筑、公园绿荫构成一个使烈士永垂千古的光辉形象。托姆斯基（Н.В.Томский，1900—1984）创作了一系列卫国战争英雄的形象，如《切尔尼亚霍夫斯基像》（«Портрет И.Д.Черняховского»，1947），反映爱国志士的典型特征。五十年代初，他的《果戈里像》（«Портрет Н.В.Гоголя»，1951）闻名于世。还有马尼泽尔为游击队英雄女少年作的雕塑作品《卓娅·柯斯莫捷米扬斯卡娅》（«Зоя Космодемьянская»，1942）、基巴利尼科夫（А.П.Кибальников，1912—1987）的雕塑作品《车尔尼雪夫斯基》（«Н.Г.Чернышевский»，1948）均获得赞誉。

此外，为俄国和苏联著名科学家、艺术家、社会活动家和革命英雄竖立纪念像也是雕刻家艺术活动的重要内容。彼得堡的普希金纪念像、莫斯科的马雅可夫斯基纪念像和征服宇宙纪念像、卡卢加的齐奥尔科夫斯基纪念像等都是战后三十年的著名作品。

《斯大林格勒战役纪念碑综合体》 武切季奇 1969年水泥大型雕塑

5. 大型艺术

三十年代的大型艺术,出现了综合艺术形式,如莫斯科地铁、巴黎国际博览会苏联陈列馆等装饰艺术。群雕作品常常是综合艺术的重要组成部分。突出的例子如竖立在国际博览会苏联陈列馆顶端的群雕《工人和集体农庄女庄员》。

战后以来,苏联雕塑家在政府倡导下,建造了一批以卫国战争期间重大事件为题材的大型作品。如1960年由雕塑家伊萨耶娃和塔乌立特在列宁格勒彼斯卡廖夫公墓建造的纪念碑群像,1963—1967年由叶·维·武切季奇(1908—1974)领导在伏尔加格勒建造的斯大林格勒大会战英雄纪念碑,1971年由吉巴尔尼科夫等三名雕刻家设计建立的布列斯特要塞保卫者纪念碑等。

这阶段的苏联优秀雕塑作品具有以下一些特点:

1. 突出人道主义的主题,对雕塑材料特点有强烈兴趣,时常采用浪漫主义象征手法,具有严谨的外形结构,例如,武切季奇的著名作品《化剑为犁》(«Перекуём

мечи на орала», 1957)等。

2. 许多雕刻与建筑相结合的大型纪念性建筑物,结构复杂,向高空发展,是建筑、雕刻和园林三结合的综合体。例如,1956年至1960年由雕刻家伊萨耶娃(B.B. Исаева)和塔乌里特(P.K.Таурит)等塑造的《在列宁格勒皮斯卡廖夫公墓的纪念碑群像》(«Мемориал на Пискарёвском кладбище в Ленинграде»)、1963年至1967年由武切季奇等塑造的《在伏尔加格勒的斯大林格勒大会战英雄纪念碑》(«Мемориал на Мамаевом кургане в Волгограде»)、1965年至1971年由基巴利尼科夫等雕刻家塑造的《布列斯特英雄要塞保卫者纪念碑》(«Брестская крепость-герой»)……均系这类艺术的重要成果。

3. 反映科技新时代,如宇宙航行的题材。1964年由法依德士—克拉耶夫斯基设计,建于莫斯科和平大街的《苏联人民征服宇宙空间胜利纪念碑》,高达100米,由钛合金和花岗石组成。高大雄伟,层次分明。

1980年建于莫斯科加加林大广场上的《加加林纪念碑》(«Памятник Ю.

莫斯科大型雕塑《苏联人民征服宇宙空间胜利纪念碑》　法依德士—克拉基耶夫斯基　1964年

Гагарину》，1980），系帕·伊·邦达连科（П.И.Бондаренко，1917—1992）设计的。第一位宇航员尤里·加加林的塑像，站在闪闪发光的钛柱上，正欲腾空飞去，确是人类翱翔太空理想的象征和体现。

圣彼得堡　俄罗斯艺术馆及普希金纪念碑　1957年

苏联自1957年成立美术家协会，全国有多所美术学院。最大的创作和科研中心是1947年成立的俄国美术科学院。全国各地有许多陈列美术作品的博物馆。其中莫斯科特列季亚科夫画廊和彼得堡的俄罗斯博物馆以收藏俄罗斯艺术作品为主，彼得堡的埃尔米塔日博物馆（冬宫）和莫斯科的普希金造型艺术博物馆则收藏东西方的艺术名作。

莫斯科市中心俄联邦政府大楼

第三节　戏剧和电影

戏剧和电影是群众宣传的有力工具，极受苏俄政府的重视，因而得以快速的发展，成效尤为显著。戏剧和电影艺术为人民服务，二者在人民生活中均有重要作用。

1."体验派"和"表现派"表演体系

十月革命后，舞台上已经出现反映革命英雄的戏剧，人民成了主人公。三十年代成绩日益明显，由名演员史楚金、施特拉乌赫创造的列宁形象一时备受称道。

此时已形成了戏剧艺术的苏联学派,其主导者是斯坦尼斯拉夫斯基体系,即戏剧表演中的"体验派"。斯坦尼斯拉夫斯基(К.С.Станиславский, 1863—1938)不仅是演员和导演,而且是戏剧理论家和教育家。他从十九世纪八十年代开始艺术生涯,一生演过100多个剧目,导演过数十出话剧,如《海鸥》、《在底层》、《炽热的心》、《铁甲列车14—69》等。二十世纪二十年代以后着力于戏剧教学和戏剧理论研究,提出戏剧艺术要反映"人的精神生活",以《演员的自我修养》(1928)一书在理论上制定了从体验到体现的演员创造角色之方法。该书已成为体验派培养和训练演员的必修教科书。

他的合作者聂米罗维奇—丹钦科(В.И.Немирович-Данченко,1858—1943)也是导演和戏剧理论家,在苏联时代导演了古典名剧和现代剧目:《大雷雨》、《聪明误》和《柳波芙·雅罗瓦娅》。他们二人早年就合作创办了传世的莫斯科艺术剧院。聂氏导演艺术的基本特征是:深刻揭示剧本的思想内容和艺术手法,舞台解释纯朴、鲜明,舞台形象丰富并能体现现实主义。聂氏继续发扬斯氏体系,而体验派体系在当代则有莫斯科艺术剧院总导演叶夫列莫夫为代表。

与"体验派"相对立的是梅耶霍德(В.Э.Мейерхольд, 1874—1940)的"表现派"戏剧艺术理论。二十年代末他提出有机造型术,认为艺术同生活有别,它应广泛采用戏剧假定性和电影化手法。这就与斯坦尼斯拉夫斯基体系相对立。不过梅氏的艺术体系长时期内就被苏联作为形式主义而遭到取缔,未能得到发展。直至五十年代中期才被恢复名誉。六十年代以后其体系才得以张扬,如今已盛传不衰。该体系已由莫斯科塔干卡剧院总导演柳比莫夫传承。他的导演风格有"诗意"之称,曾先后导演过《风景》、《叛乱》、《这里的黎明静悄悄……》等名剧。他用象征、隐喻多种手法而达到诗意的境界,已自成一格。

此外,斯坦尼斯拉夫斯基的门生瓦赫坦戈夫(Е.П.Вахтангов, 1883—1922)又在十月革命后独树一帜,提倡"虚幻"的现实主义,追求使舞台艺术具有鲜明的"剧场性",力图把斯氏和梅氏两个体系结合起来。这个学派已在莫斯科的瓦赫坦戈夫剧院占领阵地继续发扬,其代表是剧院总导演叶·西蒙诺夫(Е.Симонов)。他们继承瓦氏的主张,让表演艺术家与大众共同创造,凭借外部技巧来表达角色的思想感情。

2. 战时与和平时期的戏剧

十月革命后初期上演的剧目多为内战和敌对双方斗争的故事情节,至二十年代中期,此类戏剧趋于成熟而为群众所接受。这以革命为中心题材的剧作——特列尼约夫(К.А.Тренёв,1876—1945)的《柳鲍芙·雅罗瓦娅》和伊凡诺夫(Иванов,1895—1963)的《铁甲列车14—69》为标志。

《柳波芙·雅罗瓦娅》描写了一个乡村女教师在两个阶级的残酷搏斗中献身无产阶级革命事业的英雄事迹。这个戏于1926年12月22日在小剧院举行首场演出,被誉为"左派戏剧的真正胜利。"

在纪念十月革命十周年时,莫斯科艺术剧院上演的《铁甲列车14—69》,歌颂人民奋不顾身地抵抗外国干涉者和白卫军,捍卫祖国的爱国精神。演出获得很大成功。此后,在苏联时代它成为莫斯科和各共和国首都、各地方剧院经久不衰的剧目,甚至在东欧一些国家的剧院都上演过。

1929年在第一骑兵军建军十周年时,维什涅夫斯基的《第一骑兵军》(«Первая Конная»,1929)曾在莫斯科红军中央剧院首演。演出得到高尔基的赞扬。剧本通过描写国内战争,展现了人民斗争的雄伟壮丽的景象,表现了第一骑兵军的革命精神。

在以国内战争为题材的剧目中比较突出的还有斯拉文(Л.И.Славин,1896—1984)的《侵略》(«Интервенция»,1932),柯涅楚克的《舰队的覆灭》(«Гибель эскадры»,1933)和维什涅夫斯基的《乐观的悲剧》(1933)。

拉夫列尼约夫的《决裂》以"阿芙乐尔"号巡洋舰在十月革命前夕的起义为背景,描写了以舰长别尔谢涅夫及其女儿为代表的俄国知识分子的命运和他们在革命思想影响下与旧制度决裂时的复杂的内心活动。别尔谢涅夫舰长在经历了种种痛苦的思想斗争之后,站到了水兵一边。他的女儿塔季亚娜因与参加反革命阴谋活动的丈夫意见分歧而苦恼,后来又亲手将丈夫交出处死。《决裂》同《柳波芙·雅罗瓦娅》、《铁甲列车14—69》一样,历久不衰,成了苏联戏剧中的经典剧目。

十月革命后,戏剧的种类日益丰富,除大量的正剧,喜剧也很叫座。马雅可夫斯基的《宗教滑稽剧》、讽刺喜剧《臭虫》和《澡堂》(1930),作为苏联讽刺戏剧的典范,深为观众所赞赏。《臭虫》一剧从生活、政治、道德等方面对小市民进行了体无完肤的揭露。《澡堂》则对社会主义建设初期的时代画面做了综合的描述,它着力批判了腐败的官僚主义。

这个时期的戏剧还成功地再现了列宁作为革命领袖的形象。波戈廷的《带枪的人》、《克里姆林宫的钟声》(1941)和而后写成的《悲壮的颂歌》(1958),成为有名的列宁形象三部曲。柯涅楚克的《真理》(1937)也是这方面有代表性的佳作。

高尔基的戏剧为苏联社会主义现实主义戏剧奠定了基础。他的《敌人》、《避暑客》及反映十月革命前夜资产阶级面临崩溃命运的《耶戈尔·布雷乔夫等人》等剧被许多剧院搬上舞台,很受人们的喜爱。

卫国战争期间的四十年代,著名的剧目为《我城一少年》、《前线》和《侵略》。西蒙诺夫(К.М.Симонов,1915—1979)的《我城一少年》(1941),以爱国为题材,描写主人公谢尔盖对祖国的无限忠诚和大无畏精神。西蒙诺夫的另一剧作《俄罗斯人》(«Русские люди»,1942)歌颂了经受战争考验的人民的坚毅精神。

西蒙诺夫

柯涅楚克的《乌克兰草原上的游击队员们》(1941)、《前线》(1942),反映了普通战士在反法西斯战争中的英勇事迹。《前线》还尖锐地批判了军事指挥员的保守和宣传报导中的浮夸作风。剧中人物郭尔洛夫和克里空后来分别成了生活中墨守成规、官僚主义和好说空话的专用语。

列昂诺夫的《侵略》(«Нашествие»,1942)描写主人公费多尔的巨大转变。一开始,他考虑个人得失、意志消沉。可是当他耳闻目睹了德国法西斯匪徒的残暴行径以后,终于坚强起来,投入同侵略者的斗争。

战后戏剧的一大特点是题材多样化。以卫国战争为题材的剧作仍占主导地位,如由同名小说改编的法捷耶夫的《青年近卫军》(1947)、拉夫列尼约夫的《为祝福海上的人们》(1945)、卡塔耶夫的《团的儿子》(1945)等。这些剧目表现了人民的英雄气概和对祖国的热爱,给后代留下了榜样。

战后建设和日常生活题材也走入剧坛。有名的如在1954年上演的罗佐夫的(В.С.Розов,1913—2004)剧作《祝你成功》(1954),反映新一代人性格的成长。出身教授家庭的中学毕业生安德烈,高考落第,放弃了走后门上大学的机会,跟着表哥一起去西伯利亚参加建设。《祝你成功》深刻揭示了两种人生观的矛盾,大胆触及了社会的消极面。剧本上演后受到称赞,被认为是苏联戏剧生活中的一件大事。

同年上演的还有阿尔布佐夫描写青年道德问题的《漂泊的年代》(1954)以及克拉皮瓦的《云雀在歌唱》(1950)。

3. 现代戏剧与万比洛夫

五十年代以降,苏联戏剧中道德题材占很大比重,工农业题材和战争题材次之。五十年代末六十年代初,在演出的剧目中引人注意的有:阿尔布佐夫(А.Арбузов,1908—1986)的《伊尔茨克的故事》(1959),施泰因(А.П.Штейн,1906—1993)的《海洋》(1961),阿廖申(С.И.Алёшин,1913—2008)的《把一切留给人们》(1959),西蒙诺夫的《第四者》(1961),索弗罗诺夫的《厨娘》(1959),库普里亚诺夫(И.П.Куприянов,1915—1974)的《时代之子》(1959)等。这些剧作的共同特点是内容比较严肃。剧作家们深刻地反映了当代人探索人生、追求事业、为得到信任、友谊、爱情而做出的努力。这些作品大都不回避现实生活中的矛盾和消极面。此外,还有一些历史剧和现代题材剧。

七十年代戏剧的一个特点是不再专注重大题材,而是广泛地反映现实生活。罗辛(М.М.Рощин,1933—2010)的《瓦连京和瓦连京娜》(«Валентин и Валентина»,1971)是苏联七十年代初最轰动的剧作之一,写的是两个刚十八岁的中学生瓦连京和瓦连京娜相爱的故事。女孩的母亲嫌男孩家贫穷而从中阻挠。瓦连京娜的姐姐也劝妹妹不要相信天下有什么真正的爱情。然而坚贞的爱情使这对情人终于冲破障碍,幸福地结合。该戏演出后,引起很大的反响。

还有万比洛夫(А.В.Вампилов,1937—1972)的《打野鸭》(1970)对社会的阴暗面作了揭露,塑造了戏剧中的新性格。主人公齐洛夫内心空虚,兴趣狭窄,不论是公职,还是私人生活,都不能使他激动或产生兴趣,唯一的嗜好是去打野鸭。这是一个当代的"多余的人"。剧作家通过这个现代社会的畸形儿,表现出个人与社会的悲剧。该剧经过导演叶弗列莫夫的细心雕琢,人物的蜕变过程逐步展现出来,以巨大的艺术魅力吸引观众。罗佐夫的《四滴水》(1974)和米哈尔科夫(С.В.Михалков,1913—2009)的《泡沫》(«Пена»,1975),都真实地反映当代生活,揭露社会的阴暗面,是道德题材代表性的剧作。

工农业生产和经济改革为题材的创作,如德沃列茨基(И.М.Дворецкий,1919—1987)的《外来人》(1972)、鲍卡列夫的《炼钢工人》(1972)、格列勃涅夫(А.Б.Гребнев,1923—2002)的《一个能干的女人》(1973)、格利曼的《一次会议的记录》、切尔内赫(В.К.Черных)的《来去之日》(1976)和《适得其所的人》(1974)等。如此多的工程技术人员、干部、党的工作者、企业领导人的新形象,反映现实生活中的矛盾和问题如此敏锐,在苏联戏剧史上亦属少见。其中《外来人》在全国许多城市公演,受到热烈的欢迎。剧中主人公切什科被评为现代企业新型管理者的典范。

当年在苏联,话剧是戏剧领域内观众最多,地位最重要的一个剧种。据1981年统计,全苏共有347个话剧院。舞台上演出的剧目,分现代剧和历史剧两大类,其中多数是现代剧。现代话剧保留传统手法的同时,在演出方法上有所创新。布景从简求实,一般都采用实物布景。演员不化妆,主要靠表演功夫,采用自由的表演方式。舞台设备现代化,布景转换、后台配乐和音响等都采用电器设备。这与过去传统的表演手法相比,无论演出效果,还是话剧艺术的发展,都有大进步。

万比洛夫

万比洛夫系现代剧坛后起之秀,是七十年代戏剧界极重要的道德心理剧作家。他生长于西伯利亚的伊尔库茨克,1955年就读于伊尔库茨克大学,毕业后一直担任当地报纸的记者和编辑。1972年不幸溺于贝加尔湖。万比洛夫短暂一生的主要剧作有四个多幕剧和三个独幕剧,依次为:

独幕剧《窗子朝着田野的房子》(1964)该剧写一个城市青年大学毕业后在农村当了三年小学教师,和当地奶牛场的年轻女场长互相产生了感情,决定不回城而留下了。该剧短小朴实,充溢乡土气息和纯朴的感情。人的美和大自然的美交融在一起。

多幕喜剧《六月的离别》(1965)该剧写大学生柯列索夫接受校长的条件,断绝了与校长的女儿塔尼亚的来往,使得校长给予了他文凭并接收为研究生。事后他悔过,要与塔尼亚重归于好,但塔尼亚对她说:"我不信任你,也许你以后为了自己的前途还会拿我去做交易。"该剧揭露了权力和社会腐败之风,围绕一个爱情故事提出了深刻的社会道德问题。

多幕抒情喜剧《长子》(1967)该剧写两个青年为了夜宿于老人萨拉法诺夫家，其中之一布西金编造故事，说他是老人尚不认识的儿子。结果弄假成真，布西金为老人的真诚所感动。其时，老人的亲生儿女却要离他而去，两件事形成对照。该剧情节离奇又轻松。有评论说"剧本的激情在于证明人的真正关系，不在于表面上的血缘关系。"

三幕剧《打野鸭》(1967)也是万比洛夫的代表作。

此外两个独幕悲喜剧《密特朗巴什事件》(1971)和《和天使在一起的二十分钟》(1970)合在一起称《外省轶事》。剧中运用强烈的幽默讽刺的喜剧手法揭露人的悲剧。前者揭露某些不学无术、趋炎附势、媚上欺下以保住地位的人；后者批判人云亦云的恶习，它甚至使人丧失起码的人性。作者呼吁人应有善心。

最后一部多幕杰作《去年夏天在丘里姆斯克》是作家另一部代表作，也可以说是他戏剧创作的总结。剧本触及社会弊端，提出追求道德理想：在西伯利亚林区一个小镇的饭馆里，一位七十多岁的老人叶列密耶夫，曾为地质队当了四十年向导，从大森林出来到丘里姆斯克镇，为补办一个退休时未办的劳动手册，以领取养老金。可是当今政府"只认纸，不认人"，他只得空手回到老林里去。饭馆年轻纯洁的女服务员瓦莲京娜是作者理想道德的体现者，在剧中她自始至终在耐心修整人们因抄近路而踏坏的花园栅栏，寓意了修补人们道德上的缺陷是对真善美的追求。她把纯真的爱情给予了沙曼诺夫，却蒙受极大的屈辱，美的理想破灭，但她信念依然坚定。而青年审判员沙曼诺夫受理了一件大人物之子开车伤人案。他主持正义却被贬职，案子被很快从他手中夺走了。起初，他还想顶住，人们说他是发疯。他屈服而离开城市和妻子，来到丘里姆斯克，精神颓丧，瓦莲京娜纯真的爱使他感动，使他认识到妥协是不行的。他振奋起来，重又回到法庭去伸张正义。此剧人物和剧情朴素真实，就如生活中之所见。语言含蓄深沉，内心刻画细致，没有高谈阔论，无外貌衬托，却使人物栩栩如生。鲜明的对比手法表达了作者的态度和倾向。喜剧形式或反常规的手法表现出悲剧的结果，喜中有悲，悲中有喜，既揭示悲剧的原因，又展示了希望。万比洛夫的戏剧独具一格，它既有传统的继承又有创新的风格。

4. 电影为人民大众服务

俄国电影起始于十九世纪末，十月革命后苏俄政府立即转变其功能，使之不限于供人娱乐,而是提升为教育、团结人民和为人民服务的工具。1919年实行电影事业国有化。列宁非常重视电影的作用,认为电影艺术可能成为一种最有效的宣传教育和普及知识的手段,应当大力发展,使好电影深入城乡的群众之中。他说过:"在所有的艺术中,电影对于我们是最重要的。"

简略回顾苏俄电影的历史进程,可以发现它始终跟随社会发展的步伐前进,根据时代的需要而促进自身的发达,可以说其进程是伴随时代的脉搏,与时俱进。

从苏联初期即已成名的导演就有一批,突出者如:爱森斯坦(С.М.Эйзенштейн,1898—1948)、普多夫金(В.И.Пудовкин, 1893—1953)和杜甫仁科(А.П.Довженко,1894—1956)等。爱森斯坦1925年导演了无声影片《战舰波将金》,以英雄主义的激情歌颂了1905年革命。影片采用的蒙太奇剪辑手法是电影史上的首创,使该片成为当时世界公认的杰作,在1927年巴黎国际电影节上获得大奖。二十年代后半期普多夫金根据高尔基同名小说导演了《母亲》,杜甫仁科导演了《土地》。

三十年代出现了第一批有声电影,代表作有艾尔姆列尔(Ф.М.Эрмлер,1898—1967)和尤特凯维奇(С.И.Юткевич, 1904—1985),合作导演的《迎展计划》以及首次搬上银幕的古典戏剧《大雷雨》。

1934年瓦西里耶夫兄弟(Г.Н.Васильев, 1899—1946, С.Д.Васильев, 1900—1950)导演了根据富尔曼诺夫小说改编的影片《夏伯阳》。传奇英雄夏伯阳的形象真实而质朴,影片被公认为社会主义现实主义的优秀作品。继《夏伯阳》之后,有一系列革命历史影片,如科津采夫(Г.М.Козинцев, 1905—1973)和特拉乌别尔格(Л.З.Трауберг, 1902—1990)合作导演表演工人布尔什维克形象的马克辛三部曲,还有《波罗的海代表》、《肖尔斯》、《我们来自喀琅施塔得》、《雅可夫·斯维尔德洛夫》等作品。

1937—1939年,列宁形象连续出现在银幕上,这样的影片有罗姆(М.И.Ромм,1901—1971)导演的《列宁在十月》、《列宁在1918》和尤特凯维奇导演的《带枪的人》。扮演列宁的主要演员有史楚金(Б.В.Щукин, 1894—1939)和施特拉乌赫(М.М.Штраух, 1900—1974)。

四十年代有名的历史片电影是《彼得大帝》。卫国战争时则以《区委书记》、《虹》、《卓娅》、《她在保卫祖国》最为著名。战后初年的影片大多歌颂战时的人民英雄,回顾重大的历史事件,警告新的战争贩子,表达胜利的喜悦和对未来生活的向往。这类影片有《青年近卫军》、《易北河会师》、《乡村女教师》、《西伯利亚交响曲》等。

五十年代中期以降,苏联拍摄了不少卫国战争题材的影片。这些影片的思想艺术倾向几经变化:着重表现下级官兵的战壕生活和战争中人的悲剧命运,表现前后方普通人的道德和心理,如丘赫莱(Г.Н.Чухрай,1921—2001)导演的《士兵之歌》、邦达尔丘克(С.Ф.Бондарчук,1920—1994)根据肖洛霍夫同名小说自导自演的《一个人的遭遇》、卡拉托佐夫(М.К.Калатозов,1903—1973)导演的《雁南飞》等。

六十年代以后,苏联影片逐渐转向表现官兵的英雄行为,并把激烈的战斗和前线平凡的日常生活结合起来揭示主题,著名的有《这里的黎明静悄悄》和《热的雪》等。

七十年代,奥泽罗夫导演的五集史诗片《解放》,从苏、德两军统帅部写到普通战士,从苏军开始反攻写到德军全军覆没,从全景角度表现战争,是一部反映第二次世界大战的文献性故事片。

表现当代生活的苏联影片题材广泛,形式多样:道德题材的著名影片有《湖畔》、《热爱的人》、《红莓》、《莫斯科不相信眼泪》等;生产题材的著名影片有《最热的一个月》、《奖金》等。

几代电影工作者都注意将国内外古今文学名著搬上银幕。多年来搬上银幕的文学名著优秀影片已有科津采夫导演的《哈姆雷特》、尤特凯维奇导演的《奥赛罗》、罗沙里(Г.Л.Рошаль,1899—1983)导演的《苦难的历程》、邦达尔丘克导演的《战争与和平》、格拉西莫夫(С.А.Герасимов,1906—1985)导演的《静静的顿河》、扎尔希(А.Г.Зархи,1908—1997)导演的《安娜·卡列尼娜》、佩里耶夫(И.А.Пырьев,1901—1968)导演的《白痴》和《卡拉马佐夫兄弟》,以及库利让诺夫导演的《罪与罚》等。

苏俄电影从《战舰波将金》开始登上国际影坛。二十世纪三十年代以后经常参加戛纳、卡罗维发利、威尼斯等国际电影节,经常有影片获奖。从五十年代末开始隔年举行一次的莫斯科电影节,放映来自世界各国的几百部影片。俄国电影已是国际电影业的一支劲旅。

苏联时代最著名的导演和演员邦达尔丘克毕业于电影学院。他饰演的第一个银幕上的形象是影片《青年近卫军》中的地下工作者瓦尔科,他曾主演《塔拉斯·谢甫琴科》、《跳来跳去的女人》、《没有说完的故事》等影片。《一个人的遭遇》是他导演的第一部影片并扮演了影片的主人公。此外,他还拍摄了《战争与和平》、《他们为祖国而战》等影片,并根据美国作家里德的作品《起义的墨西哥》和《震撼世界的十天》改编了影片《红钟》。

5. 电影反映多彩的俄苏社会

苏俄电影以现实主义著称,其特征是描绘丰富多彩的社会生活。

特征之一是塑造正面的人物形象,此类电视历久不衰,从革命初期的《钢铁是怎样炼成的》、卫国战争年代的《青年近卫军》,到《这里的黎明静悄悄……》,既有单个的坚强战士,又有集体的英雄群像,还有光荣的"工人世家"。

《这里的黎明静悄悄……》(1972)是导演罗斯托茨基(С.И.Ростоцкий,1922—2001)根据作家瓦西里耶夫1969年写的同名小说改编的。影片通过一场具体的小型战斗烘托出整个卫国战争,表现了普通战士的日常生活和战斗场面。它用回忆对比的手法表现了战时与平时两种生活,描写了准尉华斯科夫指挥五个女兵在沃比湖上战斗,击退德寇空降兵,最后全部牺牲的经过。索妮娅·古尔维奇是富有同情心的大学生;嘉丽娅·契特维尔达克成长在孤儿院,瘦弱而富于幻想;丽达·奥夏宁娜经过战火的考验,在战斗中能够镇定自若,重伤后为了不拖累准尉而毅然自杀;丽莎·勃利奇金娜被准尉派去向部队报信而牺牲在沼泽地;冉妮娅·康梅丽科娃的形象更是感人,她在五个女兵中是最漂亮最富魅力的,为了迷惑敌人,她冒着生命危险在敌人的眼皮底下跳到冰冷的河水中去洗澡,假装与准尉调情,最后,为了掩护战友又把敌人引向自己,终于壮烈牺牲。女兵们为了保卫祖国而视死如归的壮举被影片表现得极为动人。电影充满了浪漫主义的激情和强烈的悲剧气氛。

影片《大家庭》是根据柯切托夫的小说《茹尔宾一家》(1952)拍摄的。它描写造船厂工人茹尔宾祖孙三代人丰富多彩的生活,从日常生活、个人兴趣、家庭关系、生产劳动、技术革新各个角度塑造众多性格迥异的人物,用许多优美的画面来再现社会生活的变迁,展现工人们优良品德和敬业精神,如"夜班厂长"老爷爷、对技术革新很执着的大哥、经常超额五倍完成生产任务的四弟等等,家庭内部并存友爱、纯朴,实是一个令人敬仰、有工人优良光荣传统的世家。历来文艺描写中唯见"书香世家"或"干部世家",罕有"工人世家"被作为典型来如此歌颂。这也可说是社会主义电影的一个特色,一个新的突破。

1979年由切尔内赫编剧、缅绍夫(В.Меньшов,1923—　)导演的电影《莫斯科不相信眼泪》上映,描写了三位女工曲折成长的历程,影片极为感人,同样属于那类颂扬普通人中正面人物的作品。

苏俄电影的特征之二是善于描绘多面性格,带有"人性论"的色彩。

在五十年代,丘赫莱导演的战争题材影片的代表作三部曲《第四十一》、《士兵之歌》和《晴朗的天空》,邦达尔丘克导演的《雁南飞》、《一个人的遭遇》等,均有这种色彩。

《第四十一》是1956年根据著名作家拉夫列尼约夫的同名小说拍摄的。作品描写国内战争中一支红军部队奉命押送一个白匪军官。从海上转移时遇到风暴,只有女战士马柳特卡和白匪军官脱险,他们飘泊到了一个孤岛上。经历了这段风险和生死遭遇后,他们竟然相爱了。后来,那个白匪军官企图逃跑,被女战士开枪打死,这是她打死的第四十一个敌人。影片于1957年在第十届戛纳国际电影节上获得大奖。

其他几部电影也都是具有革命英雄主义,但不排斥个人情感的作品,主人公富有"人情味"而在关键时刻能以大局为重作出抉择,让个人感情服从于理性。

舒克申

苏俄电影的特征之三,是深入揭露社会的阴暗面,表现善与恶的斗争和人生世态的炎凉。

青年作家舒克申(В.М.Шукшин,1920—1974)完成了电影小说《红莓》(1973),并由本人自导自演搬上银幕(1974)。影片主人公叶戈尔·普罗库金原是流氓团伙骨干,他在劳改营刑满释放后,来到熟人农村妇女柳芭家,在农村的劳动生活使他对土地有了爱,也爱上柳芭,便决心改邪归正,与流氓团伙断绝关系,专心务农,力争当红旗手,但流氓团伙不肯罢休,竟把他谋杀了。影评认为主人公是一个正面人物,他身上"正面因素占主导地位。"舒克申死后于1976

年被追授国家奖金。

《白比姆黑耳朵》(1977)是罗斯托茨基根据作家特罗耶波里斯基(Г.Н. Троепольский,1905—1995)1971年的同名小说导演的一部道德题材影片。该片表现了一个住在外省的残废老军人伊凡独身一人,只有一只黑耳朵的白狗比姆陪伴他。老人因伤口复发到莫斯科去治疗,把比姆留在家中。比姆依恋主人,跑遍了老人曾经带它去过的地方寻找,这过程中遇到各式人物,经历各种遭遇,竟被老人的一个恶女邻诬为疯狗,报请检疫人员带走。老人回来找到时,其爱犬已死在闷罐车里。比姆的悲惨遭遇令人心酸。作者意在通过一只狗的命运来揭示社会的人际关系以及善恶之分,寄寓人应当相互关心的理想。

第八章

俄罗斯引进中国文化

第一节　引进的历程

中国文化走进俄罗斯,如果从正式的有官方协议的文献资料看,到现在为止大约已有四百年左右,就是从十七世纪到现在的二十一世纪。两国文化的交流历史悠久,内容丰富,不仅涉及物质文化,还有精神文化,甚至涉及制度文化。

(一) 十七世纪以前

中国和俄罗斯应该是在十七世纪以前就已经有了文化交往。汉唐时代,两国只有间接的接触,中国各种各样丰富的物质产品已经通过丝绸之路沿着伏尔加河辐射到与后来的俄罗斯有关的地区。

到了宋元时期,接触就更多了。成吉思汗率领蒙古大军几次西征,十三世纪蒙古人甚至打到俄罗斯古代的首都基辅,一直打到多瑙河畔,建立了一个横跨欧亚的大帝国,称作金帐汗国。从1240年到1480年,蒙古人在那里称帝240年。

俄罗斯十世纪末公元988年,弗拉基米尔大公引进了基督教,它整个文化进入基督教文化圈,跟我们的汉文化圈是完全不一样的。到了1480年,蒙古军退出,俄罗斯才到莫斯科重新建立封建统一的国家。这时的俄罗斯国家制度中已经带有很多东方或亚洲国家的色彩。是故直到今天,俄罗斯和中国谈起关于中央集权的统治,好像有些地方彼此可以了解。所以,俄罗斯强调它的国情具有欧亚双重性。

除了制度文化,在物质文化方面,中国的火药、指南针俄罗斯都受用了,包括饮茶这个习惯也是蒙古人传过去的。1638年由中国的皇廷通过哥萨克送给俄国沙皇200大包干树叶,俄国人当时不明所以,回去经过御医化验,发现可以治疗伤风感冒于是就从宫廷传播开来。到了十九世纪末和二十世纪,俄罗斯全国都有饮茶的习惯,茶叶全国销量到了1000多吨,有2/3来自中国。俄国人觉得路途遥远,代价昂贵,不如自己种植,便聘请了一位广东高要县人到高加索去指导移植茶树。这个人就是今天很有名的《俄汉大辞典》的主编刘泽荣先生的父亲刘兆彭,他在南高加索住了23年,到了1924年才回国。那个时候已经是苏联时代,苏联政府颁发给他一枚"劳动红旗勋章",他是社会主义劳动英雄。

其实不光是茶叶,大米、小米、高粱,甚至今天俄文的"中国"("КИТАЙ",契丹的音译)这个名词也是从中国传进去的。

(二) 十八世纪

十八世纪,中国文化在俄罗斯的传播已经初具规模,比较多的侧重在中国的文物和典籍。

古代丝绸之路到了宋元以后就慢慢没落了,兴起了海上丝绸之路,海路来往比较多。西欧的天主教、基督教的神职人员到中国来,写了好多关于中国的通讯、游记,在西方引起了对中国广泛的兴趣,尤其是法国、德国兴起了"中国热"。俄国本来属于欧洲基督教文化圈,这个热潮通过法文、德文也传到了俄国。

海路和陆路的频繁交往,在俄国引起了对中国广泛的兴趣。除了丝绸、瓷器、茶叶等物产的进口,在首都圣彼得堡也开始仿造中国的风景。十八世纪这一百年间有三位沙皇非常醉心于"中国热"。

彼得大帝设计建造圣彼得堡的时候,就移植了许多中国的风景。后来他的女儿伊丽莎白一世,也很重视采购中国的货品。

到了十八世纪末,叶卡捷琳娜二世更为开放了,她学习法国的"开明专制",拜法国的启蒙主义学者伏尔泰为师。她把中国皇帝的政绩理想化了,甚至带头在杂志上写诗夸赞中国的皇帝,而且是满怀感情的。

十八世纪中国方面也开始跟俄国有了些互动。康熙皇帝在位的时候,曾经派出一个御前大臣、内阁侍读图理琛,到俄国南部去慰问土尔扈特部(蒙古族的一支)。

图理琛是很有教养的满族官员,通满汉语,一路上一直很重视宣扬中国文化。中国的典章制度、民族、社会生活、宫廷官员,他都认真介绍。后来当地的哥萨克头领向沙皇报告,说来人知识高明,果然是一个天朝大国的使臣。图理琛回来向皇帝写了一个报告,三万字不到,书名《异域录》,后来全文收到《四库全书》里面。这是中国最早的一部记录俄罗斯风物的著作。这部《异域录》被俄罗斯三个时代的人翻译了三遍,为图理琛树立了一个很好的使者的形象。这就是文明的力量。

图理琛出国回来,彼得大帝派人跟着清朝的使者来中国,向康熙皇帝正式提出要求,希望派东正教使团来我国常驻。

东正教使团从康熙在位准许驻扎以后,每十年换一届,从1715年开始,没有中断过,而且每一届都有十人左右,其中四个神父,四个留学生,专门学汉、满、蒙、藏四种语言,一直到十月革命以后,东正教驻北京使团换了二十届,可见俄国对中国文化的了解相当系统。从"诸子百家"到《大清一统志》,当然也包括古典文学名著,都由历届的宗教使团系统地调查、研究、翻译、介绍出去了。

比丘林

(三) 十九世纪

十九世纪,俄国人开始成规模有计划地翻译中国一些重要的文化典籍。为此,在十九世纪的下半叶产生了一门学科——俄罗斯汉学。奠基人就是当时到北京来的宗教使团的团长,即"领班"——比丘林(1777—1853)。从他的身上可以看出俄国是怎么研究中国的。比如说《史记》的翻译不是按照史记的体例,而是按照史记里面有多少是写帝王将相的,有多少是写少数民族的来分类。比丘林把后一项的译文归纳在一块,编撰了《中国的西北边疆民族》,而且说明是根据中国的《史记》而作。至于中国的居民和社会状况、资料统计,从哪里来?从《大清一统志》里面翻译出来。书中甚至提及北京的城墙是怎么回事。现在俄国人说,根据比丘林的报告就可以恢复的中国城墙,原因在于比丘林是用目测、步量,连城墙的砖,长宽高三个维度都写出来了。比丘林带着西方人的那种近代的科学研究的眼光去调研,自己画了北京的平面图。

比丘林是百科全书式的汉学家,国家、社会、民族、政治、经济、文化都有研究。所以俄国的汉学研究一开始就带有综合国情、百科全书的性质。他们不是只限于翻译《红楼梦》。归结原因,因为俄国是政教结合的,使团的经费是由宗教院、沙皇的外交部甚至是军事部门拨款的,它是一种国家行为。所以俄国汉学一开始就有统一规划、统一派遣、统一资助。他们感受到了东方文明的力量,所以比丘林讲:"看来,基督并不比孔夫子高明。"这个言论使他在俄国惹上事端,即因得罪了上帝,被关入宗教惩戒院两年半。

在驻北京的宗教使团里,值得提出的第二个人物是瓦西里耶夫(1818—1900)。他写出了世界上第一部中国文学史,1880年出版《中国文学史纲要》。瓦西里耶夫取中文名"王西里"。他是喀山大学的教授、留学生,作品从《诗经》开始一直写到清代中国的文学典籍。他说:凡是我书里写到的作品没有一本不是我亲自阅读过的。他的书十万字左右,很精要。不仅《诗经》、《楚辞》,包括《金瓶梅》、《牡丹亭》等当时上流社会认为不雅的、世俗文学的,还有弹词等等都被囊括其中。也就是说,从十九世纪开始,俄国研究中国文化已经比较深入。

粗略统计,十九世纪俄译的中国作品已明显增多。相比之下,在十八世纪一百年里只有零星的几篇译作。在十九世纪译介的文著已达五十多种。知名的如小说《玉娇梨》(1829)、《好逑传》(1832)、《红楼梦》第一回(1843)、《聊斋志异》选(1878)、《李娃传》(1894),还有唐诗《滕王阁序》(1874)和戏曲《琵琶记》(1847)。

同时,"诸子百家"也被选译许多片段,如《大学》(1780)、《中庸》(1784)、《孙子》(1818)、《论语》(1884)、《孝经》(1896)、《孟子》(1904)、《韩非子》(1912)、《道德经》(1894)。

由于汉学家的活动,俄国文化界也开始重视中国文化。普希金和托尔斯泰可以作为例子。普希金在他主办的文学杂志上专门发表文章评介《三字经》。托尔斯泰已经深入到了儒道学说里面,说他接受了孔老学说,也不为过。

瓦西里耶夫

(四) 二十世纪

俄国从十九世纪开始翻译和传播中国文学。到了二十世纪,中国的文化尤其是文学作品,如潮水般涌进苏联。中国的山水画的技法,还有京剧、地方戏,俄国都有人研究,有人翻译。

1. 五十年代出现了引进中国文学的热潮

十年里出版了什图金的《诗经》俄文全译本,费德林主编的四卷本《中国诗歌集》,所选诗歌上起古代下迄二十世纪五十年代,第一次向苏联读者展示了中国诗歌全貌。此外还有一些诗人的单行本。

重要的古典小说如《三国演义》、《红楼梦》、《水浒传》、《西游记》、《儒林外史》、《镜花缘》、《老残游记》、《孽海花》都有了俄译本。现代作家不仅鲁迅、郭沫若、巴金、茅盾、老舍、叶圣陶、丁玲的作品出版了俄译本,连一些在西方很少介绍的马烽、李准、周立波、杨朔、艾芜、陈登科、秦兆阳、冯德英等也都得到译介。

2. 六七十年代继续引进中国文学

古典诗词仍然是翻译的重点,期间陆续出版《白居易抒情诗集》和《白居易诗集》、《陶渊明抒情诗集》和《陶渊明诗集》、曹植《七哀诗集》、《陆游诗集》、《苏东坡诗词集》、李清照《漱玉词》和《辛弃疾诗词集》。也有多人合集如《中国古典诗歌集》和《梅花开(中国历代词选)》。

翻译小说既有旧小说和笔记,如《搜神记》、《唐代传奇》、《浪子与术士》、《浮生六记》、《剪灯新话》、《阅微草堂笔记》等,也有通俗小说(白话小说)如《说岳全传》、《三侠五义》、《今古奇观》、《十五贯》、《碾玉观音》、《平妖传》等。此外,《金瓶梅》也在1977年出版了俄译本。苏联也像中国一样,专为少年儿童出版了《水浒传》、《西游记》、《三国演义》的节译本。

翻译散文作品方面,出现了如《山海经》、《史记》、《韩愈柳宗元文选》、《入蜀记》等。翻译戏曲和民间文学则有《西厢记》,元曲《窦娥冤》、《望江亭》、《单刀会》、《墙头马上》、《梧桐雨》、《李逵负荆》、《汉宫秋》、《张生煮海》、《情女离魂》、《合汗衫》、《秋胡戏妻》等。

现当代文学作品的翻译方面,值得一提的是切尔卡斯基编译出版的几本诗集恰好组成了一个介绍六七十年中国诗歌的完整系列:《雨巷》、《五更天》、《四十位诗人》、《蜀道难》等。入选的诗人有一百多人,规模相当可观。新译的小说有茅盾的

《幻灭》、老舍的《猫城记》和《赵子曰》、赵树理的《李有才板话》等。

3. 八十年代译介当代作品

当代的俄译作品包括王蒙、古华、谌容、蒋子龙、张抗抗等28位作家的小说,浪波、寥寥、傅天明、韩瀚等22位诗人的诗作。本世纪初又增加译介铁凝等几十位当代作家的小说。

相当一批的汉学家对中国的研究比较深入,而且扩大了领域。比如说中国收藏不全的资料,他们都已经开始做整理工作。例如敦煌文献方面,俄国出版了《敦煌文献目录》,上下两册,有两万多件。他们已经为了整理敦煌文献培养出一批敦煌学家。西夏学更是如此。俄国有一批专家能看懂西夏文,而且西夏文词典、西夏文语法、西夏国历史,都写了出来,这些研究对学术十分重要。直到二次世界大战列宁格勒被德军围困900天,250万人口牺牲了50万人,就在这种严酷的情况下,这批敦煌文献和西夏文物没有损失丝毫。

(五) 二十一世纪

现在俄国的汉学家,教授、副博士以上的有612人,而当选俄罗斯科学院院士如今健在的有两个人:齐赫文斯基(1918—)和米亚斯尼科夫(1931—)。已逝的李福清院士曾经开玩笑说他可以写一部《一个俄国汉学家的西游记》,记两件事:一个是宣传中国文化,一个是考察西方还保存着多少中国已经失传了的古籍。

季塔连科院士主编出版了《中国精神文化大典》,完全由俄国人研究纂成,共六卷本,每卷从700页到1000页不等,图文兼备。该作2001年得到俄罗斯总统奖金。至于说从古到今的文学翻译,俄国已经出了"中国文学丛书"四十种,从《诗经》、中国古代

《中国精神文化大典》 2006年

神话开始,一直到现当代文学,近四百年间曾造成俄罗斯引进中国文化的四次热潮。

第二节 仿建中国景致

彼得大帝在十八世纪初实行改革,历行欧化政策,把俄国人的目光引向西欧。那时的西欧早已同中国建立海上交通,尽量传播有关中国的信息,引进中国的文化与文物,并在十七、十八世纪逐渐形成"中国热"。俄国模仿西欧,大致与西欧同步掀起了"中国热"。

"中国热"主要表现在俄国首都圣彼得堡。宫廷和上流社会热衷于中国文物、建筑艺术和工艺品,民间注意搜集丝绸织品、饰物、瓷器、漆器,知识界则注重中国传统文化经典,一时间成了时尚。十八世纪当政的三位沙皇有力地促进了"中国热"。彼得大帝(十八世纪初叶在位)建立"珍品博物馆",展藏世界珍奇古玩,并亲自搜集中国文物藏品。其女儿伊丽莎白女皇于十八世纪中叶在位(1741—1761)期间,用一辆辆大车装满从中国采购的屏风、漆雕桌子、餐具、大红灯笼,直至丝绸、木器等,穿过遥远的西伯利亚,连绵不断驶向圣彼得堡,以致人们用"伊丽沙白的中国格调"来形容当年的盛况。第三位是叶卡捷琳娜二世女皇(十八世纪下半叶在位)。她的"中国热"大大超过两位前任,包括修建和扩充皇家园林的中国式建筑使之形成规模,写诗宣扬中国皇帝,提倡传播中国古代文明。

在叶卡捷琳娜二世当政时,俄国报刊发表宣扬中国理想皇帝的文章,如翻译宋朝程颐《为太中上皇帝应诏书》(俄文标题译为:《中国哲学家程子给皇帝的劝告》)和清朝《雍正帝传子遗诏》。女皇受这种气氛的影响,也宣告要实行"开明专制"。她同其"法国老师"启蒙主义者伏尔泰等人通信,时常谈论中国"理想的吏治",称颂中国皇帝为"我可爱的彬彬有礼的小眼睛邻居",此外还写出滑稽可笑的小诗:"中国皇帝/饮酒微酣/作起可笑的鬼脸……"。

在俄国首次引进中国文化的热潮中,成果最明显而且足以传之久远的,是散布在彼得大帝、伊丽莎白女皇和叶卡捷琳娜二世女皇各自的皇宫、离宫或行宫等处园林里的中国景物,即圣彼得堡皇家园林中的诸多中国建筑。

圣彼得堡以风景优美著称,同时也是一座闻名遐迩的博物城。它自1703年建市以来,就注意广采各国古今建筑艺术之长,搜罗世界珍奇文物,建设东西方风格的景致和种类繁多的博物馆。人在圣彼得堡街上走,随处都可以遇到美丽的去处,几乎是五步一景、十步一馆。盛景之多,令人眼花缭乱、目不暇接。

这个美丽的国际都会中,布满中国景物,着名的有:

涅瓦河畔、彼得大帝屋前的中国石狮

石狮之多,在中国已不足为奇。每一个大而重要的机关、单位,甚至商场、公司,门前都要安放一对石狮,很是风光。但在圣彼得堡街头唯一的一对中国石狮,却构成了出名而重要的风景点。

彼得大帝小屋前,临涅瓦河岸上的一对中国石狮

在市中心彼得大帝住过的小木屋前,面向涅瓦河的斜坡上,矗立着一对蹲式中国石狮。狮身连台座高约3米,台座之下的大石台基也有3米高。这样一对大石狮雄踞在涅瓦河岸上,相当雄伟。两只石狮相隔约20米,中间是十几级宽大的石阶,由河岸缓缓降至河边。1703年建市时只有小木屋,后来续建了石阶,意在让小木屋通过涅瓦河与外界相连,显得通达,以表现彼得大帝的开拓精神。但光有石阶,总显得有所欠缺,所以在二百年后才增设了石狮,景致就活起来了。这里汲取了中国的传统观念:在王宫或府邸,以及寝陵的门口设置石狮,寓意在护卫和镇守,有保护神之意。如今人们乘船从涅瓦河上过来,远远地就看到这对石狮在为彼得大帝守门,看望着他走向海洋的通道。

查阅石狮的来历,它可是地道的中国产品。其台座两侧刻有一行斗大的汉字:"大清光绪三十二年十月谷旦",后侧刻有产地"吉林"。台基则用俄文刻有如下意思:"狮子","于1907年自满洲的吉林市运抵圣彼得堡","步兵上将尼古拉·伊凡诺维奇·格罗杰科夫(Н.И.Гродеков)之贡品"。这同美术院大楼前面的那对古埃及出土的人面狮身石雕(系有一位俄国驻外使节购后运去)、海军部大楼前的一对俄罗斯大石狮三者相映成趣。它们的来源国别不同,形态姿势各异。一个是蹲式,另一个呈俯卧式,第三个为行走式,但一起展列在市中心的滨河岸上,组成一条特殊的风景线,供人们游览参观。

彼得宫的中国花园和中国室

城郊的沙皇离宫——彼得(大帝)宫占地约一千公顷,始建于十八世纪初叶,背依丘陵,面向芬兰湾,华丽的宫殿,优雅的花园,依山势建成的阶梯喷泉,无数镀金的希腊神话人物雕像,一切显得美丽壮观。这里有许多东方格调的园林。坡下花园就有生动传神的巨龙喷泉。一条彩塑镀金的巨龙张牙舞爪,状欲腾飞,强劲的泉水从龙口喷射出来,极为美观。

离此地不远就是一座"中国花园",它建成于1766年,内有贝壳形和花瓶形两座喷泉。这里依照中国园林的风格,在有限的空间内集中了许多景致:假山怪石、曲径通幽、小桥流水、花圃树丛、大理石雕像。当然与此同时园林已略带欧化的风格,在东方格调中居然塑造了两尊男女爱神。

彼得宫内的"中国室"设于中心宫殿里,分有东西两间,均建于1766—1769年。东中国室四周墙壁挂有中国画屏。在黑色漆上有烫金烫银的画幅,山水人物齐备。室内陈列的瓷瓶木器、雕花桌椅、各式古玩,均系中国所制。地板用名贵木料拼花铺成。

在西中国室,同样是拼花木地板,均用檀香木、乌木、柠檬木等来自中国或东南亚的名贵木料。天花板铺有彩绘,悬挂中国大吊灯。室内饰物最引人注目的是南墙一幅大型漆底木雕画:《满洲旗人村营》,画名的七个汉字清晰可见,画中有楼宇、旗帜、上操士兵行列和威武的骑马军官。那件大型彩绘的磁质取暖火炉,也使人感受到浓厚的中国氛围。

喷泉楼里的中国客厅和花园里的中国亭

圣彼得堡市中心区,有彼得大帝及其宠臣们各自建造的许多花园式洋楼,里面都少不了中国景物。彼得大帝有夏宫、夏花园。同夏花园毗连的是谢列梅捷夫喷泉楼,楼内设有"中国客厅",完全按中国格调装饰,一应摆设均为中国器物。它是举行化妆舞会和招待会的场所,伊丽莎白女皇就经常出入其间。花园里的水池边建有一座中国亭子。

这类花园洋楼如今多数辟为博物馆,仍保留历史的风貌。像离喷泉楼不远的舒瓦洛夫宫有"蓝客厅",摆满十八世纪的大大小小中国彩色花瓶,用中国丝绣、绒绣覆盖的家具,成套的石雕,包括玉石、黄晶、水晶、紫晶等。"圆客厅"里摆放描金的中国雕椅、中国餐贝,书房也是中国家具和小摆设。

1735年,这里还曾以从中国移植来的植物为主开辟了俄国第一座国家植物园。

皇村里的中国亭和中国桥

圣彼得堡有一座从1937年起改名为普希金市的卫星城,即是当年的皇村,系因普希金曾在皇村上学而改的名。皇村始建于十八世纪初,是一处宏伟的宫殿建筑。后来彼得大帝"馈赠"给妻子,曾充当几代沙皇的行宫。叶卡捷琳娜二世女皇即位后,于1770年实行改建,扩成叶卡捷琳娜宫,又增辟了叶卡捷琳娜公园。女皇同时为其孙子,即未来的亚历山大皇帝在相邻处造了一座占地200公顷的亚历山大公园。这三处都设有中国景致,而且至今仍然保持景点。

女皇宫内二层楼上辟有"中国蓝色客厅",在油漆的蓝色墙上镶有中国画幅和涂金木雕,厅内陈列均为中国器物、古董。宫中有一只清代皇帝赠送沙皇的北京红漆大花瓶。

女皇的公园古木参天,浓荫蔽日,奇花异木、茅舍石雕、人工的造设和天然的风景融为一体,在清水涟漪的湖畔,建有一座很大的"中国亭"。该两层的建筑,一层为圆形宫式,两厢各一侧室,第二层为四周立有12根圆柱的凉亭,屋顶是凉亭式塔顶,上面竖立一面黄龙旗。中国亭色彩鲜艳,与湖泊组成一大景观。

亚历山大公园内的"中国桥"建于1785年,位于公园深处的一条连通各湖泊的小河上,为石砌的拱形桥,桥面宽阔,可容几个人并行,至今仍为旅游景点。园内本来还有规模很大的"中国城",可惜经过第二次世界大战的战火,目前仅遗断墙。

关于中国景物,还有一处在圣彼得堡远郊的奥兰宁鲍姆(今蒙塔索夫城)内的"中国宫",建于1762—1768年。

第三节 搜藏研究文物

俄国引入中国文化的第二次热潮在十九世纪下半叶,如果说上一次热潮的显著成果是建立中国景致,那么这一次热潮的重要收获则是搜藏中国文物和译介中国文化典籍。

从十九世纪下半叶开始,《大学》《中庸》等"四书"、"五经",以及《道德经》等诸子百家著作以摘选、语录的形式出现俄译本,同时《三字经》《千字文》等文献也被列为汉语、汉学院校的教材。

至十九世纪末二十世纪初,俄国收集的中国民间年画、挖掘的敦煌文献和西夏文物,分期分批运往圣彼得堡,收藏入各类博物馆。

沙皇药房里的陶罐 十三世纪依照彼得大帝的订单在中国制造 现存于冬宫博物馆

俄国收藏文化展品之最,当属国家博物馆"埃尔米塔日",俗称冬宫博物馆。宫内展品逾270万件,在欧洲可与法国卢浮宫相媲美。每年接纳观众3500万人以上。

在圣彼得堡的这座博物馆,内分六个部,其中的东方国家文化艺术部设有"中国文化艺术厅",占十三个陈列室,收藏大量中国艺术品,包括从元代至清末的各种瓷器,从明代至清末民初的各种漆器、珐琅器皿,二十世纪的彩色泥塑民间玩具、民间剪纸、民间年画,各个朝代的石刻、木雕艺术品、红木家具和各式各样的文房四宝。很有意思的是御药房里那只中国大陶罐,据说明,那是彼得大帝订购去用的。

博物馆内有一幅十七世纪宫廷用漆雕大屏风,计有6折12扇,展开来总长720厘米,高为280厘米,系双面雕,一面为花鸟,另一面是宫廷人物生活场景。据说是中国专为冬宫制作的。

馆中所藏中国丝织品和丝绣,数量也不在少数,还有一种珍贵的"缂丝",是从帕米尔考古发掘出来的公元前五至三世纪的丝织物。

古钱币部有中国钱币约3万件,有大量系春秋战国以来的铜钱、银元宝和金元宝。纸币有35000张,其中13张元代的纸币极为珍贵。

至于文物,俄国所藏最具特色的是敦煌文献和西夏文物。

本世纪初,俄国多次派出考察队到中国西北边陲地区进行考古挖掘。鄂登堡(С.Ф.Ольденбург)等人的考察队几次到达敦煌,运去大批文物珍藏,现存圣彼得堡东方学研究所等各机构,包括敦煌遗书约12000件,包括完整的卷子和残页,据说其卷数约占现存敦煌文献的1/4,并另有石窟平面图和73张插图,表格93张。关于此鄂著有《敦煌石窟概述》、《千佛洞》、《沙漠中的艺术》等书。

后来圣彼得堡东方学研究所整理,编成《敦煌发现的中国文书》,分为四册。已作单行本出版的有佛教经卷《维摩碎金(维摩诘经变文残卷)》和《十吉祥》(1963)、《双恩记变文》(1972)、《妙法莲华经变文》(1984)等,均由孟列夫(Л.Н.Меньшиков)整理。每一卷均全文影印原文、附孟氏俄译文、注释和序文。每卷的序文分别论及变文的起源、种类、韵文部分的韵律、思想内容、结构和变文讲唱人及其讲唱方式、词汇特点等,实为整理者的研究成果。

孟列夫还编出《中国敦煌写本·佛教俗文学文献》(影印敦煌赞文附宣讲,1963)和《王梵志佚诗集》(1989),后者与我国张锡厚编《王梵志诗校辑》(中华书局,1983)相比,多出64首佚诗,均系从敦煌残卷里辑录的。这引起日本学者川口元雄教授的注意而对该书多次发表评论。

俄国所藏的西夏文物属于绝无仅有的珍品。西夏古城遗址哈拉浩特(蒙语,意为黑水城,今中国内蒙古额济纳旗)挖掘出大批黑水城文献,计约九千余件,均运存圣彼得堡。内有从宋、辽、金传到西夏的名贵汉文刻本,有西夏文的儒、佛、道家经典刻本,有文牍、地契、版画、民间唱本、杂字、医书、药方、历书、算命、星相等珍本,并有元代纸币宝钞。这些对于揭开被流沙埋没的西夏国历史上许多未知的事实和研究中国古代文化,都是极为

出土西夏文物双头佛　十一世纪　现存于克里姆林宫博物馆

珍贵的文献资料。

俄国人在整理研究这批文物的过程中已形成了西夏学。孟列夫整理、记录汉文文献部分,按佛经、古籍、小说、杂文、官方文件、药方、历书等分类,译释成内容摘要,共375品目,编成《黑水城汉文献综录》出版,并写下序文"西夏国汉文文献"。

黑水城文献的主要部分为西夏文本,由汉学家克平从学习夏文入手,历经近十年(1959—1969)才学成,并编著《西夏文语法》一书,自八十年代以来已先后整理出唐代小说集《类林》的西夏译文本,并附以俄译文。《文海》的木刻复印本(分成一、二两卷)也译成俄文出版。

中国民间年画也是俄国收藏的罕见珍品。我国宋朝王安石的一首《元日》诗把过年贴年画形容得好不热闹:

爆竹声中一岁除,
春风送暖入屠苏,
千门万户曈曈日,
总把新桃换旧符。

贴年画是民间自古以来的风俗,人们习以为常,对于无论是"新桃"还是"旧符",总不大注意保存,有些时期甚至当作迷信品弃置,"文革"中更是当作"四旧"消灭了。但这种线条简练,色彩鲜艳的民间风俗画反而受外国人喜爱,被作为民族艺术品珍藏,因而许多在国内失传的旧年画反而可以到国外找到。

据调查,俄罗斯就收藏有大量中国旧年画,在国外的收藏量中占据首位。单是冬宫就有5000多幅,其他如莫斯科、喀山、鄂木斯克、伊尔库茨克以及各地城市都有收藏。

俄藏中国民间年画不但数量多,而且题材广,品种全:民俗画有各种神像,包括门神、财神、灶神;风俗画如过年、结婚、喜庆、祝寿、民间游戏等;也有美人画、年历画、山水花鸟画。以小说、历史故事为题材的年画如《三国演义》、《水浒传》、《西游记》、《说唐》、《二度梅》、《三侠五义》等。晚清年画则有大量以中国人民反抗帝国主义侵略为题材的,如《台湾军船图》、《炮打日本国》、《法国攻北宁,刘帅获全胜》、《捉拿倭俄奸审问正法》等。

据专家鉴别,其中有许多年画属中国国内已经失传。1991年由两国学者合作编选的《苏联藏中国民间年画珍品集》(中、俄文在两国出版)首次把200多幅在中国已失传的年画公诸于世。如清代杨柳青盛兴画店印制的大型《红楼梦》年画《藕香榭吃螃蟹》,画贾母、史湘云、王熙凤、彩云等23个姑娘和宝玉在一起。又如早期木刻画精品《四美图》,画有汉代赵飞燕、班姬、王昭君和晋朝绿珠四位古代美人。

俄国几代学者都重视搜集年画,这是它藏品数量多的一个原因。曾任科学院院长的科马罗夫年轻时就来到我国东北搜集,并回国举办中国年画展。苏联汉学家阿列克谢耶夫(B.M. Алексеев)院士年轻时来游历华北五省及南方沿海城市,搜集年画为数五千幅左右。他经过长时间研究,著有《中国民间年画——民间画中所反映的旧中国的精神生活》一书。当代汉学家李福清院士以中国年画专题,在欧美、东南亚各地讲学。

《苏联藏中国民间年画珍品集》(封套) 1989年

译介文化典籍从十九世纪下半叶形成规模。应该说,俄国传播中国文化的一个重要方式是引进图书。俄国东正教使团在华近250年,每届团员中都有人受命购书,还有外交人员或专程来华人员进行搜购,同时也有政府间的赠送或交换。据统计,仅圣彼得堡的"亚洲博物馆"就藏有中国古籍七十多万册。如今莫斯科的"中国学图书馆"所藏也不在少数。两处所藏书籍多样而珍贵。仅以《红楼梦》为例,各种刻本、抄本达六十多种,1964年发现其中有一种《石头记》手抄本,是前所未闻的版本,为我国已有的十二种《红楼梦》抄本之外,增添了第十三种。该书为八十回,系1830年由宗教使团一位成员带去的。不久前已用《列宁格勒藏抄本〈石头记〉》为书名影印在中国出版,在国际红学界引起轰动。

这些文化典籍三百多年来由汉学家陆续作过翻译和介绍,但十九世纪末二十世纪初的工作重点主要放在诸子百家的文史哲典籍。十八世纪初已译出《大学》、《中庸》、《孟子》,随后又译出《道德经》,十九世纪中叶,汉学家瓦西里耶夫写出论著《东方的宗教:儒、释、道》,综述中国古代的文化思想。至二十世纪以来,包括《孙子兵法》、《易经》、《管子》、《论语》等诸子百家均有了全译本或选译本,《左传》、《商君书》等也有翻译和研究性的学术书籍。至于大学和汉学专科里的课程,凡涉及古代历史、文学和文化思想的教材,都选入这方面的著作(片断、选摘)进行全面的讲授。

第四节 译介文学作品

俄国引进中国文化在二十世纪五十和八十年代的两次热潮,均表现为大规模译介文学作品和进行文化交流。

文学翻译方面,诗词类从《诗经》到清诗,甚至"五四"以后的新诗都有人翻译。1957年出版的四卷本《中国诗选》(费德林编选)就全面系统地译出古今历代名诗,该译本流传最广。俄译诗选以《诗经》、唐诗和现代新诗为三个重点。屈原、陶渊明、李白、杜甫、王维、白居易、陆游等均出过俄译单行本,有的出单行本不止一种,如杜甫有两种,陶渊明二种,王维二种,白居易多达六种。戏曲类包括译作最多的是六十年代出的《元曲》,共选译关汉卿的《窦娥冤》、《望江亭》、《单刀会》,白朴的《梧桐雨》、《墙头马上》,马致远的《汉宫秋》,康进之的《李逵负荆》,李好古的《张生煮海》,石君宝的《秋胡戏妻》,张国宾的《合汗衫》,郑光祖的《倩女离魂》。此外,晚清名剧洪昇的《长生殿》、孔尚任的《桃花扇》、汤显祖的《牡丹亭》、王实甫的《西厢记》都已有了俄译。

小说类的俄译本最多。早在1832年便有了从法文转译的《好逑传》,之后直接从汉文译出了《聊斋志异》,至二十世纪中叶几乎所有章回小说的名著都翻译出版了。如五十年代的《红楼梦》、《三国演义》、《水浒传》、《西游记》、《镜花缘》、《儒林外史》、《老残游记》,六十年代的《孽海花》、《今古奇观》、《说岳全传》,七十年代的《金瓶梅》、《三侠五义》、八十年代的《平妖传》、《肉蒲团》。其他如旧小说笔记《搜神记》、《浮生六记》、《剪灯新语》、《阅微草堂笔记》,平话诗话《新编五代史平话》,宝卷变文《普明宝卷》等等不少作品都已译成俄文。

现代文学翻译的规模更大，尤其在五十年代达到高峰，著名作家都出了俄译选集或单行本，如鲁迅(《选集》四卷)、茅盾(三卷集)、老舍(两卷集)、郭沫若(两卷集)、瞿秋白(两卷集)、巴金、曹禺、艾青、张天翼、丁玲、周立波、赵树理等，曾在中国广泛流行的现当代小说如《把一切献给党》、《青春之歌》、《三千里江山》、《人到中年》、《芙蓉镇》、《围城》等都很快就译成了俄文。当代作家诗人如刘心武、蒋子龙、谌容、张抗抗、公刘、苏叔阳、黄永玉等作品也及时被译介。

俄国介绍中国文学规模大、历时久，尤其在苏联时代有统一的规划和执行计划，并有组织地进行，因而译作已形成系列，以至从八十年代初启动了一个大工程，即出版"中国文学丛书"四十种(每一种包括一卷或数卷)，包括了从古代《诗经》到二十世纪中期的当代文学名著，多数旧译重新修订，并组织新作的翻译，此项工程在二十世纪内完成，由莫斯科文学艺术出版社等机构负责。此外，八十年代又开始注意中国反映改革开放的文学与文化产品的译介。

文化交流方面则主要通过政府间的文化协定和民间交流两个渠道进行(在五十和八十年代政府间的协定都是在原苏联的框架中实施的)。当年的合作与交流范围十分广泛，形式多种多样，包括互派代表团访问，互派留学生和进修人员，互派艺术团演出，互相举办文化艺术展览、文化电影周，互聘专家讲学，以及参加对方的学术会议、文化体育比赛等，这样也使俄方引进多方面的中国文化。

中国文化，尤其是中国传统文化在俄国具有很高的声望。在历史上，著名作家普希金、托尔斯泰都曾给予热情的称颂。在当代，中国传统文化甚至影响到九十年代的俄国社会。俄国加强了汉学家协会的活动，并且新成立了孔子研究会，在俄国宣传新儒学。俄国的汉学家们凭借东亚国家及地区经济腾飞的实例，阐释儒学对于国家现代化的促进作用。他们设想借用儒家宣扬的管理思想以解救苏联解体后俄国经济、社会的危机，或者希望沿用孔子所主张的"为人之道"和"为政之道"，以治理社会混乱的顽疾。因而二十世纪九十年代以来，许多中国文史哲经典(以《论语》等诸子百家著作为主)重新出版俄译本，经常性或定期的"中国文化"学术研讨会不断举行，这使人感到在九十年代，俄国汉学界似乎又出现了一股热衷于东方文明和中国传统文化的潮流。由此再一次显现了中国传统文化的价值和作用。

结束语

　　从古罗斯(基辅罗斯)发展到现代俄罗斯,经历了九世纪至二十一世纪的漫长过程。在这一千多年的历史中,俄罗斯创造了丰富的文化。我们只是简要地记述了它在社会历史变革、教育、科学、文学、艺术各个方面的丰硕成果。从中可以看出,俄罗斯是个善于向外来文化学习的国家。它虽然立国较晚,却能够实现几次历史阶段的飞跃:从古代快速进入近代,又迅速转入现代。同时,俄罗斯又是个善于发扬民族文化特色的国家,每次大量引进外来文化的结果,总是促进本民族文化的进一步发展。它既坚持本身的传统,又吸取外来的精华,将二者结合,创造出更加进步的民族文化。这是一千多年的俄罗斯文化史总结出来的宝贵经验。

　　俄罗斯文化到了二十世纪以后,其走进现代的过程更为加速。它既有对本民族以往文化批判的继承,又有引进外国的新事物。一方面是引进西欧的社会主义思想,另一方面是学习西欧的现代化思潮。经过了近一个世纪的融合和发展,又变成了独具特点的俄苏文化。苏联解体后的俄罗斯文化,也有新的特点,而且继续保持其民族特色,它继续向前发展的前途是可以预期的。

一九九八年十二月稿

南华大学藐姑射

二〇一〇年七月三十日增订稿

北京大学承泽园

附 录

大事记

九世纪下半期	基里尔字母在保加利亚出现,后为古罗斯所用
十世纪	古罗斯立国
988年	弗拉基米尔大公定基督教为国教
1037年	基辅索菲亚教堂建成
十二世纪	编年史《往年纪事》形成
十二世纪中期	弗拉基米尔—苏兹达里建筑群建成
十二世纪末	史诗《伊戈尔远征记》成书
1240—1480年	蒙古人入侵与占领时期
1497—1505年	伊凡三世统治时期
1505—1533年	瓦西里三世统治时期
1533—1584年	伊凡雷帝统治时期
1479年	莫斯科乌斯宾斯基教堂落成
1560年	莫斯科瓦西里·勃拉任内教堂建成
1564年	俄罗斯第一部印刷书籍《使徒行传》出版
1598年	留里克王朝中断
1613—1645年	米哈伊尔·罗曼诺夫在位,罗曼诺夫王朝开始
1682—1725年	彼得大帝统治时期
1700年1月1日	俄罗斯开始采用新历法
1703年	俄罗斯第一份报纸《新闻报》出刊、圣彼得堡城开建
1747年	罗蒙诺索夫《伊丽莎白女皇登基日颂》发表
1741—1761年	伊丽莎白女皇在位
1725年	俄国科学院建立
1755年	莫斯科大学创立
1757年	美术学院(在圣彼得堡)开办
1762—1796年	叶卡捷琳娜二世女皇在位

1782年	冯维辛剧作《纨绔少年》发表
1790年	拉吉舍夫《从彼得堡到莫斯科旅行记》发表
1801—1825年	亚历山大一世在位
1803年	国民教育部颁布学校体制新条例
1802—1836年	几家杂志先后创办：卡拉姆津的《欧洲通报》、保守派的《俄罗斯通报》、斯拉夫派的《俄罗斯人》、西方派的《莫斯科消息》、民主派的《现代人》
1811年	喀山教堂建成、开办皇村学校
1812—1814年	俄国反抗拿破仑侵略的卫国战争
1824年	莫斯科小剧院开办
1825年	十二月党起义、格里鲍耶多夫剧作《聪明误》发表
1831年	普希金的长诗《叶甫盖尼·奥涅金》出版
1832年	彼得堡亚历山大剧院开办
1836年	格林卡歌剧《伊凡·苏萨宁》上演 果戈理剧作《钦差大臣》上演
1842年	果戈理小说《死魂灵》发表
1852年	赫尔岑小说《谁之罪》发表
五十年代	赫尔岑创办《北极星》杂志和《钟声报》
1825—1855年	尼古拉一世在位
1855—1881年	亚历山大二世在位
1855年	车尔尼雪夫斯基《艺术对现实的审美关系》发表 达尔戈梅斯基写成歌剧《水仙女》
1860年	奥斯特洛夫斯基剧作《大雷雨》上演
1862年	屠格涅夫小说《父与子》发表
六十年代	"强力集团"乐派出现
1861年	俄国废除农奴制
1866年	陀思妥耶夫斯基完成小说《罪与罚》
七十年代	"巡回展览画派"形成 民粹派运动兴起
1869年	托尔斯泰完成小说《战争与和平》
1873年	列宾完成油画《伏尔加河上的纤夫》
1876年	柴可夫斯基完成芭蕾舞剧《天鹅湖》
1877年	托尔斯泰完成小说《安娜·卡列宁娜》

八十至九十年代	柴可夫斯基完成六部交响曲
1879年	苏里科夫完成《近卫军临刑的早晨》等油画
1881年	陀思妥耶夫斯基小说《卡拉马佐夫兄弟》发表
1881—1894年	亚历山大三世在位
1890—1910年	现代派艺术风格流行
十九世纪末二十纪初	文学艺术的"白银时代"
1892年	特列季亚科夫画廊被捐赠给莫斯科市
1894—1817年	尼古拉二世在位,罗曼诺夫王朝终结
1895年	圣彼得堡工人阶级解放斗争协会建立
1898年	契诃夫发表小说《套中人》
1898年	斯坦尼斯拉夫斯和聂罗维奇——丹钦科创立莫斯科艺术剧院
1899年	托尔斯泰完成小说《复活》
1903年	契诃夫剧作《樱桃园》上演
1906年	高尔基小说《母亲》发表
1917年11月7日	十月革命胜利
1918年	列宁提出设置纪念碑宣传计划
1918年	苏维埃政府发布保护文化遗产(包括重要的贵族庄园)令
1918—1922年	国内战争时期发生第一次居民侨迁国外浪潮
1922年12月30日	苏维埃社会主义共和国联盟成立,简称苏联
1924年	列宁逝世,斯大林继任为主要领导人
1932年	联共(布)中央通过《关于改组文艺团体》的决议
1934年	苏联第一次作家代表大会召开,确定"社会主义现实主义"为苏联文学的创作方法
1941—1945年	苏联进行卫国战争抗击德国法西斯入侵
1946—1948年	苏共发布文艺问题的四个决议,开展反对无思想性形式主义的批判运动
1953年	斯大林去世,不久由赫鲁晓夫任主要领导人
1954年	爱伦堡小说《解冻》发表,引发解冻文学思潮
1956年	苏共召开二十大,赫鲁晓夫作批判斯大林个人迷信的秘密报告,开始"解冻"为冤案平反昭雪
1957年10月4日	苏联发射世界上第一颗人造地球卫星

1958年	《日瓦戈医生》被授予诺贝尔文学奖,但作者帕斯捷尔纳克被迫声明拒绝领奖
1961年4月	加加林驾驶世界第一艘宇宙飞船
1962年	索尔仁尼琴发表劳改营小说《伊凡·杰尼索维奇的一天》
1964年	赫鲁晓夫被解除领导职务
1967年	苏共中央提出建成"发达的社会主义社会"理论
1971年	苏共发布《关于文艺批评》的决议反对两个极端(粉饰过去和抹黑现实)
1970年	文化界对"人性论"和人道主义问题大讨论作归结
1974年	1970年诺贝尔文学奖得主索尔仁尼琴因"反苏"罪被驱逐出苏联
1985年	戈尔巴乔夫当选苏联总统,提出"新思维"和"公开性、民主化"方针
八十年代末	大批"回归文学"出现
1990年3月	立陶宛宣布独立,拉开苏联解体的序幕
1991年12月	苏联解体

参考书目

[俄]潘克拉托娃主编:《苏联通史》(3卷本),莫斯科,外文局,1955年。
[俄]苏联科学院历史研究所列宁格勒分所编:《俄国文化史纲——从远古到1917年》,张开、张曼真、王新善、房书伦译,商务印书馆,1967年。
李明滨、郑刚主编:《苏联概况》,外语教学与研究出版社,1986年。
孙成木、刘祖熙、李健主编:《俄国通史简编》,人民出版社,1986年。
洪宇主编:《简明俄国史》,上海外语教育出版社,1987年。
张才兰主编:《苏联文化教育》,上海外语教育出版社,1987年。
姚海著:《俄罗斯文化之路》,浙江人民出版社,1992年。
刘祖熙主编:《斯拉夫文化》,浙江人民出版社,1993年。
孙成木著:《俄国文化1000年》,东方出版社,1995年。
[苏]卡列斯尼克著:《苏联地理(总论)》,东北师范大学外语系苏联研究所译,商务印书馆,1997年。
晨朋著:《20世纪俄苏美术》,文化艺术出版社,1997年。
[苏]波克罗夫斯基著:《俄国历史概要》,贝璋衡、叶林、葆煦译,商务印书馆,1994年。
[苏]Н.А.康士坦丁诺夫等编:《苏联教育史》,吴式颖、周蕖、朱宏译,商务印书馆,1996年。
[俄]Н.С.里亚布采夫著:《千年俄罗斯》,张冰、王加兴译,生活·读书·新知三联书店,2007年。
ЛОИИ АНСССР: Краткий очерк истории русской культуры с древнейших времен до 1917 г. Л.1967.
Ю.С. Рябцев: История русской культуры (18-19 вв). М.1997.
Ю.С. Рябцев: История русской культуры (11-17 вв). М.1997.
А. Ю. Дворниченко, Ю. В. Тот, М. В. Ходяков: История России. М.2008.
Л. А. Рапацкая: История художественной культуры (от древних времен до конца XX века). М.2008.
С. В. Стахорский: Энциклопедия. Русская культура. М.2006.
С. В. Стахорский: Энциклопедия. Русская литература. М.2007.
М. Алленов, Лев Лившиц: Русское искусство. М.2008.

后 记

本书出自作者在北大授课的讲稿。九十年代作者赴台湾讲学,曾选择部分内容,整理成书,出了繁体字的台版(台北,亚太图书出版社,2000年),作为教材在南华大学、中国文化大学、佛光大学、云林科技大学使用,在政大、淡江、辅仁、静宜、中正、嘉义、吴凤等大学开过讲座。限于课程的时数和条件,当年仅够讲到十九世纪末,所以教材也只写到1917年(第一至五章),暂缺二十世纪部分。

虽然俄罗斯文化最繁荣时期在十九世纪,但二十世纪与前者相比,也不逊色,将其缺失,未免遗憾。

是故趁此次出新版之机,着重增写了二十世纪两章(第六、七章"现代文化"),扩写一章(第八章"俄罗斯引进中国文化"),对引言和前几章也做了重大修改,既更新内容,又增加史实和论析。全书又附上适量插图,使得新版篇幅比旧版增加了近一倍。

记得上世纪七十年代开始,高校俄语专业陆续开设"苏联概况"课,介绍俄苏国情。鉴于各校课程内容多寡不同,深浅不一,教育部高校外语专业教材编审委员会便授命统编教材,以提供一本内容比较全面系统、程度深浅适中的课本。参编者为北大、北师大、北师院、黑大、天津师院、吉大、东北师大、河北大学、厦门大学十一所大学的任课教师,于1986年编成出版《苏联概况》(李明滨、郑刚主编,外语教学与研究出版社)。出书前有几次讨论和审稿会议,之后连续举行两次全国学术会议,吸引更大范围的同行专家来讨论和交流使用经验。大家积极探索,互相支持,广泛协作,热烈的气氛很是感人。

会议期间约定,各校可在通用教材的基础上,根据结合自己的专业倾向,开出专题课并编专题教材。如黑大陈叔琪和厦大陈升法各编有《苏联地理》,东北师大刘庆宁和天津师院郑刚合编《俄国史》,北外李传明、北师院汪昌仁分别编《苏联史》,吉林大学靳东明编《苏联经济》,南京大学张才兰主编《苏联文化教育》……有的已出版成书,有的印成讲义作校际交流,彼此借鉴和互相引用。北大承诺编写的

"俄苏文化史"成书最晚。由于出书晚,得有机会向诸位同行学习,考量他们书写的范围以酌定本书应该涉及的领域,也借鉴和引用他们的著作。像《苏联文化教育》的综合撰述,属于当年急需的缺项,张才兰教授和编写组同仁查出了教育和艺术各门类的相关资料、统计数字,很是难得。我们不但当时讲课时使用,而且在本书内也加以参考酌选。在此本书完成之际,特此对他们及各位同辈老师深表感激。

李明滨

2012年6月30日

北京大学承泽园